Die Musik und unser Leben

Mstislaw und Galina Rostropowitsch

Die Musik und unser Leben

Aufgezeichnet von
Claude Samuel

Scherz

Erste Auflage 1985
Einzig berechtigte Übertragung
aus dem Französischen von Annette Lallemand
Titel des Originals: «Entretiens
avec Mstislav Rostropovitch et Galina Vichnevskaïa
sur la Russie, la musique, la liberté»

Schutzumschlaggestaltung von Graupner & Partner unter
Verwendung einer Aufnahme von Niggi Bräuning, Basel.
Die Bilder für das Vorsatzpapier wurden uns
freundlicherweise zur Verfügung gestellt vom Archiv der
Konzertdirektion Hörtnagel GmbH, München (Rostropowitsch)
und von der EMI Records AG, Zürich (Wischnewskaja).

Inhalt

Vorwort

Ich lernte das Ehepaar Galina und Mstislaw Rostropowitsch kennen, lange bevor sie ihre Heimat endgültig verlassen mußten. Schon in den sechziger Jahren konnten die Königin des Bolschoi-Theaters und der mit allen Ehren und Privilegien ausgestattete große Cellist regelmäßig zu Tourneen in den Westen reisen. Ihre Konzerte waren Fixpunkte der Pariser Konzertsaison, und im Anschluß daran ergab sich immer wieder Gelegenheit, mit unseren neuen Freunden aus dem Osten zu fraternisieren.

Galina blieb stets zurückhaltend, unergründlich liebenswürdig, während Slawa, jedermann stürmisch um den Hals fallend, sich sofort mit leidenschaftlichem Interesse in den Dialog stürzte und sich zumal auf dem Gebiet des zeitgenössischen Musikschaffens zu orientieren suchte, als sei er bei uns soeben auf einem anderen Planeten gelandet. Sobald jedoch ihre Auslandsaufenthaltsgenehmigung abgelaufen war, entschwanden beide wieder. Dann konnten wir sie uns nur noch vorstellen, dort drüben auf ihrer Datscha, in ihrem goldenen Käfig. Französische Komponisten machten ihnen von Zeit zu Zeit einen Gegenbesuch, im Schatten der Kremlmauern.

Über den Kreml wurde eigentlich nie ein Wort verloren. Galina schien wie eingemauert in ihr zauberhaftes Lächeln, und Slawa erging sich in Ausrufen, die er einem extravaganten, aus englischen, französischen und deutschen Brocken gemischten Kauderwelsch abtrotzte, bevor er die blonde Nina, die unentbehrliche Dolmetscherin, zu Hilfe rief. Alles wollte er erklären, mit Ausnahme dieses langen Weges, in dessen Verlauf einer der gefeiertsten sowjetischen Künstler sich der erzwungenen Lügen, der Alltagsheucheleien, der verschleierten Freiheiten bewußt wurde.

Galina hatte ihn gewarnt: Man lüftet nicht ungestraft den Vorhang der Unterdrückung. Doch Slawa, überzeugt, daß seine Kunst ihn schütze, und insgeheim wohl auch von Natur aus ein kleiner Provokateur, stürzte sich trotzdem in Verwünschungen. Der Protest zog die Repression nach sich, die zur Revolte führte. Einen Spaltbreit hob sich der Grenzbalken für die zornig Flüchtenden. Ihre französischen Freunde streckten ihnen hilfreich die Arme entgegen, doch die ganze Tragweite dieses Schrittes hatten sie alle nicht richtig eingeschätzt. Erst als das Unausgesprochene Gerücht wurde, begriffen die beiden den Schmerz der Trennung, besonders deutlich dann an jenem Morgen im März 1978, als sie in einer improvisierten Pressekonferenz den Verlust ihrer sowjetischen Staatsbürgerschaft erläuterten, von dem sie abends zuvor am Fernsehschirm erfahren hatten. Galina hatte sich zur Tigerin gewandelt, zeternde Tosca, tödlich getroffene Leonore. Slawa, wie betäubt, richtete einen ergreifenden Appell an das Weltgewissen: «Dies ist ein inhumaner und illegaler Willkürakt, der uns das Recht streitig macht, auf dem Boden unserer Heimat zu leben und zu sterben!»

Der «Heimatboden» bleibt das Leitmotiv ihres weiteren Lebensweges. Noch heute sagen sie «unser Volk», ja sogar «unsere Regierung». Paris, Lausanne, London, New York, Washington sind provisorische Etappen, wo das Ehepaar sich Wohnungen zulegt, ohne jedoch Wurzeln zu schlagen. Niemand ist weniger Kosmopolit als sie, und in jeder ihrer Behausungen halten die Ikonen Wacht. Wer erfaßt all die Nostalgie, die Slawa in ein Andante seiner Cellokonzerte legt; wer ergründet all das Leid, das eine von Galina mit Süße vorgetragene Kantilene prägt? Worte in der Öffentlichkeit sind Bekenntnisse, aber das Zittern einer Nuance in der Melodie verrät dem, der zu hören versteht, den bohrenden Schmerz. Slawa jagt durch die Welt, um das Warten auf das Gelobte Land leichter ertragen zu können. Da ist eine unüberwindbare Schwelle. Galina in ihrer einsamen Resignation glaubt schon nicht mehr an das Gelobte Land. Die Töchter Olga und Elena sind bereits aufgebrochen, neue Gefilde zu erobern. Vergessen? Hoffnung.

Und diese Hoffnung, nicht deutlich ausgesprochen, weil utopisch, weil gebunden an nicht vorauszuahnende Ereignisse, die hier niemand zu bestimmen vermag, diese Hoffnung ist trotz allem, sogar bis ins Schweigen hinein, der rote Faden der Gespräche, die wir im Laufe von zweieinhalb Jahren geführt und niedergeschrieben haben. So viele Monate, um Wahrheiten zu sagen, die schon x-mal gesagt wurden und für alle, die unsere beiden Gesprächspartner kennen, so eindeutig sind? Ja, denn die härteste Arbeit bestand darin, einem internationalen Virtuosen nachzureisen, seinen Terminkalender, wenn auch nur für eine halbe Stunde, umzustoßen und ihn mit den Verpflichtungen einer großen Sängerin, die ihre Konzertkarriere erfolgreich fortsetzt, in Einklang zu bringen. Und doch fügte sich der Dialog zwischen Paris und Washington Stück für Stück zusammen.

Unser Dialog, das war vereinbart worden, sollte in erster Linie ein musikalischer sein. Aber wer wüßte besser als Slawa oder Galina, daß die Musik im Zentrum unserer Alltagsfreuden und Ängste beheimatet ist? Wir sprachen über Musik und kamen auf Rußland; von Rußland glitten wir hinüber zum Thema Freiheit. Diese Verkettung war unvermeidlich. Und wie die Fragen auch lauten mochten, sie führten unweigerlich zum selben Thema zurück. Die Klangfarben der einzelnen Gespräche muß der Leser sich zusätzlich ausmalen; sie waren heftig, ironisch, leidenschaftlich. Zwei stürmische Temperamente, die ihre Meinung hinausschreien, das ist keine Kammermusik, das sind die brausenden Klänge eines Symphonieorchesters. Wie soll man auch nicht die Stimme erheben, wenn das, was man zu berichten hat, wie eine Brandwunde schwelt?

Claude Samuel

Die Musik – unser Leben

Claude Samuel: Was ist für Sie Musik? Berufung oder Leidenschaft?

Galina Wischnewskaja: Für mich ist die Musik gleichbedeutend mit Leben. Ohne sie hätte ich gar nicht leben können, ja, ich kann mir eine solche Möglichkeit nicht einmal vorstellen. Ich glaube, ohne Musik wäre ich tot!

Mstislaw Rostropowitsch: Galina hätte sehr wohl gelebt und gearbeitet wie jedermann. Nur wäre sie, wenn sie nicht Sängerin hätte werden können, eine gänzlich andere Frau. Ihr Leben ist derartig durch die Kunst geprägt, und ihr Gesicht und ihr Geist werden von ihrer Kunst dermaßen durchstrahlt, daß auch ihre Augen eine andere Farbe hätten, wenn sie nicht singen würde. Ihre Schönheit wäre eine andere gewesen.

GW: Ich habe seit eh und je auf die Bühne gewollt, von Anfang an gewußt, daß ich spielen müßte. Ich war noch sehr jung, als ich mit dem Singen anfing; ich besaß eine Naturstimme, und da meine Mutter eine Zigeunerin war, sang ich die Volkslieder, die sie mir beigebracht hatte. Schon als kleines Mädchen sang ich mit Begeisterung vor Publikum; wenn Freunde zu Besuch kamen, brauchte man mich nicht lange zu bitten, denn ich sang ja geradezu mit Wonne, wenn Zuhörer da waren. Die wichtigste Eigenschaft, die ein Künstler besitzen muß und an der sich ermessen läßt, ob er eine echte Berufung hat, ist doch seine Fähigkeit, seine Kunst nicht für sich selbst, sondern für andere auszuüben. Der wirkliche Künstler verspürt das Bedürfnis, seine Kunst zu vermitteln.

MR: Hier bin ich anderer Meinung als Galina. Mir zumindest ist dieser Wesenszug nicht angeboren, und daß ich die Wahrheit sage, wird Galina wohl oder übel zugeben müssen.

Wie soll ich mich definieren? Schostakowitsch hat einmal gesagt: «Rostropowitsch ist wirklich für alles begabt.» Wollte man alles aufzählen, was ich im Leben schon gemacht habe, könnte man tatsächlich behaupten, daß ich allerlei Talente besitze ... Als Student verdiente ich mir mit dem Einrahmen von Bildern ein wenig Geld. Später – aber das war reiner Zufall und weil kein anderer sich dafür hergab – habe ich einen Sarg gezimmert und von meinem Lehrer eine Flasche Cognac als Dank erhalten. Damals waren wir, das muß ich als Erklärung hinzufügen, auf dem Land, und eine Dienstmagd war gestorben. Im Frühjahr war dort kein Weg befahrbar, und so konnte man weder den Leichnam nach Moskau überführen noch einen Sarg kommen lassen. Es gab zwar ein elektrisch betriebenes Vorortbähnchen, in dem man aber keinen Sarg befördern durfte; ich entsinne mich allerdings, wie einmal, als wegen unpassierbarer Straßen an ein Begräbnis nicht zu denken war, ein Toter, voll angekleidet, mit Hut und Mantel, in diesem Bähnchen transportiert worden war, als wäre er nur ohnmächtig ... Um aber auf meine Geschichte zurückzukommen: Man mußte sich mit dem behelfen, was man zur Verfügung hatte, und um das zustande zu bringen, verfiel man auf mich, da in diesem winzigen Dorf mehr Intellektuelle als Handwerker anzutreffen waren. Ich fabrizierte einen tadellosen Sarg, der nur den einen Fehler hatte, so schwer zu sein, daß es unmöglich war, ihn hochzuheben. Folglich beließ ich es bei dem Rahmen und nahm als Deckel, damit er leichter wurde, Sperrholz!

Ist bei uns im Haus etwas kaputt, repariere natürlich ich es, selbst die Nähmaschine. Eine so perfektionierte Armbanduhr, wie ich hier trage, könnte ich vielleicht nicht reparieren, aber große Wanduhren, die bringe ich wieder in Gang. In unserem Moskauer Haus habe ich sämtliche Lampen angeschlossen ... Ich glaube wirklich, ich hätte jeden Beruf ausüben können.

CS: Arzt, zum Beispiel?

MR: O ja, bestimmt! Ich wäre gerne Arzt geworden, ich hätte aber ebensogut Anwalt werden können, um den Leuten zu helfen ... Als Kind träumte ich eher von sehr bescheidenen Berufen: Ich wollte Chauffeur werden, Häuser bauen, nicht als Architekt, sondern als Maurer, denn ich wollte die Steine anfassen, auf einer Baustelle arbeiten.

Und die Musik hätte mein Leben dann begleitet, wäre dabei aber nur für mich dagewesen. Du, Galina, sagst, du müßtest deine Musik an andere weitergeben, während ich spürte, daß meine eigene Ergriffenheit mir genügte. Ich weiß noch, wie ich als Sieben- oder Achtjähriger mit tränenerfüllten Augen Tschaikowskys *Pathétique* hörte. Meine Eltern waren begeistert, und anstatt mich zu beruhigen, verabreichten sie mir eine immer höhere Dosis Musik. Damals empfand ich Musik mit einer solchen Intensität, daß es mir völlig genügte, sie für mich allein zu erleben.

Erst mit fünfzehn Jahren bereitete es mir zum erstenmal Vergnügen, für andere Musik zu machen; das waren Abendveranstaltungen, die unter einem bestimmten Motto standen, wie zum Beispiel «Soirée der Walzer und Serenaden». Außerdem konnte man sich damit auch ein wenig Geld verdienen, aber bezahlt wurde nur, wer drei Stücke vortrug. Die beiden ersten waren kein Problem für mich, denn die hatte ich im Repertoire: *Valse sentimentale* von Tschaikowsky und *Sérénade espagnole* von Glasunow. Das dritte Stück mußte ich mir in letzter Sekunde erarbeiten, und auf diese Weise lernte ich einen Walzer von Kreisler kennen, der *Liebesleid* betitelt war. Als ich in meinen kurzen Hosen auf das Podium trat und ein argloser Ansager verkündete: «Slawa spielt jetzt für uns *Liebesleid*[1], da brüllte das Publikum vor Lachen und ließ mich erst gar nicht anfangen.

In diesem Moment wurde mir bewußt, was Publikum bedeutet und welche Rolle es spielt, ob ein Stück ankommt oder nicht. Und da änderte sich meine persönliche Einstellung zur Musik: Ich begann zu begreifen, daß man für andere spielen muß.

GW: Also hatte ich doch recht!

MR: Nein. Du hast gesagt, du hättest von Anfang an für andere singen wollen; dieses Gefühl machte sich bei mir erst viel später bemerkbar.

GW: An dem Tag, da du zum Künstler wurdest! Genau das ist nämlich der Unterschied zwischen einem Berufs-Künstler und einem Amateur-Künstler. Der Amateur tut es nur zu seinem eigenen Vergnügen; der Künstler dagegen ist von der Bühne angezogen und will sich an Publikum wenden. Dieses Bedürfnis, für andere zu spielen, kann man vielleicht Berufung nennen.

MR: Ja, man kann es Berufung nennen. Aber was Galina anbetrifft, so möchte ich doch sagen, daß sie die geborene Schauspielerin ist. Seit ihrer Kindheit, seit eh und je, fühlte sie sich von der Bühne angezogen, und immer schon hat sie den Kontakt zum Publikum gesucht.

GW: Während du uns weismachen willst, daß du nie so gut spielst wie in deinen vier Wänden, eingeschlossen in deinem Zimmer?

CS: Slawa, Sie wären wohl nicht gern Schauspieler geworden ...

MR: Mit Begeisterung wäre ich Schauspieler geworden, aber ich wußte, daß es unmöglich war, weil ich einen Sprachfehler hatte, und außerdem machte ich mir über mein Äußeres keine Illusionen. Ich hätte ja zwangsläufig nur komische Rollen bekommen! Der jugendliche Liebhaber

1 Die hochgestellten Ziffern im Text verweisen auf die entsprechend numerierten Anmerkungen im Anhang.

wäre mir immer verwehrt geblieben ... Was mein Äußeres anbetrifft, so haben meine Eltern mich nicht gerade verwöhnt!

CS: Galina, glauben Sie, Slawa wäre ein guter Schauspieler geworden?

GW: Da bin ich mir nicht so sicher, ganz und gar nicht. Man mag noch so brillant und geistreich im Leben sein, aber um auf einer Bühne zu stehen, braucht man andere Fähigkeiten. Beim Theater steigt die Temperatur gleich um etliche Grade. Ich mag im Leben normalerweise siebenunddreißig haben, auf der Bühne habe ich mindestens hundert!

MR: Mit hundert spielst du deinen Part aber im Himmel!

GW: Bemüh dich lieber zu verstehen, was ich meine! Am heutigen Theater mißfällt mir beispielsweise, daß die Schauspieler alles daransetzen, sich auf der Bühne genauso zu geben, wie sie im Leben sind. Sie arbeiten nicht mehr an ihrer Diktion und reden mit ungeschulter Stimme möglichst salopp daher. Deswegen sind die großen klassischen Tragödien ja heute so schwer aufzuführen; sie verlangen nämlich geschulte, gut sitzende Stimmen und eine reiche Körpersprache. Aber heutzutage spielt man einfach darauf los, ohne jegliche Vorbereitung, und anscheinend macht es dem Zuschauer sogar irgendwie Spaß, auf der Bühne Leute zu sehen, die ihm gleichen. Engagieren Sie ruhig einen Sänger ohne Stimme, Sie können sicher sein, daß die Hälfte des Publikums sich an dieser Aufführung freut, weil es sich sagt: Das könnte ich eigentlich auch!

Wenn ich die Bühne betrete, dann will ich etwas leisten, was die Mehrheit der Zuhörer nicht zustande brächte, und daher versuche ich immer, mein Bestes zu geben. Ob das Theater groß oder klein, ob es das Pariser Opernhaus oder eine Kammeroper ist, das ist unwichtig. An diesem Tag mobilisiere ich meine ganze Energie für dieses mir gesteckte Ziel. Auch physisch muß ich in bester Verfassung sein, sogar gut frisiert! Wenn ich auf der Bühne stehe, darf ich mir nicht die geringste Nachlässigkeit oder die geringste Unvollkommenheit gestatten. Am Tag eines Bühnenauftritts ist mein Tagesablauf ein völlig anderer; schon beim Aufstehen ist die Welt eine andere.

MR: Ich glaube, Galina hat recht: Ich wäre kein guter Schauspieler geworden. Ich habe mir das jetzt durch den Kopf gehen lassen und glaube, es hätte mich zutiefst gelangweilt, die Rolle eines anderen zu spielen, nicht ich selbst sein zu dürfen.

GW: Du bist überhaupt unfähig, Theater zu spielen; dazu bist du viel zu natürlich, sowohl in der Musik als auch mit deiner Geselligkeit; auf dem Theater muß man spielen, etwas darstellen.

CS: Schlüpft man als Interpret einer Komposition aber nicht auch irgendwie in eine Rolle?

MR: Nein, das ist etwas völlig anderes. Da bringe ich meinen Geist in die Musik ein. Weder mein Körper noch meine Persönlichkeit wandeln sich. Ich übermittle meine Interpretation, bleibe aber ich selbst. Es wäre eher komisch, wollte ich ein Werk von Prokofieff à la Prokofieff spielen, als säße er selbst am Klavier! Das ist der grundlegende Unterschied zwischen einem Schauspieler und einem Musikinterpreten.

GW: Musik und Theater gehören zwei verschiedenen Welten an. In der Musik kann man nicht die geringste Note ändern; das gesamte Material ist verbindlich vorgegeben, dem Interpreten überantwortet. Beim Theater muß man sich nicht einmal so streng an den vorgegebenen Zeitablauf halten; der Text ist zwar geschrieben, aber die Art der Wiedergabe darf variieren, und selbst wenn der Schauspieler ein Wort ändert, ist das keine Katastrophe. Während bei der Oper nichts wandelbar ist: Dem Interpreten wird die gesamte musikalische Vorlage überantwortet, und nun muß er seine Persönlichkeit einbringen. Selbst beim Ballett kann eine Tänzerin einen Schritt ändern, ohne daß das Publikum es merkt ...

CS: Unterschätzen Sie da nicht die Kenntnisse des Ballettpublikums ...?

GW: Mag sein, daß es einige Spezialisten merken, aber deren Zahl ist begrenzt. Beim Gesangsvortrag aber muß der hohe Ton gesungen werden, da können Sie nicht einfach einen anderen bringen!

CS: Slawa, was geht in Ihnen vor, wenn Sie eine Oper dirigieren? Wenn Sie im Orchestergraben stehen, vergessen Sie dann, daß Sie im Theater sind?

MR: O nein, keineswegs! Ich lebe, leide und fühle von ganzem Herzen mit den Sängern. Ich stehe nicht auf der Bühne, aber ihnen zur Seite, ich lebe und leide gleichzeitig wie sie. Und das tat ja auch schon der Dichter vor mir: Puschkin, als er *Eugen Onegin* schrieb, lebte und litt mit seinen Figuren. Und das gleiche Gefühl beseelt mich, wenn ich Tschaikowskys Oper dirigiere.

Ich erinnere mich beispielsweise an meine Zeit in Moskau, als ich in einer Flut von Problemen zu ertrinken glaubte; ich mußte bei «Goskonzert» vorstellig werden, um zahllose Hindernisse aus dem Weg zu schaffen, und im Konservatorium steigerte sich die Unzufriedenheit der Kollegen ... Doch dann befand ich mich plötzlich im Bolschoi-Theater, der Vorhang hob sich über dem Landgut der Frau Larina, und ich sagte mir: «Wie glücklich bin ich doch, an ihrer Seite zu sein, an ihrem Leben teilhaben zu dürfen.»

In diesem Zusammenhang möchte ich eine sehr interessante Anekdote erzählen, die sich auf eine Aufführung von *Eugen Onegin* in Moskau bezieht. Bekanntlich beginnt die Ouverture mit Pizzicati bei den Bässen. Schon vor der Probe und noch ehe ich den Kontrabässen ihren Einsatz gab, hatte ich das Bedürfnis, erst einmal den Duft von frisch gemähtem Heu zu verspüren, um dann zu erklären, wie die Pizzicati zu spielen seien, ganz sanft, mit Vibrato. Ich hatte mich also schon in die Atmosphäre von *Onegin* versenkt, doch als ich den Blick hob, sah ich vor mir den riesigen Vorhang des Bolschoi mit den Sowjetemblemen Hammer und Sichel! Ich stürzte hinter die Bühne und erklärte, vor diesem Vorhang könne ich nicht dirigieren, denn er reiße mich heraus aus der Atmosphäre von *Onegin*. Und es ist mir tatsächlich gelungen, für die Aufführung einen weißen Vorhang zu bekommen.

CS: Ihre spezielle Fähigkeit, Musik in Bilder umzusetzen, hat mich schon immer verblüfft. Während einer Probe sagen Sie nicht: «Spielt jetzt fortissimo!», sondern eher: «Spielt jetzt so, als würdet ihr eine Tür zuknallen!»

MR: Ja. Musik ruft Bilder in mir wach und erzeugt Gedankenassoziationen.

CS: Wenn Ihr Landsmann Igor Strawinsky behauptet, Musik drücke nichts aus –

MR: – glaube ich ihm nicht, und er selbst glaubte es auch nicht. Ich weiß, wie leidenschaftlich er Tschaikowsky liebte, und Tschaikowskys Musik hat doch einen unbestreitbar emotionalen Kern. Musik ist keine bloße Aneinanderreihung von Tönen! Jeder mag seine eigene Deutung verfechten, ich für meine Person kann den Satz von Strawinsky jedenfalls nicht gelten lassen.

CS: Sie haben immer schon eine – wenn man so sagen darf – «romantische» Auffassung von Musik gehabt, doch das Wort «romantisch» widerstrebt Ihnen ...

MR: O nein, keineswegs, ganz im Gegenteil! Für mich sind Kunst und Leben nahtlos miteinander verbunden. Als ich jung war, verliebte ich mich leicht, ohne jedoch auf Gegenliebe zu zählen; ich litt natürlich, aber das erzeugte in mir nur ritterliche Gefühle. Ich hatte auch immer das Bedürfnis, jemanden zu retten. Ich konnte Opfer auf mich nehmen, um einem Freund gefällig zu sein. Man brauchte mich nur darum zu bitten, und schon war ich bereit, mir die Nächte um die Ohren zu schlagen, um auf einer Abendgesellschaft den Hanswurst zu spielen.

CS: Galina, hat Slawa eine besondere Neigung zum Leiden?

GW: Ja, ich glaube, er braucht es. Jeder große Künstler muß irgendwie zum Leiden prädestiniert sein. Leid zerstört einen ja nicht, wie man vielleicht meinen könnte, ganz im Gegenteil: Es zwingt einen, alle Kräfte zu mobilisieren, um es zu überwinden, und in diesem Augenblick bekommt man die Situation schon wieder in den Griff.

CS: Was bei einem Musiker allein schon die Beherrschung der Technik voraussetzt. Wie haben Sie, Slawa, sich diese in jungen Jahren angeeignet?

MR: Mir fiel alles leicht, von jeher, weil dafür die Beschaffenheit der Muskeln und Hände ausschlaggebend ist, und dieses Rüstzeug habe ich von meinen Eltern geerbt. So mache ich zum Beispiel niemals Fingerübungen am Klavier, wie ich auch das Cellospielen einen Monat lang unterbrechen kann. Nehme ich dann mein Instrument wieder zur Hand, schmerzen mich zwar die Finger, aber schon nach einem Tag intensiven Übens ist die Unterbrechung nicht mehr zu spüren.

CS: Wer hat entschieden, daß Sie Cellist werden sollten?

MR: Das hat eigentlich niemand «entschieden»; es hat sich alles wie von selbst ergeben. Mein Vater war Cellist, und meine ersten Erinnerungen – Erinnerungen, die sich einem Vierjährigen einprägen können – beziehen sich auf meinen Cello spielenden Vater. Doch hätte er schlecht gespielt, so hätte ich wohl niemals Lust bekommen, selbst Cello zu spielen.

CS: Wie sah denn seine Karriere aus?

MR: Er war ein absolut phänomenaler Cellist und auch ein großartiger Pianist. Er spielte alles auswendig. Seine Fähigkeit, vom Blatt zu spielen, war ganz außergewöhnlich, und bisher ist mir noch kein anderer Interpret begegnet, der es ihm darin gleichtun könnte. Ich entsinne mich noch, wie er mich nach und nach in sein Klavierrepertoire einführte und dabei ein Rachmaninow-Konzert vom Blatt spielte. Das war unfaßbar! Ich behaupte nicht, daß ihm tatsächlich keine Note entging, aber es war wirklich atemberaubend.

CS: Trat er als Solist auf?

MR: Nein, er war ein Mann, der immer irgendwie zu kurz kam; trotz seiner Begabung war er unfähig, Karriere zu machen. Eine Frage des Charakters ... Ich könnte mir vorstellen, daß er darunter gelitten hat. Er sagte: «Wenn man mich braucht, wird man mich schon holen!» Ich muß ihm allerdings mildernde Umstände zugestehen, da mein Onkel, der Mann der Schwester meiner Mutter, ebenfalls Cellist war und sich alle interessanten Angebote und Verträge an Land zog. Mein Vater ist gänzlich unbekannt gestorben.

CS: Aber er hat Ihnen das Cellospielen beigebracht?

MR: Ja, das habe ich von ihm. Damals war ich spindeldürr, hatte kaum Kraft, und als ich das erstemal mit Orchesterbegleitung spielte, mußte ich mich schrecklich anstrengen, daß man mich überhaupt hörte. Es war eine Qual, denn ich war noch im Wachstum.

CS: Und welches war die erste Schule, das erste Konservatorium, das Sie besuchten?

MR: Die Moskauer Musikschule.

CS: Und mit welchen Lehrern haben Sie dort gearbeitet?

MR: Ausschließlich mit meinem Vater!

CS: Sie haben gar keine anderen Lehrer gehabt?

MR: Doch. Doch, nach dem Tode meines Vaters hat mich besagter Onkel, der die Karriere meines Vaters zerstört hat, unterrichtet. Mein Vater hatte einen Brief hinterlassen, der nach seinem Tod gefunden wurde, und darin hatte er verfügt, ich solle meine Ausbildung mit meinem Onkel fortsetzen. Ohne diesen Brief hätte ich niemals bei diesem Onkel Unterricht genommen!

CS: Und mit dem Komponieren hatten Sie natürlich auch schon begonnen?

MR: Selbstverständlich. Ich habe Klavierkonzerte geschrieben, auch eine Romanze komponiert, aber so gut wie nichts für Cello. Es gab eine Zeit, wo ich sehr gut Klavier spielte; dabei redeten alle auf mich ein und beteuerten, ich sei nicht zum Instrumentalisten, sondern zum Komponisten berufen.

Schostakowitsch, der am Moskauer Konservatorium mein Lehrer war, hat meine Mutter angerufen: «Slawa muß das Cello aufgeben, um sich ganz aufs Komponieren zu konzentrieren.» Im gleichen Jahr bekam ich sogar als einziger aus der Kompositionsklasse das Tschaikowsky-Stipendium des Konservatoriums. Aber letztlich bin ich doch sehr glücklich, Schostakowitschs Rat nicht befolgt zu haben, obwohl mich im Laufe meines Studiums noch öfter das Kompositionsfieber packte. Dann verspürte ich plötzlich das Bedürfnis, zu komponieren, und alles schien gut zu laufen, doch auf einmal war ich wie vernagelt, unfähig, auch nur eine Note aufs Papier zu bringen.

Heute setze ich mich von Zeit zu Zeit ans Klavier und improvisiere, aber nur, wenn ich allein bin. Ein Theaterstück musikalisch zu illustrieren, das hätte mich allerdings gereizt . . .

CS: Also doch ein gewisses Bedauern?

MR: Nein, wirklich nicht! Ich fühle mich absolut nicht benachteiligt.

CS: Während Ihres Studiums, als Sie gerade Ihren eigenen Weg suchten, machten Sie die Bekanntschaft zweier berühmter Komponisten: Prokofieff und Schostakowitsch.

MR: Und ihretwegen hörte ich mit dem Komponieren auf: Ich war ihnen zutiefst ergeben und bewunderte sie unendlich! Ich lag vor ihnen auf den Knien! Prokofieff vertraute mir manchmal sogar seine Kompositionen in der Klavierfassung an und bat mich, die endgültige Partitur zu erstellen. Allerdings hatte er zuvor noch ganz genaue Angaben, beispielsweise zur Instrumentalbesetzung, in Klammern notiert, und dadurch lief alles ab wie ein Uhrwerk. Ich war sehr erstaunt über diese Methode, schien sie mir doch so viel zeitraubender, als wenn er sofort die endgültige Partitur geschrieben hätte.

CS: Folglich hat das Genie Prokofieff ungewollt Ihr Kompositionstalent erstickt! Oder sagen wir lieber im Ernst: Sie hatten das Glück, Ihren Musikerberuf unter ganz besonders günstigen Auspizien zu erlernen. Was ja Galina nicht vergönnt war.

GW: O nein! Ganz und gar nicht!

MR: Nein. Nicht der geringste Einfluß von außen hat Galina zu ihrer Karriere prädisponiert, nichts anderes hat sie dazu ermutigt als ihr unstillbares Verlangen, über sich selbst hinauszuwachsen, die erste zu sein, mit anderen Worten: ihre Ablehnung all dessen, was sie hätte herabwürdigen können. Übrigens sind all ihre Kräfte nach wie vor auf dieses Ziel konzentriert. Und ihre Kräfte sind beträchtlich. Um nur ein Detail anzuführen: Ich kenne keine andere Frau, die in der Lage wäre, sich in solch schwindelerregender Schnelligkeit fertigzumachen. Wenn sie ihren Wecker überhört hat und ihr nurmehr drei Minuten bleiben, um sich herzurichten, bevor sie zum Flugzeug muß, dann schafft sie es in diesen drei Minuten, sich zu schminken, zu frisieren und, natürlich, zu waschen, und wird auf die Sekunde genau fertig sein. Vor Ablauf dieser drei Minuten bekommt man sie allerdings nicht zu Gesicht, denn drei Minuten braucht sie, aber drei Minuten genügen ihr auch. Welche Situation auch immer zu bewältigen ist, Galina läßt sich niemals gehen.

GW: Ich glaube, das ist ganz einfach meine Art, meiner Kunst Respekt zu erweisen. Ich würde es mir nicht gestatten, auf die Bühne zu treten, ohne mein möglichstes getan zu haben. Ich vertrage keine Nachlässigkeit, keine Unbeholfenheit, keinen Kompromiß – weder im Leben noch im Bereich der Kunst. Wie kann man im Theater beispielsweise Jungmädchenrollen beanspruchen – die in russischen Opern sehr zahlreich sind –, ohne ein glaubwürdiges Erscheinungsbild mitzubringen? So etwas ist unerträglich, mag die Stimme noch so gut sein! Das Publikum fühlt sich unbehaglich! Dasselbe gilt übrigens für die Männer. Das Theater stellt ästhetische Ansprüche, die man ernst zu nehmen hat.

MR: Galina ist erstaunlich begabt. Ihr, die in Operetten begonnen hat, ist es gelungen, auf der Opernbühne ihren ganz persönlichen dramatischen Stil zu verfechten, was ihr im Bolschoi zu einer Sonderstellung, über den anderen, verholfen hat. Man kann sogar sagen, sie war richtungweisend für eine neue Theaterkonzeption, die in zahlreichen Artikeln über das Bolschoi auch hervorgehoben wurde. So schrieben die Kritiken anläßlich einer Inszenierung von Rimsky-Korsakows *Schneeflöckchen*, wo Galina gar nicht die Titelpartie, sondern die Kupawa sang und das Schneeflöckchen buchstäblich «wegwischte», die Oper müßte umgetauft werden und von nun an «Kupawa» heißen.

Galina wurde als echte Darstellerin angesehen, und das erklärt ihre Einstellung dem Publikum gegenüber. Was sie zum äußeren Erscheinungsbild des Opernsängers sagte, kann ich allerdings nicht voll und ganz unterschreiben, da die Oper eine Kunstgattung ist, in der so manches stillschweigend hingenommen werden muß. Wie wir wissen, hatte Gigli einen dicken Bauch und kurze Beine, aber was wäre uns entgangen, hätte er deswegen nicht singen dürfen!

GW: Die Zeiten haben sich geändert. Stünde Gigli heute in der Rolle Lenskis auf der Bühne, wäre ihm trotz seiner göttlichen Stimme die Zustimmung des Publikums nicht so gewiß wie zu Beginn des Jahrhunderts. Figner, der die Rolle Lenskis kreiert hat, trug seinerzeit stolz Voll- und Schnurrbart zur Schau, was übrigens Tschaikowskys Mißfallen erregte. Heute wäre so etwas geradezu undenkbar. An das Theater werden andere Ansprüche gestellt.

CS: Heutzutage hört man von gewissen Musikern immer wieder, die Gesangsausbildung sei Humbug, die Lehrer seien zu nichts nütze, höchstens, um die Stimmen kaputtzumachen, was in Einzelfällen zutreffen mag, und alles in allem sei es sinnvoller, sich selbst auszubilden. Was halten Sie davon?

GW: Das nenne *ich* Humbug! Wie soll ein Künstler es fertigbringen, rein stimmlich auszudrücken, was er fühlt, wenn er die notwendige Technik nicht beherrscht? Wie soll er das machen? Auch ich, die ich von Kindesbeinen an gesungen habe, hatte stimmliche Probleme, doch die wurden von dem Tag an abgebaut, da ich Vera Garina kennenlernte. Und die war damals dreiundachtzig Jahre alt.

CS: Wer war Vera Garina?

GW: Eine Sängerin, die im vorigen Jahrhundert in Wien auf der Bühne stand. Nach der Revolution hatte sie mit dem Singen aufgehört und sich dem Gesangsunterricht gewidmet. Vera Garina war meine einzige Lehrmeisterin. Sie hat mich im wahrsten Sinne des Wortes «herausgebracht». Ohne sie wäre niemals eine Opernsängerin aus mir geworden. Ich hätte weiterhin Liedchen gesungen. Ich will aber auch verraten, daß ich vorher bereits einen anderen Lehrer gehabt hatte, dem es gelungen war, in sechs Monaten meine hohen Töne derartig abzuwürgen, daß ich vier Jahre lang auf Operettenbühnen auftreten mußte.

Vera Garina sah ihre erste Aufgabe darin, mir meine hohen Töne wiederzuschenken. Sie hatte mich verstanden, und ich verstand sie. Es war ein äußerst seltener Fall von gegenseitigem Verständnis zwischen Lehrer und Schüler. Sie hat sich voll und ganz meiner Stimme gewidmet und mir somit die Tore des Bolschoi geöffnet, wo ich mir gleich beim ersten Anlauf einen Platz unter den ersten Sängerinnen eroberte. Das war 1952, und vier Jahre später starb Vera Garina. Da sie in Leningrad wohnte, hat sie mich niemals im Bolschoi gehört. Aber als ich in Leningrad konzertierte, im großen Saal der Philharmonie, da saß sie in der ersten Reihe.

CS: Richtig verstandene und richtig eingesetzte Pädagogik also . . .

GW: Ja, wie Sie sehen; kein Regisseur, kein Dirigent, kein Sänger, so groß er auch sein mag, wird ohne technisches Können auch nur das Geringste erreichen. Ein Künstler mag geniale Ideen haben, aber wenn es ihm nicht gelingt, ihnen eine spürbare Form zu verleihen, die seinem eigenen Instrument, ob vokal oder instrumental, angemessen ist, dann sind die besten Ideen sinnlos. Das Risiko besteht ja nicht nur darin, ein weniger brillantes Resultat zu erzielen oder zehn Jahre zu verlieren, sondern, im Falle eines jungen Sängers, seine Stimme unwiderruflich zu verderben.

MR: Ich glaube, daß Galina recht hat. Nehmen wir zum Vergleich jemanden, der heutzutage auf die Idee käme, ein Fahrrad erfinden zu wollen. «Halten Sie sich nicht mit einem Fahrrad auf», würde der Lehrer sagen, «es gibt doch bereits Motorräder. Sie müssen bei mir Zeit gewinnen. Vielleicht sollten Sie lieber Flugzeuge herstellen . . .» Das bedeutet, auf die Musik übertragen: Ein Lehrer bietet einem sofort sein eigenes Niveau; so ist es sinnlos, mit den Vorstufen Zeit zu vergeuden. Dann allerdings muß der Schüler selbst den Weg zur nächsthöheren Stufe finden.

Ich werde Ihnen eine persönliche Erfahrung erzählen. Es geht um die A-Dur-Sonate von Beethoven, die ich seit mindestens fünfundzwanzig Jahren spiele. Diese Sonate hat ihre Tücken, vor allem bei den Lagenwechseln. Beim Klavier merkt man so etwas nicht, bei einer Klarinette auch nicht, aber beim Cello hört man es. Fünfundzwanzig Jahre lang habe ich nach der besten Methode für diese Lagenwechsel gesucht, und erst beim letztenmal, als ich die Sonate mit Pollini spielte, ist mir eine herrliche Lösung gelungen! Endlich habe ich genau die richtige Stelle entdeckt, wo man den Lagenwechsel machen muß!

Nehmen wir einmal an, ein anderer Cellist denke ebenfalls seit zwanzig oder dreißig Jahren über dieses Problem nach, dann muß ich ihm doch meine Lösung verraten, damit er keine Zeit mehr vergeudet. Wie glücklich wäre ich gewesen, hätte mir ein Lehrer seine von ihm entdeckte Lösung erklärt, dann hätte ich gewußt, was ich zu tun hatte.

Außerdem muß ein Interpret ein riesiges Wissen haben, ein umfassendes Wissen, denn wie sollte er ein Cellokonzert interpretieren, ohne die Opern und Symphonien zu kennen?

GW: Dein Interpret mag meinetwegen ein immenses Wissen haben, aber wenn er die Technik nicht beherrscht, bringt er nichts zustande. Er wird an Ideenüberfluß zugrunde gehen, wenn seine Finger oder seine Stimme nicht funktionieren.

MR: Das technische Rüstzeug des Musikers ist gleichzusetzen mit dem Wortschatz, über den ein Dichter verfügt. Jeder kennt die Wörter, aber die einen, die sie verwenden, sind Dichter, und die anderen nicht. Auf eine Million Menschen kommt ein Dichter ... Damit will ich sagen: Alle Musiker brauchen ein technisches Rüstzeug, doch nur einer von zehntausend darf sich Interpret nennen. Die Technik ist die Sprache des Musikers, und diese Sprache vermag er dank der ihm von Gott verliehenen Gaben, dank seines Talents und dank seiner Phantasie, zu überhöhen. Es ist immer möglich, Fähigkeiten zu entwickeln, aber wer nichts hat, kann nichts entwickeln. Wenn Sie sagen: «Spielen Sie mir diese Note mit dem Ausdruck tiefer Trauer», dann wird ein begabter Künstler Sie verstehen und aus besagter Note jene Nuance herausholen, die Sie gewünscht haben. Wer aber kein Talent hat, wird nur ein tieftrauriges Gesicht aufsetzen, anstatt Trauer in die Note zu legen.

CS: Wo genau kann ein Lehrer eigentlich eingreifen? Wie kann er erklären, was der Schüler tun soll?

MR: Ich persönlich setze mich im allgemeinen ans Klavier, wenn ich Cellisten unterrichte, damit sie nicht einfach nachmachen, was ich auf dem Cello herausarbeite. Imitation lehne ich strikt ab. Das Wesentliche für einen Musiker ist, daß er genau weiß, was er herausholen will. Noch bevor er sein Instrument in die Hand nimmt, muß ihm seine Zielvorstellung klar sein, muß er die Töne «kennen», die er hervorbringen will. Die Muskeln werden die notwendige Glanzleistung dann schon erbringen.

Würde man zum Beispiel von mir verlangen, den Muskel, der gerade arbeitet, zu benennen oder den genauen Augenblick, in dem er in Aktion tritt, oder die Kraft, die er dazu benötigt – ich wäre unfähig, eine exakte Antwort zu geben, denn die Muskeltätigkeit hängt in erster Linie von der Willensstärke ab. Dieser Wille wird nämlich umgesetzt in Muskelarbeit, genauso wie der von einem Mikrophon eingefangene Ton einer Stimme umgesetzt wird in elektrische Schwingungen. Wer wie ein Besessener jeden einzelnen Muskeldruck haarscharf zu analysieren sucht, läuft Gefahr, Lähmungserscheinungen hervorzurufen. Das illustriert die Anekdote vom Tausendfüßler (der auf russisch «Vierzigfüßler» heißt). Als man ihn fragte: «Was macht dein zweiunddreißigster Fuß in dem Augenblick, da du den achtzehnten vorziehst»?, versank er in Nachdenklichkeit und lief nicht mehr weiter! Dann stammelte er: «Ich weiß es wirklich nicht!»

Ich kann auch noch ein anderes Beispiel anführen. Nehmen wir einmal an, ich sollte auf das Bild dort, mir gegenüber, einen Gegenstand werfen; ich fasse es genau ins Auge, aber aus Angst, es doch zu verfehlen, stehe ich auf, nehme eine bequemere Stellung ein, konzentriere mich, ziele und treffe. Wieso? Nur durch die wunderbare Kraft meines Willens ist mir dieser Treffer gelungen. Würde ich aber über die Komplexität meiner Bewegung nachdenken, das Gewicht meines Wurfgeschosses erst abwägen, die Entfernung zum Bild genau ermessen wollen, dann kann es durchaus passieren, daß ich nach Abschluß all dieser Berechnungen mein Ziel verfehle. Denn allzu intensives Nachdenken führt manchmal in eine Sackgasse, aus der man nicht mehr herausfindet.

In diesem Sinne sage ich zu meinen Schülern: «Ist euch

klar, welche Töne ihr hervorbringen wollt? Wenn ihr eine deutliche Vorstellung davon habt und einen starken Willen, dann werdet ihr es auch richtig herausholen, denn eure Muskeln können Phänomenales leisten.» Und dann läuft alles wie durch Zauberei!

GW: Bei der Oper genügt es nicht, sich eine Figur zu erfühlen und vorzustellen, denn man muß sie dem Publikum in einer sofort identifizierbaren Gestalt vermitteln. Daher braucht ein Opernsänger schon großes technisches Können, um von der ersten Sekunde an diese Figur eindeutig zu verkörpern. Der Zuschauer muß sofort erkennen, ob er es mit einer Kammerzofe oder einer Königin zu tun hat. Um eine Figur glaubwürdig darzustellen, muß der Künstler unzählige technische Details beherrschen. Er benötigt Phantasie, um in die Haut seiner Figur zu schlüpfen, und gleichzeitig die Technik, sie nach außen zu verkörpern. Dabei muß dann die Technik mit dem Willen zum Ausdruck geradezu verschmelzen, denn das Wichtigste ist nicht unbedingt, was der Künstler sagt, sondern was er ausdrückt. Und wie oft muß er deutlich machen, daß seine Worte nicht deckungsgleich sind mit dem, was er ausdrückt, denn dieser Bruch ist ja ein wesentliches Element dramatischer Spannung im Spiel. Kurzum: Der Figur, die verkörpert werden soll, muß durch das ganze Werk hindurch Leben und Glaubwürdigkeit verliehen werden. Und es muß eine Art Brücke geschlagen werden zwischen ihren verschiedenen Verhaltensweisen.

MR: Ich für meinen Teil habe festgestellt, daß die Sänger auf einer Opernbühne von einem Ballast an Klischees behindert werden. Im allgemeinen führen sie ganz mechanisch stereotype Gesten aus, die keinerlei Bezug haben zu ihrer augenblicklichen Gemütsverfassung, sie verstehen kein Wort von dem, was sie singen und achten auch nicht im geringsten auf ihre Partner, deren Text eigentlich ihre Repliken inspirieren sollte. Ein Sänger müßte seinem Partner doch zuhören, als höre er das, was jener sagt, zum erstenmal.

Eine geradezu erbauliche Erfahrung machte ich während einer Probe zu *Eugen Onegin*. Ich hatte eine Passage im letzten Akt herausgegriffen, wo zwischen Onegin und dem Fürsten Gremin ein kurzer und schneller Wortwechsel stattfindet. Es war die Stelle, wo Onegin Gremin fragt: «Du bist vermählt? Wie konnt' ich's ahnen! Seit wann denn?»

«Bald sind es zwei Jahre.»

«Mit wem?»

«Mit Larinas Tatjana seid ihr bekannt?»

Da habe ich Gremin souffliert, doch einmal zu antworten: «Nein, ich bin nicht verheiratet.»

Und Onegin hatte ich gebeten, genau zuzuhören.

Wir begannen die Passage noch einmal von vorne.

Onegin: «Du bist vermählt?»

Gremin: «Nein.»

Unbeirrt fuhr Onegin fort: «Mit wem?»

Ich bilde mir natürlich nicht ein, solches Kauderwelsch würde auch während einer Aufführung entstehen. Ich wollte ja nur ein Exempel statuieren, um zu beweisen, daß die Sänger überhaupt nichts hören, an nichts denken, aber antworten!

GW: Nein. Da bin ich absolut nicht einverstanden. Nehmen wir doch nur an, Gremin würde antworten: «Ich bin nicht verheiratet», was soll denn deiner Meinung nach sein Partner darauf sagen? Da müßte er ja ein neues Stück schreiben.

Bei der Oper verschieben sich die Perspektiven. Du sagst, man solle nachdenken, bevor man etwas erwidert, aber dazu hat man gar nicht immer die Möglichkeit und auch nicht die Zeit. Man kann nur spontan reagieren und muß immer bereit sein, den Dialog fortzuführen. Und außerdem: Ein großer Sänger versteht es, zuzuhören!

MR: Nehmen wir noch einmal Onegin, der Lenski fragt: «Sagen Sie mir, welche von beiden ist Tatjana?»

Doch Lenski hört überhaupt nicht hin, weil er sich gerade

räuspern muß; er verschwendet keinen Gedanken an die Frage seines Partners und schaut für gewöhnlich völlig abgestumpft drein!

GW: Da wird er wohl gerade einen Frosch in der Kehle gehabt haben!

MR: Noch eine andere Erinnerung kommt mir da: Ich spielte in New York unter George Szell Dvořáks *Konzert für Violoncello*. Im Finale spielt die Oboe ein Motiv, das anschließend vom Cello aufgegriffen wird. An jenem Tag nun hatte der Oboist ein technisches Problem, so daß er nur einen quäkenden Ton hervorbrachte, den ich ihm auf dem Cello aber genauso zuspielte. George Szell, der sich wahrhaftig nicht durch Humor auszeichnete, bedachte uns jedoch beide mit einem erfreuten Lächeln, weil ich den Ball des Oboisten im Fluge gekontert hatte.

Ich wiederhole also: Man muß ständig wachsam sein und den anderen zuhören. Das ist meine persönliche Einstellung zur Kunst. Wenn mir bei einem bestimmten Takt an einem Tag Tränen in die Augen traten, dann muß ich auch bei der tausendsten Aufführung an derselben Stelle von neuem die Tränen spüren. Das soll nicht heißen, man müsse sich angewöhnen, an dieser Stelle zu weinen, ganz im Gegenteil, die Gemütsbewegung muß sich immer wieder von neuem einstellen. Nichts ist abscheulicher als Routine!

CS: Hat der Alltag mit seinen mannigfaltigen Eindrükken Einfluß auf Ihre Gemütslage, und vermag er, folglich, die Kunst des Interpreten anzureichern?

MR: Nehmen wir einmal an, zu einem gewissen Zeitpunkt sei ich des Lebens überdrüssig. Der Anblick eines Freundes erfreut mich nicht, die Trauer meines Nächsten berührt mich nicht, mit einem Wort, ich werde gleichgültig, und schon spiele ich um etliche Grade schlechter ... Für mich ist der Kontakt mit meinen Mitmenschen etwas sehr Wesentliches. Verschafft mir das Leben keinerlei Erregung mehr, habe ich auch in der Musik nichts mehr mitzuteilen.

Eine Abendgesellschaft, wo man mit Freunden tanzt, ist beispielsweise für mich sehr wichtig; mit jemandem zu trinken oder sich eine Nacht um die Ohren zu schlagen, das ist wichtig, damit sich meine Emotionen wieder aufladen, denn nur dann habe ich die Kraft, sie auch in der Musik spürbar zu machen. Diese Nacht zum Beispiel habe ich nicht geschlafen, trotz eines Schlafmittels, aber es hat zu spät gewirkt, so daß ich völlig benommen auf das Podium trat. Doch als ich das Orchester sah, als ich Henri Dutilleux entdeckte, von dem ich heute ein Werk spielen wollte, als ich meine Musikerfreunde erkannte, da habe ich mich sofort aufgerichtet, alle meine Kräfte zusammengenommen, und ich glaube, ich habe nicht allzu schlecht gespielt. Vielleicht hätte ich gar nicht einmal so gut gespielt, wenn ich die Nacht geschlafen hätte!

GW: Wenn du geschlafen hättest, wärest du noch besser gewesen!

MR: Nein, wenn ich achtundvierzig Stunden geschlafen hätte, wäre ich bestimmt nicht gut gewesen!

GW: Warum willst du denn auch gleich achtundvierzig Stunden schlafen?

MR: Wenn ich am Tag eines Konzerts einen langen Mittagsschlaf halte, kann ich nicht mehr gut spielen. Die Nerven des Künstlers müssen angespannt sein. Wenn ich die Nacht wach bleibe, spiele ich gut! Aber wenn ich schlafe und spät aufwache, spiele ich wie ein Schwein.

GW: Das ist bedauerlich.

MR: Ich glaube, jede berufliche Tätigkeit bedarf einer spezifischen physischen Vorbereitung. Für den Boxer sind seine Fäuste das Wichtigste, und ein Möbelpacker braucht einen stabilen Rücken: In jedem Beruf muß ein Schwerpunkt gesetzt werden. Beim Künstler ist das die Vorbereitung seines Nervensystems. Er muß nämlich auf die geringsten Vorkommnisse mit phänomenaler Geschwindigkeit reagieren.

Eines Tages wohnte ich in London einem besonders aufsehenerregenden Konzert David Oistrachs bei. Als ich ihn im Künstlerzimmer aufsuchte und zu ihm sagte: «Heute haben Sie bewundernswert gespielt», entgegnete er mir: «Weil ich heute für alles genügend Zeit hatte.»

Was wollte er damit sagen? Daß seine Nerven so extrem angespannt waren, daß ihm auch bei den kürzesten Noten Zeit genug blieb, all seine Intentionen zu verwirklichen. Wenn Ihre Sinne abgestumpft sind, lassen Sie die Noten so dahinlaufen, ohne ihnen den nötigen Ausdruck zu verleihen. Als Ausgleich gibt es aber jene beglückenden Augenblicke, wo Ihre Muskeln schon auf eine Andeutung Ihrer Wünsche reagieren, und dann bleibt Ihnen genügend Zeit, um ein Maximum an Emotionen auszudrücken. Das wollte David Oistrach sagen.

Manche Künstler betreiben Yoga. Ich persönlich halte das für einen gewaltigen Fehler. Wahrscheinlich werde ich nicht so lange leben wie sie, zwei oder drei Tage weniger – mein Beruf fordert eben Opfer! Und Grubenarbeiter und professionelle Tiefseetaucher leben noch weniger lange. Was nun das seelische Gleichgewicht anbelangt, das man durch regelmäßige Yogaübungen erwirbt, so beruht es ja auf einer kontemplativen Haltung, die meines Erachtens der Nervenanspannung, die für den Erfolg eines Konzerts nötig ist, entgegenwirkt. Die Anhänger des Yoga erlangen möglicherweise dieses Gleichgewicht, das sie sich wünschen, aber sie verlieren dabei jene hypnotische Kraft, von der der Künstler zehrt. Vermag man sich einen Dostojewski in einem Zustand vollkommenen nervlichen Gleichgewichts vorzustellen?

GW: Jeder hat seine Art, sich auszudrücken und jeder ist frei in der Wahl seines Lebensrhythmus. Du liebst nun einmal dein verrücktes Leben! Es gibt hervorragende Künstler, die selten spielen, die gut schlafen und sich Zeit lassen können und dennoch nervig reagieren!

CS: Zum Beispiel Horowitz . . .

MR: Na ja, wenn Horowitz spielt, sind seine Nerven genauso angespannt und geschärft wie die meinen. Ich weiß es, denn ich habe mit ihm gespielt. Verstehst du, es kommt nicht darauf an, daß man vom Flugzeug zum Konzertsaal rast ...

GW: Aber dir ist dein Wahnsinnsrhythmus lieber ...

MR: Ich habe nichts dergleichen gesagt. Ich sagte nur, wenn ich mich ausruhen würde, wäre ich nicht automatisch besser!

In der besten Harmonie . . .

CS: Das Privatleben von Künstlern ist ein unerschöpfliches Thema für Anekdoten oder gar Legenden. Auch Sie beide bilden da keine Ausnahme: Die Fama berichtet vom Abenteuer einer Liebe auf den ersten Blick und der unmittelbar folgenden Verehelichung. Ist das nun eine Legende?

GW: Nein. Alles, was darüber geschrieben wurde, entspricht voll und ganz der Wahrheit.

MR: Ich könnte beim besten Willen auch nichts anderes berichten. Allerdings habe ich bemerkt, daß die Menschen mit zunehmendem Alter ihre Geschichte gerne verschönern. Diese Angewohnheit hatte auch meine Mutter; ich entsinne mich noch, wie sie mir mit Wonne alle möglichen Histörchen erzählte und mit fast achtzig Jahren noch die direkte Rede gebrauchte, um Geschichten, die ein halbes Jahrhundert zurücklagen, plastischer erscheinen zu lassen: «Und dann fragt er mich . . .», «Da sagt er zu mir: . . .», «Was meinst du wohl, wie . . .» Ich kannte diese Geschichten auswendig, aber ich bin sicher, daß sie sie schlicht und einfach erfunden hatte! Wahrscheinlich werden wir in zwanzig Jahren auch ungeheuer Spannendes zu erzählen haben, falls wir dann überhaupt noch auf der Erde sind.

CS: Dann überspringen wir doch mal schnell diese Jahre!

GW: Also gut: Es war im Mai 1955; ich gehörte zum Ensemble des Bolschoi-Theaters, wo ich seit vier Spielzeiten auf der Bühne stand; ich sang Hauptrollen und war auf dem besten Weg, ein Star zu werden. Ich kannte berühmte Künstler, solche, die bereits auf dem Höhepunkt ihrer Karriere standen. Aber Grünschnäbel wie ihn ...? Rostropowitsch? Den hatte ich ja überhaupt noch nie spielen hören! Doch eines schönen Tages begegnete ich ihm anläßlich eines Regierungsempfanges in einem Restaurant. Wir wurden einander vorgestellt, und das war alles für diesen Tag. Zwei Wochen später trafen wir uns in Prag wieder. Ich war zum «Prager Frühling» eingeladen worden und sollte die Tatjana singen – immer und ewig Tatjana! Slawa gab Konzerte und war Mitglied der Jury in einem internationalen Cellistenwettbewerb. Für mich war es die erste Auslandstournee, und ich war tief beeindruckt von der Stadt Prag, von der Schönheit und Atmosphäre der Altstadt, vom Taktgefühl und der Vornehmheit dieser Menschen.

MR: Wir sind im Park spazierengegangen! Wissen Sie, diese Erinnerungen möchte ich mir auf keinen Fall verderben lassen, vor allem jetzt nicht!

GW: Am Tag meiner Ankunft sah ich ihn in einem Restaurant. Aus heiterem Himmel beschloß er, mich zu erobern, und machte sich auch sogleich ans Werk, indem er mich von einer Überraschung in die andere stürzte: Als ich am nächsten Morgen aufstand und meinen Schrank öffnete, sah ich vor lauter Maiglöckchen meine Kleider nicht mehr. Am darauffolgenden Tag fand ich mein ganzes Zimmer voller Orchideen. Ein wahres Blütenmeer! Am dritten Tag war der Boden übersät mit Pralinenschachteln. Das war der Tag meiner Abreise, ich mußte nach Moskau zurück. Slawa hatte noch Konzertverpflichtungen, die er aber kurzerhand absagte, um mit mir zu fahren. Und am vierten Tag waren wir fürs Leben miteinander verbunden.

CS: Kam diese Harmonie so schnell zustande, weil Sie beide Musiker waren?

GW: Die Musik hatte damit nichts zu tun. Er hatte mich noch nie singen und ich ihn noch nie spielen hören. Erst ein halbes Jahr nach unserer Eheschließung haben wir einander zum erstenmal gehört.

MR: Immerhin, wären wir nicht Musiker gewesen, hätten wir auch andere Charakterzüge gehabt. Insofern hat die Kunst doch eine entscheidende Rolle gespielt.

Aber da wir gerade bei Prag sind, würde ich hier gerne noch ein Wort zur Tschechoslowakei einschieben. Mit Ungeduld warte ich auf den Augenblick, da ich wieder hinfahren kann, denn aufgrund zahlreicher Ereignisse in meinem Leben steht mir dieses Land besonders nahe. Manchmal waren es schmerzliche Ereignisse, wie beispielsweise meine Weigerung, nach dem sowjetischen Einmarsch 1968 wieder nach Prag zu reisen, was sich auf meine Lage in Rußland natürlich nicht gerade positiv ausgewirkt hat.

Wladimir Popow, der stellvertretende Kulturminister, hatte mich damals zu sich bestellt, um mir zu eröffnen: «David Oistrach hat vor kurzem in Prag gespielt, und jetzt bist du an der Reihe; wir müssen unsere Beziehungen zur Tschechoslowakei nämlich konsolidieren.» Woraufhin ich ihm entgegnete, ich könne diesen Vorschlag nicht akzeptieren; ich erklärte, es sei mir als Russen unmöglich, nach dem Einmarsch sowjetischer Panzer in Prag vor diesem Volk auf einem Podium zu erscheinen.

Meine erste Auslandsreise führte mich 1947 in die Tschechoslowakei. Meinen ersten 1. Preis in einem internationalen Wettbewerb erhielt ich in der Tschechoslowakei. Meine erste Plattenaufnahme im Ausland entstand ebenfalls in der Tschechoslowakei; das war 1950 Dvořáks *Cellokonzert* unter der Leitung von Václav Talich. Und wenn das noch nicht genügt, kann ich hinzufügen, daß ich 1955 in Prag geheiratet habe. Ich hatte beschlossen, alle fünf Jahre mit Galina in die Tschechoslowakei zurückzukehren, um dieses Ereignis zu feiern; 1960, nach den ersten fünf Jahren, haben wir es wahrgemacht, und auch noch 1965, wie immer im Mai, aber da war es schon kaum mehr erträglich. Man traf Leute, denen es einfach nicht mehr gelang, ihre Feindseligkeit, ja, ich möchte sogar sagen: ihre Verachtung der Sowjetunion gegenüber, zu kaschieren!

GW: Überall, in den Restaurants, in den Hotels, ringsum stieß man auf herausfordernde Mienen.

MR: Und ich, der ich so viele persönliche und schöne Erinnerungen hatte, die mich mit der Tschechoslowakei verbanden, ich beschloß, nicht mehr hinzufahren, den Tag abzuwarten, da ich die Tschechen als wirklich freie Menschen erleben würde. Wenn sie von Herzen glücklich wären.

CS: Würden Sie jetzt auch wieder ablehnen, wenn Sie eine Einladung nach Prag bekämen?

MR: Ja, ich will die Menschen glücklich sehen. Ich möchte vermeiden, daß meine Person, meine Person als Russe, zur Zielscheibe ihres Hasses gegenüber dem System wird. Es versteht sich von selbst, daß die tschechischen Journalisten nichts schreiben, nicht die geringste regimekritische Äußerung publizieren können, ebensowenig wie ihre sowjetischen Kollegen. Ihre einzige Ausdrucksmöglichkeit ist ihr Gebaren nach außen. Ich verstehe sie sehr gut, aber es ist mir sehr schmerzlich.

CS: Dabei könnte Ihre jetzige Situation Sie doch einander wieder näherbringen.

MR: Natürlich. Sie selbst könnten ihre Einstellung zu mir ändern, aber sie haben ja gar nicht mehr das Recht, mich einzuladen.

CS: Schließen wir das von Nostalgie und Hoffnung geprägte Kapitel Prag nun ab, und kommen wir zurück auf Ihre Begegnung, die schon bald ein musikalisches Duo zeitigte. Ein unerwartetes Ereignis . . .

GW: In der Tat! Bei all meinen Konzertabenden damals hieß mein ständiger Begleiter am Klavier Boris Abramowitsch. Eines Tages, es war kurz nach unserer Heirat, sollte ich mit Abramowitsch nach Tallinn fahren, um dort zu singen. Da eröffnete mir Slawa völlig überraschend: «Ich werde dich begleiten!»

«Wie bitte? Du willst mich begleiten? Bist du verrückt geworden? Du spielst doch gar nicht Klavier.»

«Ich schwöre dir, daß ich auch Klavier spielen kann. Ich habe schon im Konservatorium ein Klavierkonzert von Rachmaninoff gespielt.»

«Mag sein, aber ich brauche einen Begleiter, der mit Sängern zu arbeiten versteht.»

«Ich werde jeden Tag üben, das verspreche ich dir.»

MR: Das stimmt, Galina traute meinen pianistischen Fähigkeiten nicht. Aber ich wollte jede freie Minute an ihrer Seite sein, und deswegen beschloß ich, mich wieder mit dem Klavier zu befassen. Mein pianistisches Rüstzeug war mir mittlerweile natürlich zum Großteil abhanden gekommen, da ich mich ja nicht regelmäßig diesem Instrument hatte widmen können. Aber ich freue mich heute schon bei dem Gedanken, daß mein Duo mit Galina Sie eines Tages noch in Erstaunen versetzen wird. Der Tag wird kommen, wo ich drei Wochen vor dem Konzert mit dem Üben beginne, während ich mir für gewöhnlich ein neues Stück in drei Tagen erarbeite. Und an diesem Tag werden alle einen ganz neuen Rostropowitsch erleben!

GW: Du machst mir angst! Mir ist lieber, du übst nicht und spielst weiter so wie bisher!

MR: Kurzum, Galinas wegen habe ich mich wieder mit dem Klavier befaßt, und während der Konzerte an ihrer Seite zu sein, war mein ganzes Glück. Aber daß ihre Begleiter mir Eifersuchtsszenen machen würden, damit hatte ich nicht gerechnet. Es kam zu ernsthaften Auseinandersetzungen, zu richtigen Skandalen!

Wissen Sie, Außenstehende beurteilen oft völlig falsch, was zwischen zwei Menschen vorgeht. Aus diesem Grunde habe ich mir angewöhnt, Gerüchten, die über andere Paare im Umlauf sind, nicht den geringsten Glauben zu schenken.

Ich erinnere mich jedenfalls noch sehr lebhaft an all die Reibereien mit Galinas altbewährtem Pianisten, dem es nicht in den Kopf wollte, daß ich kein anderes Ziel verfolgte, als soviel wie möglich an ihrer Seite zu sein. Ich wollte teilhaben an Galinas künstlerischen Darbietungen, wollte sie «begleiten». Für mich ist «begleiten» ein sehr schönes Wort. Manche verbinden damit etwas Abwertendes; ich nicht. Ich war glücklich, Galina zu begleiten. Aber ihr Pianist machte mir eine Szene und schrie mich an: «Hast du wirklich nicht genug Geld oder kommst du in deiner eigenen Karriere nicht schnell genug voran?» Ich war gezwungen, ihm lang und breit darzulegen, daß ich als Begleiter kaum etwas verdiente, weil ich ja keinerlei Qualifikation als Pianist vorweisen konnte. Eine offizielle Qualifikation, meine ich.

Die Höhe der Gagen und Vergünstigungen ist nämlich nach einem exakten Schlüssel errechnet und in einer vom Staat erstellten Tariftabelle festgelegt; nach dieser offiziellen Qualifikation richtet sich auch die Zuteilung der verschiedenen Eisenbahnklassen. In der Sowjetunion gibt es drei Klassen: die sogenannte «internationale Klasse» mit einer dem internationalen Standard angepaßten Waggongarnitur, die aber nicht ins Ausland fährt; ferner die zweite Klasse, die der Volksmund «weiche Waggons» nennt, weil sie gepolstert ist, und schließlich die dritte oder «harte», die nur Holzbänke anbietet. Als Cellist durfte ich in der weichen, als Pianist aber nur in der harten Wagenklasse fahren. Und wenn ich mit Galina reiste, war ich immer zutiefst verletzt, weil sie eine Fahrkarte für die weiche, ich aber nur für die harte ausgehändigt bekam. Schließlich rief ich bei der zuständigen Behörde an und sagte: «Ich zahle die Differenz, aber setzen Sie mich in dieselbe Klasse wie Galina.»

Es war wirklich nur, um Galina und ihrer Kunst noch näher zu sein, daß ich mich als Begleiter versuchte. Wer hätte auch gedacht, daß die einzige Person, die mir wirklich den Krieg erklärte und mich mit allen Kräften vom Bolschoi fernhalten wollte, eben diese Galina war! Und ihre Proteste waren von Weinkrämpfen begleitet, wie es sich für eine temperamentvolle Frau gehört!

GW: Nein, es war ganz anders: Kein Mensch hat ihm je geglaubt. Alle waren überzeugt, ich hätte Slawa ans Theater geholt, ihn hingeschleift ...

CS: Und warum wollten Sie verhindern, daß er ans Bolschoi kam?

GW: Weil ich dort meinen Platz hatte und nicht wollte, daß er sich in mein Berufsleben einmischt. Ich kannte ja seinen Charakter schon und wußte, daß er, kaum am Theater angekommen, unverzüglich mit dem gesamten Personal Bekanntschaft schließen würde, vom größten Star bis zum kleinsten Angestellten, daß er alle umarmen und abküssen und schließlich die Bühnenarbeiter und Türschließer und wen weiß ich zum Essen und Trinken einladen würde und ich dieses ganze Volk schließlich bei mir daheim hätte. Noch heute weinen ihm sämtliche Buffetfräuleins vom Bolschoi nach, weil er sie alle um sich scharte, die Logenschließer, die Garderobefrauen, all diese kleinen Angestellten, er sammelte sie buchstäblich ein und spendierte ihnen zu trinken. Das ist alles schön und gut, nur war mein Haus plötzlich Auffangbecken sämtlicher Intrigen des Bolschoi-Theaters. Um das zu vermeiden, wollte ich nicht, daß er hinkam.

CS: Dann kam er aber doch ...

GW: Natürlich kam er! Und alles lief so ab, wie ich befürchtet hatte.

MR: Und als ich meine erste Aufführung im Bolschoi dirigierte, zeigte sich Galina in der Tat nicht von ihrer nettesten Seite. Und dabei war diese erste Aufführung *Eugen Onegin*.

CS: Aber Sie waren doch trotz allem glücklich, am gleichen Theater zu sein und miteinander zu arbeiten, oder?

GW: Nein!

MR: Es paßte ihr nicht, weil sie eifersüchtig über dieses

Haus wachte, an dem sie ihre Karriere machte. Zu mir sagte sie: «Du arbeitest am Konservatorium, und da mach ruhig, was du willst. Das Bolschoi aber ist mein Haus, mein Leben. Halt dich da heraus, oder du wirst mir alles verderben! Such dir jedes beliebige Theater aus, aber nicht dieses.» Ich war schrecklich wütend. Und bin trotzdem ans Bolschoi gegangen. Und habe gesiegt! Galina muß begreifen, daß auch sie dabei gewonnen hat. Wenn wir beispielsweise miteinander auf Tournee gingen, nach Wilna, wo ich die *Tosca* dirigierte, da reiste sie in Wirklichkeit doch mit «ihrem» Dirigenten. Ich wußte doch, wie sie sang, aber nach der Aufführung war immer ich der Sündenbock.

CS: Besteht nicht eine ganz spezielle Komplizenschaft zwischen Ihnen, wenn Sie gemeinsam auftreten? Singt Galina zum Beispiel genauso wie unter einem anderen Dirigenten?

MR: Nein, sie singt anders, wenn ich den Taktstock schwinge. Ich kann es beschwören: Bei mir nimmt sie sich Freiheiten heraus, die sie sich unter einem anderen nicht leisten würde!

GW: Das ist doch ganz normal: Da er immer das Gegenteil durchsetzen will von dem, was ich mache, tue ich eben das Gegenteil von dem, was ich ohne ihn gemacht hätte. Aber das gilt nur für die Oper. Bei Konzerten gibt es keinerlei Meinungsverschiedenheiten zwischen uns. In der Oper dafür um so mehr.

CS: Das Publikum ahnt von diesen kleinen Zwistigkeiten natürlich nichts, aber es weiß, daß Sie verheiratet sind . . .

GW: Das ist uns bewußt.

MR: Wir ziehen es aber nie in Betracht.

CS: Eine Ihrer Spezialitäten ist die Hausmusik. Vor einigen Jahren gaben Sie zum fünfundzwanzigsten Jahrestag Ihrer Begegnung in Paris sogar ein Konzert mit Ihren beiden Töchtern, mit Elena, der Pianistin, und Olga, der Cellistin.

Konnten diese beiden, eine wie die andere, etwas anderes betreiben als Musik?

GW: Ich fand es normal, daß sie Musik studierten. Zehn Jahre lang lernten sie an der Zentralen Musikschule, einer seriösen Anstalt, die dem Moskauer Konservatorium angeschlossen ist. Da mußten schon echte Berufsmusiker aus ihnen werden. Wären sie nur zu Privatstunden gegangen, hätten sie nicht genügend Zeit darauf verwandt; da hätten sich andere Wünsche und eine andere Freizeitgestaltung ergeben. In dieser Schule waren mehrere Stunden täglich der Musik vorbehalten. Da blieb keine Zeit zum Bummeln oder Spielen!

MR: Ich möchte noch ergänzen, daß sie ursprünglich Ballettstunden bekommen hatten. Olga sang und tanzte: Sie entfesselte Begeisterungsstürme bei ihrem Publikum! Aber zuerst einmal mußte sie Klavier spielen lernen; als sie zehn Jahre alt war, sagte sie zu mir: «Ich will Cello spielen.» In der Schule bekam sie immer die besten Noten für ihre Aufsätze; und wenn sie eines Tages beschlossen hätte, Schriftstellerin zu werden, hätte ich auch nicht den geringsten Einwand vorgebracht. Aber sie hat die Musik gewählt, das Cello, und diese Wahl habe ich natürlich befürwortet.

GW: Können Sie sich vorstellen, wie mein Mutterherz frohlockte, als ich vor noch gar nicht langer Zeit in Hongkong in einem Konzert war, wo Elena ihren Vater auf dem Klavier begleitete? Dabei hörte ich sie gar nicht das erstemal zusammen spielen! Sie waren schon im Weißen Haus, in Paris in der «Salle Gaveau», in London, Japan, Skandinavien und Argentinien miteinander aufgetreten. Ihr Duo ist ein echter Dialog zwischen zwei – wie Slawa nach ihrem letzten Konzert sagte – ebenbürtigen Partnern.

Was Olga anbetrifft, so ist schon richtig, daß sie sich selbst für das Cello entschieden hat und eine Solistenkarriere anstrebt. Aber sie ist übereifrig, wie ihr Vater; dazu kommt, daß sie für vielerlei und recht unterschiedliche Dinge begabt ist und ständig nach neuen Möglichkeiten sucht, ihren Neigungen zu frönen. So bereitete sie beispielsweise eines schönen Tages Slawa und mir die Überraschung, sie als Mannequin bei Lanvin erleben zu dürfen. Slawa kam eigens aus den USA angereist, um sie in dieser neuen Rolle zu sehen. «Siehst du», sagte er zu mir, «unserer Liebe applaudiert dieses Publikum!» Und später erzählte mir Slawa, wie ihm auf dem Rückflug am nächsten Morgen, kaum daß er in der Concorde Platz genommen hatte und ihm die Stewardeß *France-Soir* überreichte, buchstäblich die Luft weggeblieben ist, denn auf der Titelseite prangte ein prachtvolles Bild seiner Tochter. Er sei vor Freude aufgesprungen, habe den Champagner gegen Wodka eingetauscht und alle Passagiere abgeklappert, um ihnen zu erklären: «Sehen Sie, das ist meine Tochter!»

Olga beabsichtigt nicht, Berufsmannequin zu werden. Ihre Karriere wird sie mit dem Cello machen. Aber es gibt so vieles, was sie interessiert. Wer weiß, ob sie nicht morgen ein Buch schreibt oder zu malen anfängt.

Wir sind überglücklich, daß unsere Töchter frei sind, daß sie in absoluter Freiheit ihren Lebensstil finden und das Land, in dem sie leben wollen, wählen können. Sie verfolgen den Weg, den sie sich selbst vorgenommen haben, und die mühsamen Umwege, die wir in der Sowjetunion gehen mußten, bleiben ihnen erspart.

MR: Seit einiger Zeit betrachte ich mich morgens beim Rasieren im Spiegel. Und ich sagte auch schon zu Elena und ihrem Mann Peter: «Ich glaube, rein äußerlich bin ich jetzt soweit, Großvater zu werden . . . Was meint ihr dazu?»

Ikonen und Kulitschi

CS: Sollten wir jetzt nicht versuchen, ein paar russische Landschaften zu erkunden? Die Ihrer Kindheit, zum Beispiel ...

MR: Rußland – das ist für mich zuallererst meine Familie. Das ist die Luft, in der ich meine ersten Atemzüge tat, das Land, in dem ich auf die Welt kam, der erste Boden, den meine Füße berührten, und, natürlich, meine Eltern, mit denen ich dort lebte. Die Schönheit der russischen Landschaften – das ist ein anderes Kapitel. Man sagt leichthin, die Natur in Rußland sei ungewöhnlich schön, aber so ganz kann ich mich dieser Meinung nicht anschließen. In späteren Jahren habe ich ja viele Länder kennengelernt, und ich muß sagen, daß gewisse Gegenden in der Schweiz, in Kanada, in den USA so wunderschön sind, daß sie mit Rußland durchaus wetteifern können. Die Russen sagen häufig: «Ha! Unser Land ist das schönste der Welt!» Aber nur, weil sie nichts anderes kennen. Wir haben sogar ein Lied, in dem es heißt: «Bulgarien ist ein schönes Land, aber das schönste von allen ist doch Rußland.» Außerdem hängt so etwas auch mit den einzelnen Abschnitten unseres Lebens zusammen ... Würde man mir vorschlagen, die Zeit nochmals zurückzudrehen, dann gäbe es da eine bestimmte Periode – und die reicht von 1969 bis 1974 –, die ich liebend gern überspringen würde! Sie weckt nur unangenehme Erinnerungen in mir, und dabei waren es gerade diese Jahre, in denen ich meisterlich vorbereitet wurde auf das Glück, das ich heute hier im Westen genieße.

CS: Welches Rußland haben Sie in Ihrer Kindheit entdeckt, das städtische oder das dörfliche?

MR: Das städtische. Im Sommer zogen wir allerdings für ein paar Monate aufs Land. Ich habe Erinnerungen an das Land, aber viel stärkere an die Städte.

GW: Auch meine Erinnerungen kreisen um das Rußland der Städte und ganz besonders um Leningrad. Ich bin in Leningrad geboren, habe aber meine Kindheit in Kronstadt verbracht, in jener befestigten Hafen- und Garnisonsstadt, die Peter der Große in der Nähe von Sankt Petersburg bauen ließ.

CS: Mit Kronstadt verbinden sich also Ihre Kindheitserinnerungen?

GW: Ja, denn seine Kindheit trägt man immer mit sich, und man denkt an sie zurück wie an einen schon sehr lange nicht mehr besuchten Ort. Wenn man aber einen Ort nach langer Zeit wieder einmal besucht, ist man sehr oft enttäuscht. So geht es mir mit meiner Kindheit: Ich möchte lieber nicht zurückkehren, obwohl ich auch ein paar schöne Erinnerungen habe.

CS: Die bösen Erinnerungen sind wohl die an den Krieg?

GW: Ich habe die ganze Zeit der Belagerung Leningrads in Leningrad und Kronstadt miterlebt. Meine Eltern kümmerten sich kaum um mich, und so hat mich meine Großmutter aufgezogen, die aber während der Belagerung starb. Sie war ausgezehrt vor Hunger und ist lebendigen Leibes in ihrer Wohnung verbrannt. Vor meinen Augen ist sie dort verbrannt. Und dann stand ich allein da. Die Belagerung hat neunhundert Tage gedauert, und natürlich waren während all dieser Jahre die Schulen geschlossen.

CS: Später haben Sie dann das dörfliche Rußland kennengelernt ...

GW: Ja, ich kenne die Natur und die kleinen Städte in

Rußland, weil ich mit siebzehn, als ich anfing zu arbeiten und mit einer Operettentruppe meine ersten Tourneen absolvierte, regelrecht über Land fuhr und all die kleinen Städte durchstreifte. Während des Krieges hatte ich angefangen, Jazz zu singen. Mit vierzehn oder fünfzehn trat ich schon öffentlich auf; begleitet von einer Militär-Jazzkapelle, sang ich für die Matrosen von Kronstadt. Mit dem Jazz von heute hatte das natürlich keinerlei Ähnlichkeit, aber manche Lieder waren recht hübsch. Mit siebzehn versuchte ich mich dann in der Operette. Die Deutschen wichen zurück, und wir rückten mit der russischen Armee vor und spielten für die Soldaten. Es war ein kleines Tournee-Theater, an dem dreißig oder vierzig Leute beschäftigt waren. Als ich mich vorstellte, wurde ich gefragt: «Wollen Sie uns etwas vorsingen?» Ich sang eine Romanze von Rimsky-Korssakow. Ich war jung, hatte eine hübsche Stimme und war nett anzusehen – und so wurde ich engagiert.

Anfangs bekam ich nur Statistenrollen; doch eines Abends wurde plötzlich eine Schauspielerin krank, und da durfte ich einspringen; es war eine Soubrettenrolle, und ich mußte gleichzeitig singen und tanzen. Das war der Beginn meiner Karriere: Zellers *Vogelhändler*, Kálmáns *Veilchen vom Montmartre* oder russische Operette, wie beispielsweise Strelnikows *Hochzeit in Malinowka.* Vier Jahre bin ich bei der Operettenbühne geblieben, wo ich in einem Monat bis zu siebenundzwanzig Vorstellungen gesungen habe! Und das vier Jahre lang! Es waren wertvolle Jahre, weil ich Erfahrungen sammeln konnte, aber auch harte und mühselige Jahre ... Später hatte ich vor Provinztourneen einen regelrechten Horror. Ich hatte Angst, Angst, überhaupt fortzufahren, Angst vor diesen Hotels und diesen widerwärtigen Restaurants, Angst vor der entsetzlichen Armut dieses ausgepowerten Volkes! Ob große oder kleine Städte – damals hatten sie ja alle das gleiche Los zu tragen. Ich persönlich fürchtete diese Tourneen, und nach meiner Aufnahme ins Bolschoi-

Theater habe ich auch alles darangesetzt, sie nicht mitmachen zu müssen. Manchmal allerdings wurde mir befohlen: «Der Kulturminister verlangt es. Sie müssen nach X fahren und dort singen.» Und dann habe ich alle Kräfte zusammengerafft, um das Konzert anständig über die Bühne zu bringen.

Aber wie kann man die schöne russische Natur bewundern, ohne an die Menschen zu denken, die dort leben, an all die Armut, an dieses verbitterte Volk, dessen Aggressivität systematisch geschürt wurde?

MR: Solche Überlegungen müssen Ihnen natürlich absurd erscheinen. Hier in Paris kann man tun und lassen, was man will. Man kann auf die Straße gehen, sich in ein Café oder Restaurant setzen, mit Freunden speisen . . . Dort aber, in der Sowjetunion, ist alles kompliziert. Um in ein Restaurant zu gelangen, müssen Sie zwei Stunden warten, und dann sind Sie noch lange nicht sicher, auch etwas Anständiges zu bekommen! Wenn Sie endlich einen Platz haben, stehen ringsherum Leute, die auch darauf warten, an die Reihe zu kommen. Doch ein Gutes folgt aus all diesen Schwierigkeiten: Es entsteht Freundschaft. Und das ist ein großartiger Wesenszug, der dieses Land auszeichnet. Ohne dieses Fundament echter Freundschaft wäre das Leben dort gänzlich unmöglich.

Dies ist auch einer der Gründe, warum ich persönlich mich den Armeniern besonders verbunden fühle. Sie haben in meinem Leben eine sehr wichtige Rolle gespielt. Als ich sechs oder sieben Jahre alt war und mit meinen Eltern und meiner Schwester nach Moskau kam, hatten wir dort keine Bleibe. Da sprach uns eine Unbekannte an, und mein Vater erzählte ihr, er käme aus Baku und hätte einen musikalischen kleinen Sohn, worauf die Frau sagte: «Schon gut. Ich habe zwei Zimmer, und wir sind nur zu dritt; wir drei können in einem Raum leben und Ihnen, die Sie zu viert sind, den anderen überlassen.» Diese Frau war Armenierin, und wir haben zwei Jahre lang bei ihr gewohnt!

GW: Unentgeltlich!

MR: Sie teilte alles, was sie besaß, mit uns. Jahre später, als ich auf Tournee ging, freute ich mich besonders auf die Reisen nach Armenien, denn die Menschen dort sind so ungemein gastfreundlich. Wenn meine Freunde mich im Auto abholten, bestanden sie darauf, noch vor Ankunft im Hotel ihre Flasche Cognac zu öffnen, auf die sie so stolz waren. Sie behaupteten, er sei nicht weniger gut als der französische, aber das ist wie mit der Natur: Sie halten den armenischen Weinbrand für exquisit, weil sie den französischen Cognac nicht kennen! Wir berauschten uns also an diesem Cognac, und meine Freunde waren maßlos glücklich; und ich war so glücklich, sie wiederzusehen, daß es mich unmenschliche Anstrengungen kostete, einigermaßen nüchtern den Konzertsaal zu erreichen. Meine armenischen Freunde hätten mir alles geschenkt, was sie besaßen!

In Rußland ist solch eine Freundschaft ein kostbares Gut, denn sie hilft über so mancherlei Schwierigkeiten hinweg. Hier hätte es komisch geklungen, wenn Sie heute morgen zu Galina am Telefon gesagt hätten: «Hören Sie, Galina, ich bin gerade an einem Geschäft vorbeigekommen und habe für Sie drei Kilo Kartoffeln gekauft», aber in Rußland kann man anders gar nicht leben. Wenn man Ihnen nicht hilft, wenn man Sie nicht anruft, um Ihnen mitzuteilen, daß man in einem Laden etwas für Sie gefunden hat, dann läßt sich's dort nicht leben. Sie haben solche Situationen während des Krieges erlebt, Sie mußten die gleichen Schwierigkeiten bewältigen, aber bei uns dauert das ein Leben lang!

CS: Wie kann jemand aus dem Westen das Verhalten der Sowjetbevölkerung überhaupt verstehen?

MR: Das ist eine heikle Frage. Unser Leben ist so angelegt, daß es ohne Tricks nicht geht; man muß sich zu helfen wissen, alle Welt hinters Licht führen. Aber man weiß ja, daß jeder jedem etwas vormacht. Da ergibt sich dann so etwas wie ein allgemeines Komplizentum. Man geht beispielsweise auf die Straße und ruft lauthals: «Es lebe die kommunistische Partei!»

Kein Mensch glaubt einem, aber alle finden, daß es völlig richtig ist, es zu sagen, daß man es sagen muß. Die Lüge wird verziehen, denn die Lüge ist ein Mittel, zu überleben.

Nehmen wir einmal an, Sie seien trotz Ihrer Liebe zu Ihrem Volk, trotz Ihrer bedingungslosen Einsatzbereitschaft für dieses Volk mit dem Regime nicht einverstanden. Was können Sie tun? Sie haben zwei Kinder, die jetzt noch klein sind, die aber mit siebzehn, wenn sie auf die Universität gehen möchten, sofort eingestuft werden als jemand «in dem der Wurm sitzt». Und damit beginnen die Fragen. Kann man einen Vater tadeln, der sagt: «Ich liebe meine Kinder so sehr, daß ich eine öffentliche Erklärung abgeben, mein mea culpa ablegen werde»? Ich bin sicher – und Galina weiß das ebenfalls –, daß das Leben von Schostakowitsch anders verlaufen wäre, hätte er nicht zwei Kinder gehabt, die er grenzenlos liebte.

Wenn Sie studierende Kinder haben, müssen Sie all das bedenken. Sie wissen nämlich, daß Ihre Kinder, sobald sie das Diplom haben, sich der Entscheidung einer Kommission unterwerfen müssen. Wenn die Kommission von ihnen verlangt, einen Zweijahresvertrag zu unterschreiben, mit dem sie sich verpflichten, in einer entlegenen Stadt zu arbeiten, dann ist das ein Risiko; denn sobald sie Moskau verlassen, werden sie aus den Einwohnerlisten gestrichen. Wollen sie später wieder in diese Listen aufgenommen werden, wird ihnen das nicht mehr gelingen, falls ihr Vater oder irgendein Mitglied der Familie sich etwas hat «zuschulden kommen» lassen. Das ist der Grund für all diese Lügen, diese Lügen, die jeder hinnimmt, die jeder normal findet.

GW: Mit der Zeit empfindet man sie schon gar nicht mehr als Lügen. Sie gehören zum Alltag.

CS: Kann man denn vom einfachen Mann verlangen, den Helden zu spielen?

MR: Helden gibt es sehr wenige. Das ganze Volk lebt unter dem Deckmantel der Lüge. Folgende Geschichte kursiert bei uns: Ein Professor hält einen politischen Vortrag. Er weiß, daß er lügt, und auch das Publikum weiß, daß er lügt. Das Publikum weiß aber auch, daß er weiß, daß er lügt, und er weiß, daß das Publikum weiß, daß er weiß, daß er lügt . . .

CS: Was hat sich bis heute vom alten Rußland erhalten? Bücher, Baudenkmäler, musikalische Meisterwerke . . .

MR: Ja, aber das alles zählt weniger als die heutige Gesinnungsschulung. Vor der Revolution spielte die Religion in der Kindererziehung eine immense Rolle. Das reichte bis in die praktische Musikerziehung hinein, denn auf dem Land sangen die Kinder in der Kirche. Heutzutage hat man Angst, überhaupt eine Kirche zu betreten. Lassen Sie mich ein präzises Beispiel anführen:

1975 wurden zwei Schüler des Konservatoriums, die schon im letzten Studienjahr waren, plötzlich vom Unterricht ausgeschlossen; jemand hatte sie denunziert, sie hätten in einer Kirche gesungen. Ein Jahr später wurde einer von ihnen wieder mit Gnaden aufgenommen. Warum? Weil er erklärt hatte: «Ich bekenne mich schuldig, ich habe meinen Irrtum eingesehen, Religion ist Blödsinn, ich muß sehr krank gewesen sein, ich war verblendet, jetzt ist mir alles klar, ich war in einem Irrtum befangen . . .»

CS: Wurden Sie von Ihren Eltern religiös erzogen?

MR: Ich erinnere mich, daß wir keinen Christbaum nach Hause zu bringen wagten, denn das war vor dem Krieg verboten. Ich weiß auch noch genau, wie wir heimlich nachts eine winzige Tanne, in ein Stück Leintuch gewickelt, heimtrugen und so taten, als schleppten wir ein Bündel Besen. Aber was Religion wirklich bedeutete, habe ich nicht erfahren, bevor ich nicht selbst – aber das war lange nach Abschluß meines Studiums am Konservatorium – ein ungewöhnliches Erlebnis hatte.

CS: Und Ihnen, Galina, was bedeutet Ihnen die Kirche?

GW: Was soll sie für ein Kind, das nicht in diesem Geist erzogen wurde, schon bedeuten? Aber ich will Ihnen eine interessante Geschichte erzählen, die ich mit meinen eigenen Kindern erlebte. In meinem Schlafzimmer in unserem Haus hingen zwar Ikonen, aber eine wirkliche religiöse Erziehung haben wir unseren Kindern, obwohl wir selbst gläubig sind, nicht gegeben. Nun, eines Tages ging mein gerade sechs Jahre altes Töchterchen Elena ganz allein zur Kirche, um die Kulitschi, das traditionelle Ostergebäck, segnen zu lassen. Ganz allein! Sie hatte sich ein Kopftuch umgebunden, unter dem Kinn geknotet, wie sie es den alten Weiblein abgeschaut hatte, die Kulitschi in eine Serviette geschlagen und sie in der Kirche gegenüber segnen lassen. Schon am Vorabend, es war Karfreitag gewesen, hatte sie sich über Christi Grab verneigt und war ganz selig heimgekommen.

MR: Vor der Revolution war in Rußland das Leben eng mit der Kirche verbunden. Die Kinder sehnten Ostern herbei, weil die Eltern ein großes Fest veranstalteten; da herrschte Geschäftigkeit im Haus, und zahlreiche Gäste kamen. Ich habe schon nichts Ähnliches mehr erlebt. Das findet sich nur noch in Büchern.

GW: Welchen Sinn hätte religiöse Erziehung denn heutzutage? Schon im Kindergarten gewöhnt man sich an, ganz offiziell zu lügen. Lügen ist völlig normal und keineswegs unehrenhaft! Slawa war unseren Kindern weniger nahe als ich, weil er viel auf Reisen war, aber ich habe das alles mit eigenen Augen verfolgt. In der Schule mußten sie beispielsweise einen Aufsatz schreiben über «Die kommunistische Partei und die Kinder». Neunjährige Mädchen! Was sollen die wohl über die KP schreiben? Also lügen sie das Blaue vom Himmel herunter! Olga war darin unschlagbar, eine Spezialistin; sie verfaßte absolut phänomenale Aufsätze, füllte Seite um Seite, schrieb unermüdlich, und ich bin sicher, daß die Schule ihre Aufsätze aufbewahrt hat. Ich fragte sie manchmal: «Was weißt du nur alles zu schreiben?» Sie prustete vor Lachen und füllte weiter Seite um Seite und bekam auch immer die besten Noten.

MR: Damals lief eine sehr beliebte Fernsehsendung mit dem Titel «Das Leben der Tiere». Die Hauptperson darin war ein Hase. Meine Geschichte trug sich in einer Dorfschule zu, wo die Kinder zwar nicht sonderlich aufgeweckt waren, aber häufig vor dem Fernseher hockten. Um den Unterricht etwas anschaulicher zu gestalten, hatte die Lehrerin eines Tages einen Hasen, der gerade von einem Auto überfahren worden war, aufgehoben und den Schülern mitgebracht.

«Nun sag mir mal, Kleiner, was das für ein Tier ist.»

Der erste antwortete: «Ein Fuchs!»

«Schweig lieber, du Esel!»

Ein anderer sagte: «Ein Wolf!»

«Schweig lieber, du Dummkopf! Schaust du dir denn keine Fernsehsendung an? Da zeigt man ihn dir doch jeden Tag!»

«Wieso? Das kann doch wohl nicht Lenin sein!»

GW: Bereits mit elf Jahren müssen die Kinder die Verfassung der Sowjetunion auswendig können! Menschenrechte! Redefreiheit! Pressefreiheit! Freie Religionsausübung! Selbstbestimmung der Republiken! Die Kinder lernen dies alles auswendig, und selbst wer die besten Noten bekommt, glaubt kein Wort von dem, was er da aufsagt. Nehmen Sie China – diese Leute, die alle das kleine rote Buch von Mao auswendig gelernt haben. Das war doch die absolute Wiederholung dessen, was sich in den dreißiger Jahren in Rußland abgespielt hat.

CS: Man gewinnt den Eindruck, daß Sie beide Ihre russische Nationalität auf zwei verschiedenen Ebenen erleben: ein anhand von Büchern und überlieferten Erinnerungen erträumtes russisches Leben, jedoch überlagert von der Alltagswirklichkeit, die Sie selbst erfahren haben.

MR: Völlig richtig! Für einen selbst ist das aber eine recht fruchtbare Erfahrung. Um ein anderes Beispiel anzuführen, will ich Ihnen von meiner ersten Reise in den Westen erzählen. Das war 1956. Ich kannte die französische Literatur recht gut, besonders Victor Hugo, Maupassant und Zola, die in Rußland sehr populär sind, vielleicht mehr noch als in Frankreich. Ich hatte sie in Übersetzungen gelesen. Anhand der Lektüre hatte ich eine gewisse Vorstellung gewonnen von den Pariser Straßen, den Kirchen, den Seineufern. Ich sagte mir damals: «Ob die Wirklichkeit sich wohl deckt mit den Beschreibungen in den Romanen?» Als Russe lebte ich ja ständig in einer zwieschichtigen Vorstellungswelt: Die eine hat man im Kopf und die andere vor Augen. Als ich nun in Paris ankam – wie glücklich war ich da, daß alles übereinstimmte!

CS: Ist im künstlerischen Bereich Ihrer Meinung nach die große russische Tradition gewahrt worden?

MR: Talente können nicht so einfach verschwinden. Es gibt auch heute noch Genies, die in der Sowjetunion schöpferisch tätig sind, Menschen, die im Verborgenen arbeiten und insgeheim hoffen, daß ihren Werken einmal bessere Tage beschieden sein mögen. Sie wird man erst in der Zukunft entdecken.

Ich bin sicher, daß auch unsere Gesellschaft ihre Dostojewskis hervorbringt, und dennoch meine ich, daß die Zwänge des Alltags in der Sowjetunion die Zahl der Talente schmälern.

CS: Sprechen wir von Dostojewski. Für uns Franzosen repräsentiert er das Wesen der russischen Seele. Was meint ein Russe dazu?

MR: Der Russe ist durchaus Ihrer Meinung. Jeder Russe findet sich bei Dostojewski wieder.

CS: Eher als bei Tolstoi?

MR: Ich glaube schon. Seine Psychologie ist uns vertrauter, unserem verrückten System näher, denn er hat dieses System ja vorhergesagt. Er hat gesagt, wie unsere Gesellschaft funktionieren, wie sie sich entwickeln wird. Tolstoi hingegen spricht von dem anderen Leben, von unserem zweiten Leben, dem imaginären. Dostojewski ist ein Visionär und Tolstoi ein Mann des Imaginären. Tolstoi repräsentiert das alte Rußland, während Dostojewski die Zukunft ankündigt.

CS: Und Tschechow?

MR: Tschechow ist ein sehr feinsinniger Schriftsteller, aber in meinen Augen etwas weniger Russe, so merkwürdig das klingen mag. Er ist Turgenjew näher, dem Russischen in Turgenjew, vor allem in seinen Theaterstücken. Das ist so ähnlich wie mit der Musik von Tschaikowsky. Wenn man sie allein hört, klingt sie sehr russisch, aber im Vergleich mit Mussorgsky wird einem klar, wer von beiden russischer ist.

CS: Welchen Stellenwert nimmt in Ihrem täglichen Leben die Literatur ein?

MR: Wir verschlingen atemlos alles, was in Rußland verboten ist. Wir hören überhaupt nie auf zu lesen und entdekken ständig neue Autoren.

GW: Wie Sie sich denken können, interessieren wir uns besonders für neuere Literatur. Doch letztes Jahr haben wir *Schuld und Sühne* nochmals gelesen und dabei festgestellt, daß unser Verhältnis zu Dostojewski sich gänzlich gewandelt hat. Es war ein Wiederlesen, und trotzdem haben Slawa und ich einander das Buch regelrecht aus den Händen gerissen! Dostojewski und Tolstoi sind Autoren, die man sich ein Leben lang immer wieder vornehmen muß.

CS: Wann haben sie Dostojewskis Werke entdeckt?

MR: Ich war noch sehr jung, als ich sie zum erstenmal las, und habe natürlich nichts verstanden. Mit vierzehn liest man etwas, und später liest man's noch einmal. Als ich vierzehn war, wurde alles, was ich las, von meinen Eltern streng überwacht. Aber ich entsinne mich, daß ich während eines Aufenthalts bei meiner Patentante in Orenburg in einer Scheune die russische Übersetzung von Maupassants *Une vie* entdeckt hatte. Daß Maupassant nicht als ganz schicklich, ja sogar als höchst unschicklich galt, war mir schon zu Ohren gekommen. Ich hatte mir also diesen Band herausgefischt und mich ans Lesen gemacht. Doch meine Mutter überraschte mich und entriß mir das Buch: «Daß ich dich nie wieder mit diesem Buch erwische!» Natürlich war mir nicht entgangen, wo sie es versteckte; ich riß den Einband ab und klebte den Umschlag eines anderen Buches auf. Und wenn meine Mutter in die Nähe kam, verriet mich der Titel nicht mehr. Ich habe es von A bis Z gelesen. Aber der Originalumschlag verbot mir, Maupassant zu lesen!

CS: Inwieweit kann man heutzutage – vom politischen Problem einmal abgesehen –, und insbesondere im Bereich künstlerischen Schaffens, von russischer Eigenart sprechen?

MR: Sie sollen eine unmißverständliche Antwort bekommen: Als ich vor dreißig Jahren mit dem Cellospielen begann, bestanden große Unterschiede zwischen der französischen, der russischen und der deutschen Schule. Die Franzosen beispielsweise spielten mit einem winzigen Stachel und hochgezogenen Ellenbogen, die Deutschen hielten den Ellenbogen anders, und die Russen spielten wieder ganz anders. Heute gibt es da keine Unterschiede mehr, weil jeder einen Fernsehapparat hat, Schallplatten hört und selbst wir Russen zu reisen beginnen. Mit dem Flugzeug verschwinden die Grenzen.

Für Rußland stimmt das allerdings wiederum nur begrenzt, weil man über das, was im Westen vorgeht, noch nicht übermäßig informiert ist. Als das Bolschoi-Theater zum erstenmal in Paris gastierte, hat es Begeisterungsstürme entfesselt. Warum? Weil es die alten Traditionen wie in einem Kokon bewahrt hatte und somit den Glanz vergangener Zeiten noch einmal aufleben lassen konnte. Ein Jahr, zwei Jahre, zehn Jahre später gastierte das Bolschoi wiederum, mit denselben Künstlern, unter derselben Leitung und mit ähnlichen Programmnummern. Alles unverändert. Aber der Erfolg wurde immer geringer, und das ist völlig normal. Den in ihrem Universum abgekapselten sowjetischen Künstlern mangelt es an Vitaminspritzen von außen.

Wenn heute an der Pariser Oper eine Uraufführung stattfindet und ich mich gerade in einem anderen Land aufhalte, nehme ich das erste Flugzeug. Wenn es mich reizt, Béjart oder Roland Petit zu sehen, bin ich gleich zur Stelle! In Rußland hat man nicht einmal die Möglichkeit zu einer solchen Reise. In früheren Zeiten, als aufgrund mangelnder Kommunikationsmittel Rußland isoliert schien, gab es durchaus schon eine aufgeschlossene und reiselustige Elite. Enge und fruchtbare Beziehungen hatten sich angebahnt, nehmen wir nur Voltaire und Katharina die Große; aber auch Peter der Große hatte schon niederländische Meister an den Zarenhof geholt. Katharina hat versucht, westliche Kultur aufzupfropfen. Was hat sie uns gebracht? Unter anderem – die Kartoffel! Ja, ich glaube, sie war es, die uns aus Amerika die Kartoffel mitbrachte, und unsere Bauern protestierten . . .

Für den Bereich der Musik möchte ich nur an Tschaikowskys Freundschaft mit Grieg erinnern, an Tschaikowskys Interesse für französische Musik und Léo Delibes' Ballette. Er hat auch die Celesta verwendet, ein französisches Instrument, von dem er in einem Brief sagt: «Ich habe ein göttliches Instrument gehört.» Er war der erste russische Komponist, der die Celesta einsetzte.

CS: Trotz so mancher westlicher Einflüsse haben die russischen Komponisten sich aber doch einen eigenständigen Stil bewahrt, was insbesondere in Gesangs- und Opernkompositionen spürbar wird.

GW: Eines möchte ich vorausschicken: Die russische Oper ist ein Musikdrama, und die meisten Werke des Repertoires sind eng mit der russischen Geschichte verknüpft. Um dieses Drama besser abzustützen und die Ausdruckskraft des Gesangs zu verstärken, haben die russischen Komponisten in der Tat ganz eigene technische Mittel angewandt, wodurch sie sich deutlich von den westlichen Schulen und insbesondere von den italienischen Komponisten unterscheiden. Da wird beispielsweise die Stimme weitgehend in der mittleren Tonlage gehalten, was eine zusätzliche Anstrengung für den Sänger bedeutet. Die Italiener hingegen setzen, um einen Kulminationspunkt anzudeuten, einen sehr hohen Ton, der dann Ausdrucksträger wird. Nichts dergleichen bei den Russen, die die emotionsstärksten Passagen in der mittleren Tonlage belassen und somit häufig den Interpreten zwingen, seine Stimme zu überdehnen und großes Klangvolumen zu entfalten. Bei Mussorgsky, zum Beispiel, ist es ein wirkliches Problem, diese Stimmlage durchzuhalten und nicht im massiven Orchesterklang unterzugehen. Auch Tschaikowsky schreibt nur sehr selten in den oberen Tonlagen; in Tatjanas Briefszene findet sich nur ein hohes B, und die Szene dauert zwanzig Minuten. Das hängt natürlich mit der Art des Rezitativs zusammen, dem in der russischen Oper weit mehr Platz eingeräumt wird als in der italienischen und dessen Vokalcharakter stärker betont ist. Eine andere Schwierigkeit bei der russischen Oper ist dann noch die, daß scheinbar nebensächliche Elemente oft breiten Raum einnehmen können. Manchmal ist ein kleiner Satz entscheidend, wodurch häufig den Nebenrollen große Bedeutung zukommt. Diesem Phänomen muß bei der Besetzung Rechnung getragen werden. Da kann man es sich nicht leisten, wie in der italienischen Oper, drittrangige Rollen an Sänger ohne Stimme zu vergeben, denen ja dann auch kein Mensch zuhört!

CS: Gehen wir nun einen Schritt weiter: Die russische Melodik ist Treffpunkt sowohl klassischen Erbguts als auch folkloristischer Tradition.

GW: Die russischen Komponisten stützen sich in der Tat auf folkloristische Fundamente. Sie verketten lange Klangbögen, in denen man hier eine Volksliedmelodie, dort den typischen Aufbau eines Volksliedes wiedererkennt. Man darf aber auch nicht die Besonderheit der Sprache außer acht lassen.

CS: Können große Sänger, wenn sie Italiener oder Franzosen sind, überhaupt russisch singen, ohne die musikalische Struktur des Textes zu beeinträchtigen?

GW: Man kann nicht verlangen, daß sie wie Russen singen. Wenn sie eine großartige Stimme haben, werde ich das in Kauf nehmen. Ist die Stimme aber schlecht, macht russische Nationalität sie auch keinen Deut besser. Aber ich habe große Hochachtung vor ausländischen Sängern, die sich eine Rolle in russischer Sprache erarbeiten, denn das erfordert gewaltige Anstrengung.

CS: Haben Sie persönlich oft in anderen Sprachen gesungen?

GW: Opernarien habe ich italienisch gesungen, und ich finde, was die Stimmführung anbetrifft, ist es leichter, auf Italienisch zu singen als auf Russisch. Die italienische Sprache ist fürs Singen geschaffen; Rollen, die ich in beiden Sprachen gesungen habe, fielen mir auf Italienisch leichter als auf Russisch.

CS: Und Französisch ...?

GW: Landowski habe ich auf Französisch gesungen. Mir fällt Französisch schwer, weil die Stimme anders sitzen muß. Es besteht nämlich ein Zusammenhang zwischen dem Einsatz der Stimme und der Sprache, die man spricht, weswegen bei der Sängerausbildung die Muttersprache zunächst einmal wichtig ist. Mich würde es reizen, einmal folgendes Experiment zu machen: einem Kind aus dem Orient nicht die Sprache seiner Heimat, sondern beispielsweise Italienisch beizubringen und später dann das Ergebnis zu studieren. Die Stimme ist nämlich nicht nur von den morphologischen Gegebenheiten der Kehle abhängig, sondern in noch viel stärkerem Maße von der Leistung jener Muskeln, die den Tonausstoß steuern. Ich denke dabei übrigens an einen ganz bestimmten Sänger, mit stark ausgeprägten asiatischen Zügen, der aber am Moskauer Konservatorium studiert hat. Ein großartiger Boris, mit Schlitzaugen und einer Mussorgskys Musik vollendet angepaßten Stimme; aber er hat auch immer in einem europäischen Land gelebt.

CS: Sprechen wir noch etwas über Mussorgsky. Obwohl doch sehr russisch, scheint er dem russischen Publikum nicht unbedingt leicht zugänglich ...

GW: Das stimmt. Die breite Masse des Opernpublikums hält *Chowanschtschina* für eine schwierige Oper.

CS: Aber auch an einem Symbol-Werk wie *Boris Godunow* scheiden sich noch die Geister, und wäre es nur aufgrund der gebräuchlichen unterschiedlichen Fassungen. Sie, Slawa, müßten als Dirigent hierzu doch eigentlich Stellung nehmen können.

MR: Ich habe mir geschworen, einmal in meinem Leben sämtliche Boris-Fassungen zu dirigieren: die von Rimsky-Korssakow, die bekannteste, die von Schostakowitsch und dann noch die Originalversion.

CS: Die beiden Originalversionen ...

MR: Die von Paul Lamm edierte, und die andere, der nichts von außen hinzugefügt wurde und die ausschließlich von Mussorgsky stammt.

CS: Hat man überhaupt das Recht, etwas zu ändern, wenn eine Originalpartitur existiert?

MR: Ja, und ich will Ihnen auch gern erklären, warum. Es gibt nämlich zum einen das, was ich «musikalische Grundkenntnisse» nennen möchte, und zum anderen das Genie. Mussorgsky hat, so glaube ich zumindest, seine Werke praktisch nie in der Orchesterfassung gehört. Er hatte geniale Einfälle, doch diese Einfälle kommen im Orchester nicht immer zum Klingen. Das sagte mir jedenfalls Schostakowitsch, der ja auch auf die Orchestrierung von Mussorgskys Oper kaum so viel Zeit verwendet hätte, wenn er ihm nicht größte Bewunderung entgegengebracht hätte. Er kannte ihn wie niemand sonst. Und er sagte zu mir: «Ich mache alles genau wie Mussorgsky. All seine Einfälle fürs Orchester werden von mir verwirklicht.» Ergo: Ohne die

Einfälle Mussorgskys zu ändern, brachte Schostakowitsch, dank seiner Erfahrung im Orchestrieren, sie nur besser zur Geltung. Er verhalf diesen Ideen zu einer adäquaten klanglichen Verwirklichung.

Meiner Ansicht nach hat auch ein so großer Komponist wie Schumann Irrtümer begangen, Fehler gemacht, die einer Korrektur bedürfen. Da es aber nicht immer ganz einfach ist, eine Instrumentierung zu ändern, nimmt man die Irrtümer hin und versucht, sie durch die Interpretation so gut wie möglich zu kaschieren.

CS: Aber Rimsky-Korssakow ist ja weiter gegangen: Er hat gewisse Akkorde, gewisse Kühnheiten des Originals, die ihn schockierten, regelrecht «korrigiert».

MR: Darüber war ja auch Schostakowitsch so empört. Er hat Mussorgskys Harmonik voll und ganz gewahrt.

CS: Und dennoch halte ich es für gefährlich, derartige «Retuschen» vorzunehmen. Wie soll man wissen, ob man recht hat, ob man nicht ungewollt ein Meisterwerk verstümmelt?

MR: Über dieses Problem habe ich mich ausgiebig mit Maurice Le Roux unterhalten, und ich bin nicht einverstanden mit seiner These, die er in seinem Buch über Boris Godunow[2] vertritt. Kategorisch kann man das keinesfalls entscheiden. Manche Dinge lassen sich eben nur intuitiv erfassen.

Ich habe mein Leben lang Kontakt mit Komponisten gehabt. Schon oft ist mir beim Spielen oder Dirigieren einer Partitur eine – meiner Ansicht nach – bessere Lösung eingefallen, und das habe ich dem Komponisten dann auch gesagt, woraufhin dieser sich an die Stirn schlug und antwortete: «Ich war mit dieser Passage auch nicht zufrieden, wußte aber nicht, wie ich sie ändern sollte . . .»

Ich will damit nur sagen, daß ein Komponist sich in einem bestimmten Punkt irren oder beispielsweise auf eine Idee kommen kann, die klanglich dann nicht trägt. Wie viele solcher Fälle sind mir nicht schon begegnet! Und es kann eben auch großen Komponisten passieren, wenn sie die Technik des Orchestrierens nicht gut genug beherrschen. Ich bin überzeugt, Mussorgsky war ein solcher Fall.

CS: Aber Sie werden mir zustimmen, daß Mussorgsky der einfallsreichste der russischen Musiker war. Der genialste. Und doch ist – was alle Welt bestätigen wird – Tschaikowsky der berühmteste.

MR: Für die Russen auch!

CS: Aber die «Kenner» bei uns im Westen geben sich skeptisch . . .

GW: Bei Tschaikowsky ist die Interpretation ausschlaggebend. Man darf ihn nicht – was so oft geschieht – wie Salonmusik spielen. Diese Erfahrung habe ich selbst gemacht. Zu Beginn meiner Karriere habe ich einmal ein ganzes Konzert ausschließlich Tschaikowsky gewidmet, und das Publikum hatte den Eindruck, zum erstenmal Tschaikowsky zu hören. Alles war anders: die Tempi, die Klangfarbe . . . Zum Beispiel diese Melodie *Inmitten des Balles*, die in Rußland jeder kennt. Ich habe sie anders gesungen, und das Publikum war zuerst verdutzt; dann aber begann es zu jubeln, und ich mußte sie wiederholen. Es war wirklich eine völlig andere Auslegung der Partitur.

MR: Das Schlimme bei Tschaikowsky ist, daß sowohl die Interpreten als auch die Musikliebhaber einhellig der Meinung sind, diese Musik sei leicht, jedermann zugänglich und so populär, daß es unnötig sei, sich Gedanken zu machen. Ich kämpfe mit allen mir zur Verfügung stehenden Kräften gegen diesen Trugschluß an, denn mir ist eine Unzahl schauerlicher *Schwanensee*-Interpretationen bekannt. Ich bin ganz im Gegenteil davon überzeugt, daß man Tschaikowskys Musik erst gedanklich durchdringen muß, bevor man sich an eine Interpretation heranwagt, daß man die Partitur äußerst aufmerksam unter die Lupe zu nehmen hat. Tschaikowskys Musik reiht sich bei uns in eine lange Tradition ein, das stimmt; aber diese Tradition ist letztlich nichts anderes als das ständige Wiederaufgreifen bestimmter Elemente, die durch Generationen bewahrt wurden, Elemente von fragwürdigem Geschmack, deren einziges Verdienst der Effekt ist. Ich denke dabei speziell an die Fermaten über den hohen Tönen in seinen Opern und an die Tempi in seinen Balletten, die Choreographen früherer Zeiten scheinbar ein für allemal festgelegt haben.

CS: Tschaikowskys Musik wird also schlecht gespielt?

MR: Ja.

CS: Selbst in Rußland?

MR: Ja.

CS: Vielleicht doch weniger schlecht in Rußland, oder?

MR: Mag sein, aber trotzdem schlecht.

CS: Ist Ihnen nicht vielleicht eher die Person Tschaikowskys etwas unbehaglich?

MR: Nein. Er steht meinem Herzen sehr nahe, und ich will auch sagen, warum. Tschaikowsky – das ist Rußland! Es ist zwar nicht Mussorgskys Rußland, aber mir ist Tschaikowskys Rußland näher, wenn ich mich auch vor Mussorgsky tiefer verneige. Tschaikowsky, das ist Petersburg, das ist der Westen, Europa. Außerdem ist Tschaikowskys Werk aufs engste verbunden mit dem unseres größten Dichters, Puschkin. Ein Russe, der Rußland und Puschkin wirklich kennt, der um den Zusammenklang von Wort, Musik und Natur weiß, der muß Tschaikowsky einfach lieben. Er kann gar nicht anders. Was man auch immer reden mag, selbst wenn man mir sagte, er sei ein Gauner, ein Dieb gewesen ... Er war homosexuell? Das war sein Problem.

CS: Ist die Sentimentalität seiner Musik vielleicht das Echo einer der russischen Natur eigenen lyrischen Poesie?

MR: Ja, das ist ein interessanter Gesichtspunkt. Ich sehe tatsächlich eine gewisse Dissonanz zwischen Tschaikowskys Musik und seinem persönlichen Leben. Jeder hält seine Musik für sentimental und sein Leben für das eines

Schwächlings, während ich absolut gegenteiliger Meinung bin: Für mich ist seine Musik nicht sentimental, es kommt nur auf die Interpretation an. Man macht aus seiner Musik so etwas Gekünsteltes, Verweichlichtes, dabei ist er einer der kraftvollsten Komponisten überhaupt. Er hat es übrigens gar nicht nötig, von mir verteidigt zu werden. Schon Strawinsky hat zu mir gesagt: «Tschaikowsky ist einer der größten Komponisten.» Britten betonte das auch, und Prokofieff ebenfalls. Nur Schostakowitsch verurteilte ihn: «Er ist einer der schlechtesten!»

CS: Und Strawinsky, war er ein echter Russe?

MR: O ja. Strawinsky ist es gelungen, das Rußland seiner Erinnerungen wachzurufen, das für uns nach wie vor Wahrheitsgehalt besitzt. Es ist wie ein Bild. Strawinsky hat uns ein ergreifendes Porträt Rußlands vermacht. Neben Prokofieff und Mussorgsky zeichnet er das wahrheitsgetreuste Rußlandbild; dann folgt Tschaikowsky – wenn eine solche Rangfolge überhaupt zulässig ist. Nehmen Sie nur *Petruschka*: Das deckt sich voll und ganz mit jenen Stichen, die Sie dort an der Wand sehen; das sind Zeichnungen aus jener Zeit: Faschingsdienstag, die großen Feste, der Tanz der Kutscher, die Volksfeste. Das gleiche gilt für *Les Noces* (Die Hochzeit). Strawinskys Werke sind durch und durch russisch, mit Ausnahme vielleicht derer aus seiner letzten Schaffensperiode.

CS: Und was halten Sie von Strawinskys neoklassizistischen Werken? *Oedipus Rex, Sinfonie in 3 Sätzen* oder *Das Kartenspiel?* Sind die auch noch russisch?

MR: Ja.

CS: Und *The Rake's Progress* auch noch?

MR: Ja, auch das ist noch russisch. Für mich hört das Russische bei ihm erst da auf, wo er seine komplizierten Kontrapunkte setzt, wo er sein Herz vergißt und wie ein Computer zu komponieren beginnt, um eine elfstimmige Fuge zustandezubringen. Eine elfstimmige Fuge ist in altbewährter russischer Manier allerdings schwer zu schreiben!

CS: Galina, haben Sie Strawinsky gesungen?

GW: Ja, zu Beginn der sechziger Jahre habe ich seine *Russischen Lieder* und Teile aus *Mavra* gesungen. Damals wurde Strawinsky in Rußland selten aufgeführt, aus dem einfachen Grund, weil seine Werke so gut wie verboten waren, obwohl man sehr wohl wußte, daß er einer der echtesten russischen Musiker war. Er ist zeit seines Lebens Russe geblieben, und ich frage mich sogar, ob ihm das nicht in gewisser Weise hinderlich war. Er hat versucht, gegen sein russisches Naturell anzukämpfen, ohne Erfolg allerdings, denn es ist unmöglich für einen Musiker, sein angeborenes Temperament zu verleugnen und dennoch das gleiche Qualitätsniveau zu wahren. Rein äußerlich erinnerte Strawinsky mich immer an eine russische Fabelgestalt; ich dachte mir, mit einem knorrigen Stock in der Hand müßte er aus einem Wald heraustreten, als entstiege er dem Innersten des Baumes. Um aber auf seine Werke zurückzukommen, so glaube ich doch, daß die russischsten die seiner ersten Schaffensperiode sind.

CS: Bei Prokofieff kann man nicht wirklich von «Perioden» im ästhetischen Sinne des Wortes sprechen.

MR: Nein. Bei Prokofieff gibt es in der Tat nichts, das der dritten Periode Strawinskys entsprechen würde.

CS: Sie haben Prokofieff ja gut gekannt. Können Sie erklären, wieso er, nachdem er im Anschluß an die Revolution von 1917 in die Emigration ging, in den dreißiger Jahren wieder in seine Heimat zurückkehrte, um sich endgültig dort niederzulassen?

MR: Wenn Galina und ich jetzt auf Konzertreise nach Rußland gingen, wäre das gefährlich für uns, womit ich gar nicht das politische Risiko meine. Gefährlich wäre es, weil das russische Volk uns seine Liebe bekunden könnte; dann würde es einem nämlich schwerfallen, wieder fortzugehen. Als ich am 10. Mai 1974 mein letztes Konzert gab, weinte das Publikum im Saal. «Kommen Sie wieder, kommen Sie unbedingt wieder!» rief man mir zu. Und nach dem Konzert standen sie auf der Straße und warteten auf mich . . . Prokofieff hingegen ist mehrmals zu Konzerten nach Rußland gereist, ohne sich zu entschließen, endgültig dortzubleiben. Wie er mir erzählte, war er mit stürmischer Begeisterung aufgenommen worden; selbst Leute, die seine Musik nicht kannten, jubelten ihm zu, sogar in den gottverlassensten Nestern. Und wenn auch niemand applaudierte, wurde er dennoch abgeküßt und umarmt. Ob seine Musik gefiel oder nicht – er war der König, und das hat er begriffen, und deswegen ist er heimgekehrt.

GW: Da war es mit dem Abküssen und Umarmen allerdings schnell vorbei!

CS: Aber warum umarmte man ihn überhaupt?

MR: Das ist sonnenklar. Er kam aus dem Ausland, wo – wie jeder weiß – alles besser ist als bei uns! Und dennoch kam er, uns zu besuchen, in unserer Mitte zu spielen! Er war ein Genie und eine Berühmtheit.

GW: Er war ein Genie und eine Berühmtheit, weil das im Ausland so beschlossen worden war. Bei uns ist es äußerst wichtig, im Ausland Anerkennung zu finden.

MR: Ich werde den Namen eines sehr berühmten ausländischen Cellisten, der in Moskau gespielt hat, nicht preisgeben. Ich wohnte seinem Konzert bei und saß neben einem ausgezeichneten Geiger, der übrigens vor kurzem gestorben ist. Der Pianist schlug das A an, und der Cellist begann nachzustimmen. Da jubelte mein Nachbar, der Geiger, schon: «Was für ein Musiker!» Dabei hatte er noch nicht eine einzige Note aus dem Cellopart gehört!

GW: Und jemand, der hinter mir saß, bemerkte sogleich: «Jetzt weiß man, wer der größte Cellist der Welt ist!»

CS: Prokofieff hat Frankreich verlassen, wo er auf etliche Probleme gestoßen war. Aber hat er es eigentlich bereut?

GW: Stimmt, er hatte in Frankreich Probleme, aber die waren rein finanzieller Natur.

MR: Später hat ihm Paris doch sehr gefehlt, das hat er mir selbst gesagt.

CS: Wenn Russen emigrieren, hat man immer den Eindruck, als zögen sie in ihrem Schlepptau einen ganzen Komplex nationaler Traditionen nach sich. Sie scharen russische Freunde um sich und sprechen auch weiterhin Russisch untereinander. Auch Sie beide haben sich in Ihrer Pariser Wohnung eine russische Kulisse nachgebaut. Warum?

GW: Weil es uns gefällt; weil es schön ist. Nicht aus Heimweh. In einem solchen Rahmen bin ich aufgewachsen. Die Bilder, Schätze der russischen Museen, sind Teil meines Lebens. Aber selbst die alltäglichen Gegenstände rühren mein Herz. Zum Beispiel diese Holzarbeit drüben auf dem Tisch. Ihnen mag ein Stück mit Sammlerwert lieber sein, aber ich finde selbst dieses sehr hübsch. Diese Art Schönheit brauchen wir zum Leben; das ist mehr als Andenkenkult. Und das gleiche gilt für die russische Sprache: Sie ist nun einmal meine Muttersprache, Ausdruck meiner Kultur.

MR: Für mich haftet an all diesen Gegenständen, an all diesen Möbeln ein Geruch «russischen Handwerks». Die Hände, die sie geschaffen haben, bedeuten mir sehr viel. Und all das bringt Atmosphäre in unser Heim.

GW: Außerdem ist es ein Mittel, sich die Geschichte unseres Landes vor Augen zu führen. Schauen Sie sich das russische Porzellan an: Da kann man die Arbeit der Leibeigenen nachvollziehen, sich ausmalen, wie sie im Schimmer eines Kienspans die erlesensten Muster zeichneten. Das alles ist die Geschichte meiner Heimat, ist mein Leben.

MR: Was mich anbetrifft, so gebe ich zu, daß das wirkliche Leben, daß all diese Gegenstände um mich herum mir viel weniger bedeuten als das in meiner Vorstellung existierende, das verinnerlichte Leben. In meinem Kopf bewahre ich mir das ganze Rußland, und davon löse ich mich nie. Stolz betrachte ich mich als einen Botschafter Rußlands. Würde Rußland von einem intelligenten Mann regiert, so hätte dieser uns mit Orden bedacht, uns die höchsten Auszeichnungen verliehen, weil wir die russische Musik ins Ausland tragen. Und diese Aufgabe erfüllen wir auch, im Bewußtsein höchster Verantwortung. Ich persönlich bin überzeugt, daß es eine große Ehre ist. Und was diesen ganzen Komplex angeht, so habe ich noch unzählige Pläne: Ich möchte alle Symphonien von Schostakowitsch und alle Symphonien von Prokofieff auf Schallplatten aufnehmen, wie ich auch noch davon träume, ein paar russische Opern aufzunehmen. Ja, ich habe noch viel Arbeit vor mir. Die sowjetische Plattenaufnahme von *Katharina Ismailowa* ist miserabel, und ich frage mich, wann sie dort in der Lage sein werden, eine Aufnahme, die sich mit der unsrigen messen kann, herzustellen. In Moskau lügt sogar die Technik!

CS: Generationen vergehen, Erinnerungen verlöschen. Wie, glauben Sie, werden Ihre Töchter, die ja noch so jung waren, als sie Rußland verließen, ihr Leben gestalten, und wie werden sie das, was Sie als nationales Erbgut empfinden, weitergeben?

MR: Die Bindungen werden schwächer werden. Sie erschlaffen bereits mehr und mehr. Das sieht man bei allen alten Emigranten: Ihre Kinder sprechen schon weniger Russisch, und ihre Enkel sprechen es meist gar nicht mehr.

CS: Ihre Träume ...

MR: Unsere Träume bleiben immer mit Rußland verhaftet, wo wir – wären die Zeiten anders – hätten leben können.

Die Aufgaben des Interpreten

CS: Für den Musikfreund ist Musik ein mehr oder weniger angenehmes, mehr oder minder ausdrucksstarkes Klangphänomen; für den Berufsmusiker ist sie zunächst einmal eine Partitur, in der Linien sich aneinanderreihen, auf denen Noten und Rhythmen eingezeichnet sind, folglich eine nur Eingeweihten verständliche Sprache. Wie verhält sich nun dieser Geheimcode zur Erzeugung von Klang, mit anderen Worten: Worin liegt das Wesen einer musikalischen Interpretation?

MR: Schon beim Lesen einer Partitur höre ich im Geist die den Noten entsprechenden Töne, und zwar in ihrer spezifischen Klangfarbe. Ich lese eine Partitur wie ein Buch, und dazu benötige ich größte Konzentration und absolute Stille ringsum. Schon das geringste Geräusch stört mich; daher widme ich mich dieser Arbeit am liebsten nachts. Das ist die erste Stufe. Bei einer zweiten und dritten Lesung beginnt dann das Werk in meinem Kopf Gestalt anzunehmen. Die geistige Gestaltung muß abgeschlossen sein, bevor man ein Instrument in die Hand nimmt. Daher studiere ich zuerst die Partitur in ihrer Gesamtheit, um mich in ihre «Sprache» einzuhören und so tief wie möglich einzudringen in die Absichten des Komponisten. Dazu stelle ich mir die klangliche Umsetzung in all ihren Variationsmöglichkeiten vor. Hier könnte der Ton fröhlich, aber auch traurig gemeint sein; da könnte er warm, glühend, funkelnd, mit starkem Vibrato oder auch relativ neutral, wenn nicht gar düster und tragisch gespielt werden. So nimmt Schritt für Schritt, dem Entwurf des Komponisten folgend, vor meinem geistigen Auge ein ganzes Universum Gestalt an.

CS: Steht denn in der Partitur alles geschrieben?

MR: Nein, natürlich nicht. Und gerade das Wichtigste steht nicht geschrieben. Eine Partitur studieren und verstehen, bedeutet, aus ihr herauszulesen, was der Komponist sagen wollte. Diese Botschaft ist gegeben, doch jeder Interpret kann sie anders deuten, insbesondere wenn ein Werk noch nie gespielt wurde. Gerade darin habe ich selber eine Riesenerfahrung, da mir schon unzählige noch nie aufgeführte Kompositionen vorgelegt wurden, und ich muß gestehen, daß ich ursprünglich auch nicht immer erriet, was der Komponist damit aussagen wollte. Sobald ich meine Dechiffrierarbeit für beendet hielt und das Resultat zumindest meinen eigenen Vorstellungen entsprach, konnte ich es kaum abwarten, dem Autor meine Gestaltung vorzuspielen. Es war für mich von entscheidender Bedeutung zu erfahren, ob ich die Atmosphäre der Musik, die ich da interpretierte, auch richtig erfaßt hatte. Dazu brauchte ich während des Spielens nur das Gesicht des Komponisten zu beobachten. Anschließend sagte er mir dann noch mit Worten, was er von meiner Interpretation hielt.

Wenn ein Komponist zu einem sagt: «Wissen Sie, ich glaube, diesen Satz könnte man etwas schneller – oder etwas langsamer – nehmen», so bedeutet das, man hat es nicht ganz genau getroffen. Wenn mir das passierte, litt ich jedesmal sehr, denn ich wollte es hundertprozentig richtig machen! Nach weiterem intensivem Studium gelang es mir dann schließlich doch, die Einwände des Komponisten abzubauen.

CS: Sind diese «Einwände» nicht in Wirklichkeit Anstoß zu einem notwendigen Dialog?

MR: Ja, und in diesem Zusammenhang möchte ich ein

besonders merkwürdiges Erlebnis erzählen, das mir mit dem *1. Konzert für Violoncello* von Schostakowitsch widerfuhr. Als ich das Werk zum erstenmal spielte, fand Schostakowitsch, ich hätte es auf der ganzen Linie richtig getroffen, und trug die Tempi meiner Interpretation noch vor der Publikation in die Partitur ein. Doch fünf Jahre später änderte ich selbst meine Interpretation, vor allem, indem ich die Tempi des ersten Satzes beschleunigte, was mir dem Geiste der Musik angemessener erschien. Jedenfalls hielt ich diese Modifizierung für einen Fortschritt, und wie ich glaube, teilte auch Schostakowitsch dieses Gefühl. Doch der «Irrtum» meiner ersten Interpretation ist auf ewig in der Partitur festgehalten.

CS: Kann ein Komponist sich bezüglich der Interpretation seiner eigenen Werke irren?

MR: Ja, und ich wage sogar zu behaupten, daß dies recht häufig vorkommt. Wie ein Interpret beim Lesen einer Partitur diese zunächst ganz abstrakt angeht, so nimmt auch der Komponist bei der Niederschrift seines Werkes nicht immer sofort dessen Klangwirklichkeit wahr. Erst wenn die Instrumente mitmachen, überprüft der Komponist für gewöhnlich seine Tempi, und meistens entscheidet er sich für eine Beschleunigung. Denn sobald die geschriebene Note konkret hörbar wird, stellt auch der Komponist fest, wie schwierig es ist, vor allem mit einem Bogen, langsam zu spielen. Eine Ausnahme kenne ich: Olivier Messiaen; er hat mich stets gebeten, noch langsamer zu spielen, ungeachtet der Verhaltenheit der Tempi, die ich gewählt hatte. Ich muß allerdings eingestehen, daß Messiaen recht hat, denn seine Musik könnte bei beschleunigtem Tempo ihre stärksten Qualitäten und das Wesentliche ihrer Aussage einbüßen. Für Instrumentalisten ist Messiaen wirklich ein äußerst schwieriger Komponist, vor allem in den langsamen Sätzen.

Als ich den Cellopart in seinem *Quatuor pour la fin du temps*[3] zu spielen hatte, wünschte ich mir einen rund um mich herumlaufenden Bogen. Man hätte ihn nur zu drehen brauchen, endlos immer weiterdrehen, damit der musikalische Klangbogen wirklich ins Unendliche reichen würde. Irgendwann werde ich mir einen Spezialbogen bestellen, mehr als fünfzig Zentimeter lang, und ihn ausschließlich beim *Quatuor pour la fin du temps* benützen!

CS: Kommen wir nochmals auf die einzelnen Stadien der Erarbeitung einer Interpretation zurück. Sie beginnen also damit, das Werk im Geiste zu «entschlüsseln»?

MR: Ja, aber sobald ich einen Gesamtüberblick über die Partitur habe, packe ich mein Cello und spiele, spiele mit Leib und Seele ... aber eine haarsträubendere Interpretation kann man sich kaum vorstellen. Dies ist der Übergang von der erdachten Interpretation zur Ausführung, und dieses Stadium ist wirklich grauenvoll. Mit Ausführung meine ich hier die technische Seite des Werkes; die Interpretation ist der Stil. Den Stil habe ich zwar im Kopf, aber noch gelingt es mir nicht, ihn auch angemessen als Klang zu verwirklichen. Was die Ohren in diesem Stadium ertragen müssen, ist wirklich entsetzlich!

CS: Es kommt außer Ihnen ja auch niemandem zu Ohren!

MR: Weiß Gott nicht, es wäre undenkbar. Nicht einmal meiner Familie! Nun kreise ich jene Passagen ein, deren technische Schwierigkeiten ich noch nicht im Griff habe. Wie ein Chirurg schneide ich diese Passagen heraus, analysiere sie, konzentriere mich auf bestimmte Details und spiele schließlich das ganze noch einmal, indem ich mich bemühe, meine abstrakte Konzeption und ihre instrumentale Realisierung in Übereinstimmung zu bringen. Nach intensiver Arbeit, nach ausführlichem Erproben der besten Finger- und Bogentechnik, komme ich Zug um Zug dem Werk näher, und dann setze ich alles daran, das Ideal, das mir vorschwebt, auch zu erreichen.

Laut Tolstoi beginnt die Musik dort, wo das Wort sich vollendet. Der musikalische Verständigungsprozeß ist in der

Tat ein ganz spezifischer. Mit einer eigenen Sprache, die viel tiefer geht als das Wort, spricht die Musik zum Menschen, erreicht sie das menschliche Herz. Für mich besteht zwischen Wort und Musik der gleiche Unterschied wie zwischen dem irdischen Dasein und unserem Weiterleben im Jenseits. In jener anderen Welt sind die Wertmaßstäbe und die Denkweisen anders geartet. Für mich bleibt die Musik ein großes Mysterium.

CS: Ich weiß nicht mehr, welcher berühmte Virtuose erzählt hat, er habe sich während einer Flugreise eine Partitur erarbeitet und seinen Part gleich nach seiner Ankunft im Konzert zum erstenmal gespielt. Ist das möglich?

MR: Durchaus. Wenn ich spiele, erteilt mein Geist Befehle an meine Muskeln. Auf die Konzentration kommt es an, sie muß eine permanente Kontrolle der Finger gewährleisten. Intensives Studium der Partitur kann folglich langwierige Fingerübungen überflüssig machen, wie dieses geistige Erarbeiten eines Werkes ja auch dazu befähigt, es seinem Gedächtnis so einzuprägen, daß man es schließlich auswendig spielen kann. Wobei man selbst den Eindruck bekommt, automatisch zu spielen, da alles im Kopf vorgeprägt ist. Es ist nicht schlecht, sich seinen Part fünfmal durchzuspielen, aber noch besser ist es, sich drei Stunden lang intensiv mit der Partitur zu befassen.

GW: Wenn ich als Sängerin an ein Werk herangehe, das ich noch nicht kenne, so arbeite ich zunächst rein mechanisch. Ich singe meine Partie Note für Note durch, ohne auf den Ausdruck zu achten. Stundenlang. Ganz allein. Doch sobald ich eine Gesamtvorstellung des Werks habe, erarbeite ich mir ausführlich jede einzelne Phrase. Ich versuche den tieferen Sinn eines Intervalls oder einer für die Stimme unbequemen Passage zu ergründen und, was noch wichtiger ist, das Kompositionsprinzip zu verstehen. Das gelingt mir nur in völliger Abgeschiedenheit und wenn ich genügend Zeit habe. Manchmal übe ich ein Intervall eine Stunde lang. Und erst wenn ich dieses Entschlüsselungsstadium hinter mir habe und in die Geisteswelt des Komponisten vorgedrungen bin, dann erst lasse ich meine Persönlichkeit zu Wort kommen. Meine Emotionen vervollständigen nur die Partitur, wie die Farben, mit denen ein Maler einer Zeichnung ihren endgültigen Ausdruck verleiht.

CS: Letztlich ähnelt dieses Vorgehen dem des Instrumentalisten.

MR: Das schon, aber die Stimme ist rein physisch schwerer zu beherrschen als ein Instrument. Eine Sängerin muß ihre Atmung unter Kontrolle halten, ihre hohen und ihre tiefen Töne testen, sie kann sich nicht mit einem abstrakten Resultat begnügen.

CS: Und die Sängerin auf der Bühne muß darüber hinaus noch eine Figur verkörpern und sie vor Publikum zum Leben erwecken.

GW: Um eine Figur zum Leben zu erwecken, genügt es nicht, sie sich vorzustellen und sich in sie hineinzuversetzen. Man muß über ein ganzes Arsenal technischer Kniffe verfügen, um dem Publikum gewisse Gemütsverfassungen wirklich glaubhaft zu machen. Ein Künstler mag ein noch so stürmisches Temperament besitzen und noch so aufrichtig schluchzen, die Hände ringen, die ganze Bühnenausstattung mit den Zähnen herunterreißen – und trotz allem sitzt das Publikum ungerührt da. Wohingegen man bei einem anderen den Eindruck haben kann, er sterbe wirklich vor Liebe, hier, vor aller Augen. Sogar auf der Bühne habe ich bei manchen Partnern dieses Gefühl, und dann kann so ein Kollege sich plötzlich zu mir umwenden und eine scherzhafte Bemerkung machen. Das nenne ich vollkommene Beherrschung der Technik!

CS: Es geht also nicht darum, aufrichtig zu sein, sondern die Illusion von Natürlichkeit zu vermitteln?

GW: Unter der Voraussetzung, daß diese «Natürlichkeit» auch wirkt. Leider ist heutzutage «Pseudo-Natürlichkeit»

Mode geworden, als genügte es schon, sich auf der Bühne zu benehmen wie im Leben. Mich persönlich macht es rasend, wenn ich an alle die Aufführungen denke, wo sogenannte «Tragöden» mit absolut «natürlicher», das heißt absolut ungeschliffener und unkultivierter Stimme Texte von Schiller oder Shakespeare herunterrattern. In der Küche darf man seiner Natürlichkeit ruhig freien Lauf lassen, aber für die Bühne ist dies keine besonders schätzenswerte Eigenschaft, denn Theaterkunst steht über dem Alltagsleben, und der Künstler ist es der Kunst schuldig, in dieses andere Leben einzutreten.

Um also die Illusion von Natürlichkeit zu vermitteln, muß der Künstler sein Metier perfekt beherrschen! Selbstverständlich braucht er auch seine Ehrlichkeit, aber ohne das technische Know-how verpufft diese Ehrlichkeit. Sein technisches Können verhilft ihm, über die materielle Schwelle zwischen Bühne und Saal hinweg, zu einem unmittelbaren Kontakt mit dem Publikum; die Stimmtechnik verwandelt seine Alltagsstimme in eine in allen Registern ausgewogene Stimme, und alles zusammengenommen verleiht dem Theater diese Erhabenheit, die es unter dem Einfluß von Film und Fernsehen zu verlieren droht. Diese Feststellung gilt übrigens ebenso für moderne Werke wie für das klassische Bühnenrepertoire.

CS: Was zeitgenössische Werke anbetrifft, so haben Sie ja, genau wie Ihr Mann, eine reiche Erfahrung, da Sie oft genug, sowohl in der Sowjetunion wie auch im Westen, Gelegenheit bekamen, Werke zu singen, die eigens für Sie komponiert worden waren. Welche Art von Zusammenarbeit kann es zwischen einem Interpreten und einem Komponisten geben? Und wie weit vermag der Interpret unter Umständen dessen Arbeit zu beeinflussen?

GW: Ich habe vorwiegend mit Schostakowitsch und Benjamin Britten zusammengearbeitet, aber es wäre übertrieben, zu behaupten, ich hätte mit meinen Ansichten ihre schöpferische Arbeit beeinflussen wollen. Als Britten das *War Requiem* schrieb, in dem ein wichtiger Solopart mir gewidmet ist, hatte er eines meiner Konzerte beim Aldeburgh-Festival gehört. An jenem Abend hatte ich Arien aus Bellinis *Norma* und aus *Fidelio* gesungen, anschließend Romanzen von Tschaikowsky und zum Schluß die *Lieder und Tänze des Todes* von Mussorgsky. Es war wirklich ein Irrsinnsprogramm. Dort hörte Britten mich zum erstenmal, und meiner Ansicht nach hat dieses Konzert, was meinen Part anbetrifft, eine entscheidende Rolle gespielt bei der stimmlichen Gestaltung des *War Requiem*. Ich persönlich erkenne in diesem *Requiem* Passagen wieder, die so große Intervalle aufweisen, daß Mussorgsky sie geschrieben haben könnte; an anderen Stellen erinnert Brittens Notensetzung mich wiederum an den italienischen Stil. Dies alles verrät Eindrücke, die er bei besagtem Konzert gewonnen hat. Im Anschluß daran suchte Benjamin Britten mich übrigens im Künstlerzimmer auf, um mir mitzuteilen, er wolle etwas für mich schreiben.

Was nun Schostakowitsch anbetrifft, erinnere ich mich an das Konzert, in dessen Verlauf ich seine *Satiren* zum erstenmal sang, einen Zyklus nach Texten von Sascha Tschornij, den er für mich geschrieben und mir gewidmet hatte. Im ersten Teil des Konzerts sang ich die *Lieder und Tänze des Todes*, die er anschließend für mich orchestrierte und mir ebenfalls widmete. Dies gab den Anstoß zur Komposition seiner *14. Symphonie*[4], und somit war der Eindruck, den dieser Mussorgsky-Schostakowitsch-Abend in mir hervorrief, der zwar entfernte, aber unmittelbare Ursprung dieses Werkes. Unter diesem Blickwinkel läßt sich also vom Einfluß eines Sängers auf einen Komponisten sprechen.

Davon abgesehen, gab Schostakowitsch seinen Interpreten niemals irgendwelche Hinweise. Man mußte selber sehen, wie man zurechtkam, was es nicht gerade erleichterte, diese so komplexe Musik in den Griff zu bekommen.

MR: Darf ich Galinas Ausführungen noch ergänzen? Die

Frage, die sich stellt, lautet: «Wie weit kann ein Interpret einem Komponisten helfen?» Im Fall von Schostakowitsch oder Britten gab es natürlich nichts zu deuteln. Aber es hat andere Fälle gegeben, wo Galina an Komponisten ganz bestimmte Wünsche herantrug. Als beispielsweise Marcel Landowski ihr seine noch unfertige Partitur zeigte, bat sie ihn, doch eine höhere Stimmlage zu wählen, und er hat diesen Vorschlag berücksichtigt.

GW: Ja, das stimmt alles, wenn ein Interpret das Glück hat, mit einem Komponisten zusammenzuarbeiten. Landowski hat mir seine Partitur vorgelegt, als sie noch im Anfangsstadium war, so daß wir dann gemeinsam daran arbeiten konnten. Aber Schostakowitsch zeigte seine Werke nie, bevor sie vollendet waren.

CS: Teilt man sich, wenn man zusammen an etwas arbeitet, damit auch die Verantwortung?

GW: In gewissen Fällen handelt es sich dabei um eine ganz besondere Art von Zusammenarbeit. Hat nämlich ein Komponist von Anfang an eine ganz präzise Vorstellung von seiner Komposition, dann vermag der Einspruch des Interpreten ihn weder zu beirren, noch ihm eine andere Richtung zu weisen. Andere Komponisten, vermutlich weil sie von den künstlerischen Möglichkeiten des Interpreten zu wenig wissen, ziehen es vor, von Anfang an mit ihm zusammenzuarbeiten.

MR: Alles hängt von dem Komponisten ab, mit dem man arbeitet. Lassen Sie mich von meinen Erfahrungen mit zwei großen russischen Komponisten berichten: Schostakowitsch und Prokofieff.

Ein einziges Mal zeigte Schostakowitsch mir eine unvollendete Partitur; es war das *2. Konzert für Violoncello*, und bezüglich einer bestimmten Passage konnte ich ihm einen bescheidenen Vorschlag machen: «Hier bei den Quarten würde ein Doppelgriff besser klingen.» Die Kadenz war zu jenem Zeitpunkt noch nicht geschrieben, und wie groß war mein Erstaunen und meine Freude, als ich die Kadenz eines Tages fertig vor mir sah und feststellen konnte, daß er meinen Vorschlag aufgegriffen hatte. Im übrigen muß ich aber gleich ergänzen, daß Schostakowitsch sich um das *l'art pour l'art* technischer Details sonst keinen Deut scherte.

Mit Prokofieff war das etwas ganz anderes. Er fragte mich bei jeder Note, bei jedem Takt nach meiner Meinung – aber beirren ließ er sich darum noch lange nicht! Manchmal, wenn er sich langweilte oder einfach Lust hatte, mich zu sehen, rief er mich an und sagte: «Slawa, ich habe etwas für Sie. Kommen Sie schnell!» Sobald ich bei ihm war, zeigte er mir einen Takt: «Was halten Sie davon? Ob das gut klingen wird?» Ihn begeisterte der technische Aspekt des Komponierens. Manchmal schrieb er Musik, wie andere Kreuzworträtsel lösen. Immer wieder kam es vor, daß er mir sagte: «Hier, nehmen Sie, spielen Sie mir eine dieser Passagen auf dem Cello vor, egal welche, aber eine der schnellen, und so schnell wie möglich!» Sie können sich ja vorstellen, mit welchem Eifer ich loslegte, vor allem, da ich ja selbst Kompositionslehre studiert hatte. Ich suchte also eine Passage aus und bemühte mich nach Kräften, den ihm eigenen Stil zu treffen, wobei ich mich restlos verausgabte: In dieser Passage von zwei Takten Länge kamen, wenn so was überhaupt vorstellbar ist, mindestens vierundsechzig Noten vor! Schweigend betrachtete er sich nochmals diese Stelle, ganz in Gedanken versunken, aufs äußerste konzentriert, dann strich er etwas aus, griff nach einem kleinen Radiergummi und radierte eine der vierundsechzig Noten aus, um sie sogleich durch eine andere zu ersetzen. Ich hätte aus dem Fenster springen können vor Begeisterung, denn genau diese Note war der Geniestreich für diese Passage. «Wieso habe ich diese Idealnote nicht gefunden?» fragte ich mich. Eine Note von vierundsechzig genügte, um den Unterschied deutlich zu machen zwischen einem unbegabten Jemand und einem Genie! Prokofieff liebte es, auf diese etwas experimentelle Art zu arbeiten, und nichts vermochte ihn zu beirren.

Ein andermal ging ich zu Prokofieff, um ihm zu sagen: «Sehen Sie sich diese Melodienführung im Cello noch einmal an; sie steigt so hoch in den Diskant, daß das ganze Klangbild äußerst gespannt wirkt. Wäre es nicht möglich, das zweite Thema des ersten Satzes zwei Oktaven tiefer zu setzen?» Prokofieff ging ans Klavier, schaute mich an und begann zu spielen: «Glauben Sie nicht, daß es leichter ist, die Begleitung in den tiefen Lagen zu belassen und die Melodie in den hohen?» Mein zweifelnder Blick reizte ihn zu einem deftigen Fluch, und dann polterte er los: «Junger Mann, meinen Sie nicht auch, daß Sie mich stören?» Sehr verstört zog ich von dannen, mit dem sicheren Gefühl, eine Ungeschicklichkeit begangen zu haben; ich hatte etwas Ungehöriges gesagt, denn natürlich hätte ich dieses Thema in den hohen Lagen kratzen können. Doch noch am gleichen Abend rief Prokofieff mich an, und ich muß sagen, das kam selten vor: «Slawa, wenn ich nicht ein technisch so versierter Komponist wäre, hätte ich Ihren dämlichen Vorschlag nie und nimmer verwirklichen können.» Und damit hatte er auch schon eingehängt. Tatsächlich hatte Prokofieff die Begleitung völlig umgeschrieben und sich anstelle einer sehr einfachen Begleitform eine Art transparenten Spitzengewebes ausgedacht, das von den Pizzicati der Streicher und den Staccati der Holzbläser erzeugt werden sollte.

CS: Hat es Komponisten gegeben, die Sie oder Galina zwangen, Dinge zu akzeptieren, die Sie nicht mochten?

GW: Nein, niemals.

MR: Manchmal gibt es schlechte Komponisten, die uns zwingen, schlechte Werke aufzuführen!

GW: Da fällt mir ein, wie man mich am Bolschoi einmal gezwungen hat, eine Oper von Muradeli mit dem Titel *Oktober* zu singen. Die schmählichste Erinnerung meines Lebens! Und ich, die niemals zum geringsten Kompromiß bereit gewesen war, trat auf die Bühne und dachte bei mir: «Gott, wann werde ich wieder verschwinden dürfen? Ich versinke schier vor Scham!»

MR: Sie hatte mir verboten, die Aufführung anzusehen. Das ist Galinas einzige Rolle, in der ich sie nie gehört habe.

GW: Frau Furzewa, unsere Kulturministerin, hatte mich buchstäblich dazu gezwungen, denn wenn ich abgelehnt hätte, lief ich Gefahr, niemals mehr im Ausland auftreten zu dürfen. In dieser Oper kam die Figur Lenins vor, und die größten Künstler des Bolschoi mußten dieses Werk gestalten. Zu mir hatte Frau Furzewa gesagt: «Singen Sie zumindest die Premiere, denn die ganze Regierung wird im Saal sitzen. Anschließend können Sie Ihre Rolle abgeben, wenn Sie wollen, mir soll's egal sein!»

CS: Und war das Ganze wirklich so miserabel?

GW: Eine Niete! Ein Machwerk bar jeglichen Talents, Kindergartenniveau. Ich habe niemals begriffen, wieso Muradeli neben einem Schostakowitsch und einem Prokofieff auf die Liste der «Formalisten» geraten konnte.

MR: Für ihn war das wirklich ein Glückstreffer.

GW: Unmittelbar nach dem Erlaß von 1948, der seine Oper *Die große Freundschaft* gefährdete, hörte man ihn überall herumposaunen: «Ich bin kein Formalist! Ich bin ein ehrlicher Kommunist! Aus purem Zufall bin ich mit Schostakowitsch auf diese Liste geraten. Ich habe damit nichts zu tun.» Und um sich wieder lieb Kind zu machen, schrieb er Volkslieder und diese Oper über Lenin! Es war grauenvoll!

CS: Als ich Sie fragte, ob gewisse Komponisten etwas von Ihnen verlangten, was Ihnen widerstrebte, dachte ich weniger an die politischen Zwänge, denen Sie in der Sowjetunion ausgesetzt waren, als vielmehr an Probleme, die sich aus der Anwendung neuer Techniken ergeben. Ich hatte insbesondere die Musiker der Avantgarde im Blick, denen man nachsagt, die Stimme zu vergewaltigen oder «gegen das Instrument» zu schreiben.

GW: Diese Probleme gibt es, aber manchmal ist es nur eine Frage des Willens und des persönlichen Einsatzes, sie zu bewältigen. Lassen Sie mich erzählen, was mir mit Pendereckis *Te Deum* passierte, das in den USA uraufgeführt werden sollte. Eines Tages ruft Slawa mich an und sagt: «Du sollst diese Uraufführung machen, und das mußt du annehmen. Es ist ganz einfach. Ungefähr dasselbe wie das *Requiem* von Verdi. Geschrieben wurde es für den Papst, und größere Schwierigkeiten kann ich eigentlich nicht erkennen. Es dauert vierzig bis sechzig Minuten. Und es gibt vier Solisten. Also, du mußt da zusagen.»

Na, schön! Ich erhalte die Partitur und stelle mir so etwas wie Verdis *Requiem* vor. Sinnlos, sich aufzuregen, habe ja Zeit genug! Doch als ich mir zwei Wochen vor dem Konzert die Partitur vornahm, wurde mir ganz elend! Es war wahnsinnig schwierig. Wäre Slawa nicht gewesen, ich hätte mir einen Schal um den Hals geschlungen und mich krank gemeldet, Schluß, aus! Niemals hätte ich mich allein an diese Uraufführung herangewagt! Doch dann wich ich zwölf Tage lang nicht vom Klavier. Anfangs verstand ich überhaupt nichts; zehn Tage lang war ich total vernebelt. Doch als ich zu begreifen begann, da wurde mir klar, daß ich ein grandioses Werk vor mir hatte und daß mein Part der interessanteste war. Es war mir tatsächlich überlassen worden, Phrasierungen frei zu gestalten, wobei ich nur Akzente zu verschieben brauchte, um dem Ganzen einen anderen Lebensnerv zu verleihen. Zum guten Schluß sagte Penderecki auch noch, er sei sehr zufrieden, und ich war natürlich glücklich.

CS: Der größte Trumpf eines Interpreten wäre demnach also der schrittweise Bewußtwerdungsprozeß, durch den Neuland sich in vertrauten Boden umwandelt?

MR: Hierzu kann ich auch eine interessante Geschichte beisteuern, die mit Prokofieff zu tun hat. Er hatte mir anvertraut, daß er, seit die Ärzte ihm verboten hatten, abends auszugehen, diese Stunden zum Komponieren nutze, vor allem, wenn er nicht einschlafen könne. Aber da Komponieren eben müde macht, schlief er darüber ein, um sich am Morgen, sobald er aufwachte, auf sein Klavier zu stürzen und das abends zuvor Komponierte zu spielen. Sein Kommentar dazu lautete nun: «Sobald ich zu spielen anfange, sage ich mir: ‹Mein Gott! Wie konnte ich nur einen solchen Blödsinn schreiben? Und mir einbilden, es sei interessant. Darüber werde ich heute abend kein Auge zutun!›» Dann spielte er dieselbe Passage noch einmal: «Na ja, wenn man's genau bedenkt, ist es so schlecht auch wieder nicht! Und spiele ich es dann zum drittenmal, sage ich mir, es ist doch genau das, was ich schreiben mußte!» Ja, dieses Geständnis hat mir Prokofieff gemacht. Und es bedeutet, daß auch ein Komponist seine eigene Partitur nicht immer sofort gutheißt. Meiner Ansicht nach war sie ihm durch göttliche Eingebung diktiert worden, und beim neuerlichen Lesen am nächsten Morgen, wenn die Inspiration verflogen ist, versteht er selbst nicht mehr, was er hatte sagen wollen. Aber indem er das Stück mehrmals wiederholt, findet er zur ursprünglichen Inspiration zurück.

Alle Komponisten, die ich kennengelernt habe, arbeiten Tag für Tag, wie Fabrikarbeiter. Und Schostakowitsch, der ein Porträt von Mussorgsky vor sich auf dem Schreibtisch und einen Papierkorb darunter stehen hatte, sagte einmal zu mir, indem er das Porträt fixierte: «Wenn ich in diese Augen blicke, fällt es mir leichter, meine Werke in den Papierkorb zu werfen.» Und sein musikalisches Gewissen war gewaltig; er brachte es tatsächlich fertig, den Papierkorb mit seinen eigenen Notenblättern zu füllen!

CS: In diesem Kapitel über Interpretation sprechen wir hauptsächlich von Komponisten, was verständlich ist; aber wir bleiben bei den Zeitgenossen stehen, was weniger normal ist. Das tägliche Brot des Interpreten ist doch wohl das klassische Repertoire. Slawa, wenn Sie zum erstenmal eine Symphonie von Beethoven oder von Brahms dirigieren, können Sie dann die großen Meister des Taktstocks vergessen, die sie vor Ihnen dirigiert haben?

MR: Absolut. Ich muß sie sogar vergessen. Die Wahrheit

steht in der Partitur, und deren aufmerksames Studium führt zu interessanten Entdeckungen. Ich will Ihnen ein präzises Beispiel geben, das zwar ein wenig technisch ist, aber beweist, daß man eine Partitur gar nicht oft genug lesen kann. Als ich die *1. Symphonie* von Brahms studierte, merkte ich plötzlich, daß im ersten Satz beim Buchstaben E die ersten und zweiten Violinen acht Takte lang eine weniger bedeutende Rolle zu spielen haben als die Bratschen, Celli und Kontrabässe. Dabei ist für alle fünf Gruppen gleichermaßen «fortissimo» vorgeschrieben; spielen sie aber mit gleicher Intensität, so überdecken die hohen Instrumente unweigerlich die tiefen. Damit das Thema nun nicht erstickt wird, hat Brahms über die Achtel der Bratschen, Celli und Bässe keine Punkte gesetzt wie bei den Geigen. Das brachte mich auf den Gedanken, daß die Achtel in den drei tiefen Instrumentengruppen länger sein sollen als die der Violinen, aber in allen Interpretationen, die mir bekannt sind, gleich lang gespielt werden. Dabei verleiht die unterschiedliche Dauer dieser Achtel dem Thema ein ganz besonderes Relief, was durch die Kontrapunktik in den ersten und zweiten Geigen noch unterstrichen wird. Es war also kein Versehen von Brahms, daß er in diesen paar Takten die Punkte bei einigen Noten wegließ, doch die Begründung dafür wurde mir erst beim intensiven Studium der Partitur deutlich. Dies ist meine ureigene Entdeckung: Ich habe sie weder beim Anhören anderer Interpretationen gemacht, noch anderswo je wiedergefunden.

CS: Und Sie, Galina, können Sie, wenn Sie eine Rolle zum erstenmal übernehmen, vergessen, wie andere Sängerinnen sie gestaltet haben?

GW: Während ich an einer Rolle arbeite, höre ich mir grundsätzlich keine Plattenaufnahmen an. Wenn ich diese Rollen dann wirklich beherrsche, wenn meiner Stimme eigentlich nur noch der letzte Schliff fehlt, dann höre ich mir schon mal – aber das ist nicht die Regel – eine Aufnahme mit einer guten Sängerin an. Ich will mich nicht beeinflussen lassen durch eine andere Interpretation, solange ich selbst noch keine klare Vorstellung von der Figur habe. Sobald ich auf der Bühne stehe, muß ich ja in erster Linie meine eigene Persönlichkeit ausspielen, was nicht heißt, daß ich nicht auch manchmal durch eine andere Interpretation auf ein interessantes Detail aufmerksam werde.

Als ich begann, Mussorgsky zu singen, hatte ich vorher keine anderen Interpretationen gehört, und als ich mir die *Lieder und Tänze des Todes* erarbeitete, war es, als hätte ich die Partitur noch am Tag ihres Entstehens erhalten. Ich sang und kreierte gleichzeitig meinen Interpretationsstil. Erst lange danach, zwanzig Jahre später – bei meinem Interpretationskurs in Aldeburgh – hörte ich zum erstenmal jemand anders diesen Mussorgsky-Zyklus singen, und das hat mich zutiefst verwirrt, weil ich mich an meine eigene Interpretation schon so gewöhnt hatte.

CS: Ein Repertoire-Stück zu singen, ohne es je gehört zu haben, ist also gleichzusetzen mit der Ablehnung einer Interpretations-Tradition, oder?

GW: Was landläufig Tradition genannt wird, ist häufig falsche Tradition. Man weiß ja nicht mehr, wer in welchem Augenblick seine eigene Konzeption durchsetzte, und noch viel weniger, wie diese sich dann weiterentwickelte. Diese falschen Traditionen beeinträchtigen vor allem die sehr bekannten Werke. Das ist zum Beispiel der Fall bei der sogenannten «Tschaikowsky-Tradition», die für die Sänger nur von Übel ist. Die ursprüngliche Aussage ist begraben unter Schichten von Sentimentalität. Trägt man diese Schichten ab, dann entdeckt man auch die Partitur in ihrer ursprünglichen Klarheit wieder.

CS: Was bedeutet «den Stil des Autors wiederfinden»?

GW: Keine Ahnung, es interessiert mich auch nicht. Was heißt denn beispielsweise «Schubert-Tradition»? Doch höchstens, daß ein Sänger den andern kopiert, daß sie alle in jeder

Nuance nur einen illustren Kollegen nachäffen!? Imitieren ist ja so leicht, man braucht dazu nur ein Tonbandgerät, um sich zwei Stunden lang von einem guten Sänger vorsingen zu lassen. Aber das nenne ich nicht Interpretation. Jeder wirkliche Künstler besitzt doch eine eigene Persönlichkeit, die – manchmal ohne sein Zutun – seine Interpretation beseelt. Das ist wahrheitsgetreue Interpretation.

CS: Aber die ist datierbar. Ich will damit sagen, eine Interpretation ist zeitgebunden.

GW: Das ganze Leben ändert sich immer wieder: die Menschen, die Techniken, die Verhaltensweisen, und auch die musikalische Interpretation. Ein Sänger kann sich doch nicht geben wie jemand, der gegen Ende des vorigen Jahrhunderts gelebt hat, das wäre unvorstellbar, unmöglich, unannehmbar. Unsere Triebkraft ist die unserer Epoche. Der Mensch von heute trägt Jeans, die Haare wehen ihm übers Gesicht, er besteigt einen Düsenjet und jagt in ein paar Stunden durch die ganze Welt. Seine Nerven reagieren folglich auch ganz anders, seine Sensibilität beruht auf neuen Grundlagen. Diesen Gegebenheiten muß man Rechnung tragen, denn Musik ist etwas Lebendiges. Sie wird von und für lebende Wesen gemacht. Und das gilt auch für die Übermittlung alter Musik, denn auch sie war zu ihrer Zeit etwas Lebendiges.

Denken Sie nur an Bach. Er war ein kräftiger Mann, der Speise und Trank liebte und ich weiß nicht wieviel Dutzend Kinder hatte. Er komponierte mit allen Fasern seines lebenstrotzenden Wesens. Der Künstler, der heute Bachs Musik spielt, muß seine eigene Vitalität einbringen. Es ist unsinnig, daß er Exerzitien macht, um sich in einen Zustand außerirdischer Körperlosigkeit zu versetzen.

CS: Wenn Sie, Slawa, Bachs *Suiten für Violoncello solo* spielen, bemühen Sie sich dann, dem Klangerlebnis von Bachs Zeitgenossen so nahe wie möglich zu kommen?

MR: Natürlich haben wir eine gewisse Vorstellung, wie

sie damals geklungen haben müßten. Wir kennen ja auch, zum Beispiel, jenes Pianoforte, das Beethoven benützt hat, und wissen, daß dieses noch sehr unvollkommene Instrument erhebliche technische Verbesserungen erfuhr, bevor es zu dem vollkommenen Instrument wurde, das wir heute besitzen. Ich darf Sie aber auch daran erinnern, daß ein kleines dampfgetriebenes Fahrzeug der Vorgänger der modernen Autos war, die wir heute benützen. Es käme doch wohl niemand auf die Idee, deswegen heute auch wieder langsame Fahrzeuge zu bauen. Und gerade unsere prachtvollen modernen Flügel sind bestens geeignet, Beethovens Ideen Gestalt zu verleihen. Würde heutzutage ein Cello gebaut, das mehr Klangvolumen entwickelt, ohne daß dadurch die Qualität und die Mannigfaltigkeit der Klangfarbe beeinträchtigt wird, so würde ich dieses neue Instrument sofort ausprobieren und für die *Solosuiten* von Bach verwenden. Denn in den riesigen Konzertsälen von heute mit drei- bis viertausend Plätzen muß der Ton ungehindert jeden Zuhörer erreichen können.

Schostakowitsch sagte mir einmal während einer Probe, als es Probleme mit den Hörnern gab: «Mir wird es nicht mehr vergönnt sein, aber Sie könnten den Tag noch erleben, wo es unfehlbare Hörner geben wird.» Es ist ja wohl jetzt schon unbestreitbar, daß die modernen Hörner besser sind als die früheren, aber ich lasse mir die Hoffnung nicht nehmen, daß die von morgen den heutigen auch noch überlegen sein werden. Gewisse «Spezialisten» werden natürlich trotzdem nach den schlechten alten Hörnern verlangen, für die Haydn und Beethoven geschrieben haben. Das ist ja auch die beste Methode, um zu noch mehr Unvollkommenheit zu gelangen und noch mehr falsche Töne zu hören.

CS: Ich bin nicht so ganz überzeugt. Natürlich sind Instrumente wie Horn oder Harfe Fälle, wo unbestreitbar technische Verbesserungen erzielt wurden. Andererseits bemühen sich heutzutage etliche Musiker, spezifische

Klangfarben, die längst in Vergessenheit geraten waren, wieder zur Geltung zu bringen. Ich denke dabei an das Cembalo, das in einem *Brandenburgischen Konzert* oder einer Mozartoper dem anmaßenden Klavier seinen Platz erneut streitig gemacht hat, was man nur gutheißen kann.

MR: Das ist der Ausnahmefall, wo zwei Instrumente tatsächlich grundverschieden sind. Ich habe ja auch nicht das Cembalo und das Klavier verglichen, sondern zwei Klaviertypen wie zum Beispiel das Hammerklavier und den modernen Steinway. Und ich vergleiche ebenfalls das ältere und das moderne Horn, die Viola da gamba und das Violoncello. Es versteht sich von selbst, daß man die modernen Instrumente nur dann einsetzen darf, wenn sie eine analoge Klangfarbe besitzen. Aber haben denn die Komponisten für das Instrument geschrieben, das ihnen zur Verfügung stand, oder für ein Idealinstrument? Bach ist ein Genie, dessen Musik seit mehr als zweihundert Jahren nichts von ihrem Glanz eingebüßt hat, während die Viola da gamba sich keine zweihundert Jahre halten konnte. Also waren doch Bachs Ideen einem Instrument, das zu seiner Zeit noch sehr primitiv gebaut war, weit voraus.

CS: Haben Sie einmal versucht, Bachs *Suiten* auf einer Viola da gamba zu spielen?

MR: Ja, ich habe es versucht, aber auch schnell wieder aufgegeben. In diesem Zusammenhang möchte ich noch das Problem der Gleichgewichtigkeit von Instrumenten erwähnen. Natürlich klingt das Cello mit dem Cembalo nicht so gut wie die Viola da gamba, denn das Cembalo ist ein intimeres Instrument, neben dem der Celloklang übergewichtig wirkt. Richtiges Gleichgewicht erzielt man nur mit dem Paar Cembalo/Viola da gamba. Eine Viola da gamba zusammen mit einem Klavier würde ausnehmend komisch wirken ...

Jedenfalls, wie ich vorhin schon sagte, steht die Wahrheit in der Partitur, und um die Wünsche eines Komponisten zu erfahren, genügt es, die Partitur zu studieren. Dabei versteht man dann, daß die *Brandenburgischen Konzerte*, die manchmal mit großem Orchester gespielt werden, für ein Solistenensemble bestimmt sind, was aus der Musik selber hervorgeht. Auch Beethovens *Neunte Symphonie* soll zu seiner Zeit in kleiner Besetzung gespielt worden sein. Doch glauben Sie wirklich, Beethoven wäre – wenn er heute zurückkäme – einer Aufführung seiner *Neunten Symphonie* mit insgesamt zweihundertfünfzig Mitwirkenden – Solisten, Chor und Orchester – abgeneigt?

In bezug auf die Aufführung eines Musikstücks gibt es keine unumstößliche Wahrheit. Das Wichtigste bei Beethoven ist nicht die technische Vervollkommnung dieses oder jenes Instrumentes, sondern die von seiner Musik erzeugte Wirkung. Beethoven ist genial, weil er Gefühle ausgedrückt hat, die zeitlos sind.

Ich habe aber noch ein Argument, um Sie zu überzeugen: In der ganzen Welt spielt man heute Shakespeares Dramen, die von den Regisseuren völlig unterschiedlich gehandhabt werden; und doch spricht uns jede Aufführung innerlich an, weil sich aus den gleichen Emotionen und den gleichen Situationen das Genie Shakespeare immer wieder von neuem herausbildet. Ich stelle mir vor, daß die Inszenierungen zu Shakespeares Lebzeiten gänzlich anders aussahen, doch ich bin sicher, es wäre vergebliche Mühe, wollte jemand das Theater jener Zeit wiederherstellen, denn inzwischen haben wir einen anderen Lebensstil und eine andere Art, Ereignisse wahrzunehmen, aber die Ideen und Emotionen haben sich erhalten, weil sie zeitlos sind. Oder gab es vor fünfhundert Jahren etwa keine Eifersucht? Keine Liebesleidenschaft? Oder Kriminalität und Terrorismus ... Komponisten, die fähig sind, diese starken Emotionen zu übermitteln, sprechen die ganze Welt an und sprengen mit Leichtigkeit den Rahmen der sogenannten «nationalen» Schulen. Es wird behauptet, die Russen seien sentimental und ihr Herz neige zu Rührseligkeit, die Franzosen seien Charmeure und die

Deutschen seien Menschen mit Ideen und Tatkraft. Natürlich besitzt jedes Volk spezifische Charakterzüge. In Rußland hat es durchaus ansehnliche Komponisten gegeben, die gewisse nationale Eigenheiten exakt nachgezeichnet haben; als Beispiel möchte ich nur Arenskij oder Kalinnikow anführen. Doch Mussorgsky, Tschaikowsky, Strawinsky, Prokofieff oder Schostakowitsch haben, obwohl sie Russen sind, ein so hohes künstlerisches Niveau erreicht, daß ihre Werke Kulturgut der Menschheit geworden sind.

Auch Beethovens Botschaft richtet sich an die ganze Menschheit. Er gibt hehre Gefühle wieder, die allen Menschen eigen sind, und verleiht ewigen Werten Ausdruck. Selbst der ausgekochteste Verbrecher schreit, wenn er leidet, und lächelt, wenn man ihm Freude macht. Diese von Gott geschaffenen Verhaltensweisen sind auf dem ganzen Erdkreis verbreitet. Beethoven? Für mich ist er Russe, wie Bach und wie Shakespeare. Weil ich, der ich Russe bin, mit allen Fasern meines Ichs nachempfinde, was sie aussagen.

Übrigens, müßte ich als Russe nicht ein gewisses Vorrecht genießen bezüglich der Interpretation von Schostakowitschs *Konzerten für Violoncello*, die er für mich geschrieben, mir gewidmet und rund hundert Mal von mir gehört hat? Trotzdem habe ich, als ich Mitglied der Jury beim Tschaikowsky-Wettbewerb war und junge Musiker aus der ganzen Welt diese Werke spielen hörte, einige beachtliche Interpretationseinfälle vermittelt bekommen. Es sind zwar russische Werke, aber wie international! Das gleiche gilt für Tschaikowsky; da hat Furtwängler mir die wichtigsten Interpretationshilfen geliefert.

CS: Dennoch habe ich den Eindruck, der Begriff «Universalität der Musik» weise gewisse Lücken auf. Sind wir wirklich fähig, traditionelle vietnamesische oder javanische Musik so zu hören, wie sie gemeint ist? Und wird ein vietnamesischer Musiker bei Beethovens 5. *Symphonie* unsere Emotionen teilen? Die Erfahrung beweist eher das Gegenteil.

MR: Ich halte Ihnen nur dagegen, daß auch in Boxkämpfen, je nach Gewichtsklasse, verschiedene Bewertungskategorien gelten. Ein schmächtiges Kerlchen von fünfundvierzig Kilo wird im Ring niemals gegen einen Schwergewichtler von einhundertzwanzig Kilo antreten. Daher ist Ihr Beispiel von Menschen mit unterschiedlicher musikalischer Bildung abwegig. Manche Völker kennen nur primitive Musik und haben ein gewisses musikalisches Niveau noch nicht erreicht.

Lassen Sie mich ein anderes Beispiel anführen: Ein sehr großer Maler, dessen Namen ich verschweigen will, vermag den Unterschied zwischen Haydn und Mozart nicht wahrzunehmen. So sagte er mir während eines festlichen Abendessens im Anschluß an ein Konzert, bei dem ich Haydn gespielt hatte:

«Slawa, deinen Mozart werde ich nie vergessen!»

«Schön, doch leider habe ich Haydn gespielt!»

Eine halbe Stunde später fing er nochmals an: «Die Musik von dem jungen Komponisten, die du gespielt hast, hat mir nicht besonders zugesagt, aber dein Mozart, der war einfach phantastisch!»

Er hatte nichts verstanden und nichts gehört! Da gehen Menschen von hohem intellektuellen Niveau in ein Konzert, und das kommt dabei heraus!

CS: Stellen Sie sich einmal vor, Sie spielten Bachs *Solosuiten* in einem kleinen Dorf im hintersten Winkel Asiens. Glauben Sie, daß Sie dort Hörer fänden, die in der Lage wären, diese Musik in all ihren Dimensionen zu erfassen?

MR: Nein, weil die musikalische Bildung in diesem Dorf dieses Niveau noch nicht erreicht hat, was ich sehr gut verstehen kann. Früher bin ich mit meinem Cello in Begleitung eines Akkordeonspielers kreuz und quer durch das russische Land gefahren und habe Konzerte gegeben. Ich kam in Dörfer, in denen man noch nie einen leibhaftigen Musiker gesehen hatte. Aber ich setzte mich mitten unter die Dorfbewohner, ein Kreis bildete sich um mich, und ich erzählte ihnen die Geschichte der Instrumente: wie ein Cello gebaut wird, welche Art Hölzer dazu verwendet werden, und wenn ich ihnen dann sagte, dieses mein Cello sei zweihundert Jahre alt, vernahm ich ein tiefes «Aahhh!».

Beim erstenmal hielten sie das bestimmt für eine dreiste Lüge. Anschließend erklärte ich ihnen, was man unter einem *Nocturne* versteht, und spielte ihnen auch gleich ein *Nocturne* von Tschaikowsky vor. So führte ich sie ganz behutsam zur Musik hin, und dann wollten sie plötzlich immer mehr erfahren. Hätte ich mit dem Vortrag von Bachs *Solosuiten* begonnen, wären sie restlos überfordert gewesen, und ich hätte ihnen die Musik bloß verleidet, denn sie hätten sich gesagt: «Das ist wirklich sterbenslangweilig. Er bewegt den Arm und kratzt auf irgendeinem Ding herum, aber was er tut, begreift kein Mensch.»

CS: Ist der Interpret also eine Art Missionar?

MR: Absolut! Ich würde gerne mit meinem Washingtoner Orchester ausgedehnte Tourneen durch die Vereinigten Staaten unternehmen, dabei alle die Städte auslassen, die das Glück haben, schon selbst ein großes Orchester zu besitzen, und überwiegend in Dörfern haltmachen. Für die Farmer würde ich natürlich nicht Ives dirigieren, sondern Werke auswählen, die ihre spontane Zustimmung finden könnten. Es gibt noch so viele Plätze auf der Welt, wo wir Pionierleistungen vollbringen könnten! Und für diese Arbeit muß man sich die nötige Zeit nehmen, damit man auch alle Bevölkerungsschichten erreicht. Vorhin sprach ich von der Universalität der Musik, aber ich weiß sehr wohl, daß ich sogar in Deutschland noch einen Menschen fände, der Beethoven nicht versteht!

Unter dem Regime des Einheitsgeschmacks

CS: Der Künstler in seinem Elfenbeinturm – dieses Bild ist auch Musikliebhabern vertraut. Er, der im Dienste der Musik und somit im Dienste sogenannter ewiger Werte steht, braucht sich um den Lauf der Welt und die banalen Vorkommnisse des Alltags nicht zu kümmern. Die Politik jedenfalls ist ausgeklammert aus seinem Zeitplan. Die Musik ist eine Welt für sich. Stimmt das?

MR: Lassen Sie mich dazu ein Beispiel jüngsten Datums erzählen: Vor kurzem habe ich in Rom zum drittenmal das gleiche Programm dirigiert, und die Orchestermusiker haben noch besser gespielt als an den beiden Vortagen. Es ist sogar möglich, daß sie in ihrem Leben noch nie besser gespielt haben! Ich führe dieses Resultat nicht auf meine Dirigentenqualität zurück, sondern darauf, daß sie mir als Mensch einfach noch mehr Zuneigung entgegenbrachten, wie auch ich mich noch stärker als vorher zu ihnen hingezogen fühlte. Anschließend haben wir das mit Champagner gefeiert; ein paar Musiker begleiteten mich, und so sind wir schließlich in einem Restaurant gelandet, das «leider» noch offen hatte, und dort sind wir bis drei Uhr früh hocken geblieben.

So etwas ist ein absolut unentbehrlicher Bestandteil meiner Künstlertätigkeit. Menschlicher Kontakt, vor allem im Anschluß an ein erfolgreiches Konzert, ist für mich eine Notwendigkeit.

Aber ich will meinen ersten Grundsatz sofort wieder aufgreifen: Der Künstler muß die Menschen, für die und mit denen er spielt, lieben. Für mich ist das eindeutig, denn sonst müßte er ja sein gesamtes Tun als ein Kreuz empfinden, das er ein Leben lang zu schleppen hat.

Doch wenn man die Menschen liebt, schuldet man ihnen Aufrichtigkeit. Wie könnte man schweigen, wenn Freunde in Not oder gar Gefahr geraten? Auf Galinas und meinen Schultern lasten Erfahrungen von Jahrzehnten. Wie dürften wir vertuschen, was unsere eigene Erfahrung uns so unmißverständlich gelehrt hat? Das wäre doch unehrenhaft.

So hatte ich zum Beispiel auf einer Reise zwischen New York und Rom eine kurze Verschnaufpause in Paris eingeplant. Dennoch nahm ich mir die Zeit, mit Galina vor der sowjetischen Botschaft für Sacharow zu demonstrieren. Wichtiger als alle politischen Fragen ist doch die Tatsache, daß Sacharow unser Freund ist! Er wohnte unserem Landhaus gegenüber, und wir sahen ihn sehr häufig. Nie werde ich den Tag vergessen, als man Schostakowitsch zwang, regelrecht zwang, einen Brief gegen Sacharow zu unterschreiben. Schostakowitsch mühte sich, zu erklären, warum er dazu nicht in der Lage sei: «Ich fühle mich zu schwach», sagte er. Und er war auch schon ernstlich krank. Er sagte noch: «Ich kann keine großen Spaziergänge mehr machen, meine Kräfte reichen nur für eine Runde um mein Landhaus. Aber genau dort geht auch Sacharow häufig spazieren. Wie könnte ich ihm denn noch in die Augen blicken, wenn ich jetzt diesen Brief unterschriebe?» Doch man hat ihn gezwungen zu unterschreiben. Er hat sehr darunter gelitten und ist nie mehr spazierengegangen.

CS: Und wenn man Sie veranlaßt hätte, diesen Brief zu unterschreiben, hätten Sie's getan?

MR: Nein. Nie und nimmer. Galina und ich haben es in zahllosen Fällen abgelehnt, derartige Briefe, die manchmal auch sehr kurz waren, zu unterschreiben.

CS: Also hätte sich Schostakowitsch weigern können?

MR: Ich mache ihm keinen Vorwurf. Er war schwer krank, der Krebs hatte seine Gesundheit schon stark ausgehöhlt.

In diesem Zusammenhang fällt mir ein anderes Erlebnis ein: Es war in der Zeit, als das Bolschoi-Theater schon nicht mehr nach meinen Diensten verlangte. Eines Tages bin ich trotzdem hingegangen und habe *Eugen Onegin* angehört, unter einem anderen Dirigenten; ich war entsetzt über diese Interpretation, und Galina weiß, wie sehr ich litt. Bei dieser Gelegenheit traten zwei Künstler des Bolschoi an mich heran und forderten mich auf, einen Brief gegen Sacharow zu unterschreiben. Wenn ich unterschriebe, könnte ich bereits vom nächsten Tag an wieder im Bolschoi dirigieren. Dieser Brief wurde natürlich nicht unterschrieben, nicht nur, weil ich mich weigerte, sondern auch, weil ich eine Frau habe, die so etwas nie mitgemacht hätte.

Aber lassen Sie mich eine Bemerkung aufgreifen, die kürzlich bei einer Radiosendung fiel. Der Gesprächsleiter sagte: «Mit den politischen Ansichten Rostropowitschs bin ich nicht einverstanden. Er ist ein genialer Musiker, aber kein genialer Politiker.» Ich entgegnete ihm, damit habe er völlig recht. Es ist sehr schwierig, Politik und Leben zu trennen, aber es gibt menschliche Werte, die für einen maßgebend sind, ungeachtet jedweden politischen Kontextes.

Nehmen wir Polen: Die Lage dort ist sehr ernst, die Polen haben zuwenig zu essen und stehen ständig an der Schwelle von Unruhen. Lassen wir die Strukturen, um die es geht, beiseite, vergessen wir den politischen Gesichtspunkt. Für Galina und mich bleibt einfach die Tatsache, daß wir in Polen Freunde haben: Lutoslawski, Penderecki, Hunderte von Leuten, die wir lieben. Können wir da unbeteiligt bleiben? Nein. Dazu haben wir kein Recht.

Aus dem gleichen Grund habe ich mich auch in Rom – eine Stunde vor Konzertbeginn und trotz Frack und Lackschuhen – unter die auf dem Petersplatz versammelte Menge gemischt. Ich habe mit der Menge für Polen gebetet. Das ist meine Pflicht als Künstler. Dabei ist es unwichtig, ob man den Namen des betreffenden Landes weiß. Wo Menschen leiden, bedürfen sie unserer Hilfe. Und wo wir etwas tun können – sei es auch nur durch Beten –, da müssen wir es tun.

GW: Das ist richtig, nur können wir das leicht sagen, weil wir jetzt hier, in einem freien Land, leben. Aber was kann man tun, wenn man in Rußland lebt? Wie darf man den sowjetischen Künstlern vorwerfen, nicht für Polen auf die Barrikaden zu gehen? Wenn sie nur aufmucken, werden sie schon festgenommen, da wird kurzer Prozeß gemacht.

In gewisser Weise kann man schon von Isolierung des Künstlers sprechen. In Rußland waren wir völlig isoliert von der übrigen Gesellschaft. Mein Leben spielte sich zwischen Haus und Theater ab. Das war alles. Ich verschloß mich auch allem anderen, denn nur so konnte man in diesem Land überleben. Wenn ich heimkam, versperrte ich die Tür und ließ niemanden ein: das war mein Reich. Ich hatte sehr wenig Freunde, vermutlich, weil Freunde mir sehr viel bedeuten. Mein Mann behauptet immer, viele Freunde zu haben; von mir werden Sie das nie hören. Unter uns: auch er hat nicht viele Freunde, sondern zahllose «Bekannte». Die habe ich auch, aber echte Freunde hatte ich immer sehr wenige. Wenn ich «Freunde» sage, dann meine ich Menschen, denen ich voll vertrauen, mit denen ich offen reden kann. Und solche Freunde habe ich in Rußland nicht gehabt.

Bei den «Freunden» dort muß man eben doch immer Angst haben, sie könnten einen früher oder später verraten. In diesem System, wo das Regime die Menschen geradezu anhält, Gemeinheiten zu begehen, ihre Karriere auf Niedertracht aufzubauen, sich durch Denunziation persönliche Vorteile zu verschaffen – wie soll man da nicht fürchten, aus rein materiellem Interesse eines Tages auch von einem «Freund» verraten zu werden?

Hier aber sind wir freie Menschen, und daher haben wir auch nicht mehr das Recht, uns in Schweigen zu hüllen. Das wäre unmoralisch. Da ich den Zwängen der sowjetischen Gesellschaft nicht mehr unterworfen bin, muß ich den Mund aufmachen, wenn mich etwas empört. Wie könnte ich es wagen, hier zu schweigen? Die selbstgewählte Isolation des Künstlers – das bedeutet in einem Land wie diesem etwas ganz anderes als in Rußland oder in einem anderen totalitären Staat. Hier wäre es Gleichgültigkeit, und die wäre unerträglich. Ein Künstler, dem es doch darum geht, Gemütsbewegungen auszudrücken, kann von Natur aus schon nicht gleichgültig sein. Mir kämen sofort Zweifel an der Anständigkeit eines Künstlers, der seine Emotionen der Bühne vorbehielte und im Leben, wo Unrecht geschieht, teilnahmslos zusähe.

CS: Der sowjetische Künstler hat also nur die Wahl, zu schweigen oder fortzugehen?

GW: Ja, bei uns war es ja so: Wir hielten uns von allem fern und lebten nur unserer Kunst, bis der Moment kam, da wir Solschenizyn begegneten und in offene Opposition traten zu diesem Regime, in Opposition zur Lüge. Das Ergebnis kennen Sie! Plötzlich waren wir hier, man hatte uns verjagt!

MR: Was Galina sagt, ist völlig richtig, aber eines möchte ich, bezüglich der Freunde und Bekannten, noch ergänzen. Galina war in Moskau nach jeder Aufführung stets von einer Schar Bewunderer umringt, die wir auch zu Hause empfingen. Freunde oder Bekannte? Das ist nur begrenzt wichtig. Aber lassen Sie mich eines sagen: Stellen Sie sich vor, Sie befinden sich in Gesellschaft eines Menschen, den Sie für einen Freund halten. Und dieser macht eine Bemerkung, wie es unter Freunden ganz natürlich ist: «Ich finde, das Leben in diesem Land ist abscheulich! Nichts als Korruption, wo man hinschaut!» Und plötzlich kommt Ihnen der Gedanke:

«Ob er mich wohl provozieren will ...?» In Rußland ist das eine Krankheit geworden. Da spricht man offen und ehrlich mit einem Freund, mit jemandem, der einem sehr nahesteht, und auf einmal spürt man, wie er sich abkapselt.

Nehmen wir als Beispiel Schostakowitsch oder Prokofieff. Provokation konnte man ihnen natürlich nicht vorwerfen, nicht einmal der Verdacht wäre zulässig. Wenn aber irgend jemand anders so zu mir gesprochen hätte wie Schostakowitsch oder Prokofieff, da hätte ich bestimmt angst bekommen und das Gespräch abgebrochen. Weil diese Art von Provokation bei uns mehr und mehr um sich greift. Es werden einem Personen ins Haus geschickt, die gewisse Mißstände zunächst nur bekritteln, dann aber zu offener Kritik übergehen, damit wir uns ebenfalls hinreißen lassen sollen, kein Blatt mehr vor den Mund zu nehmen.

GW: Und auf diese Art erwerben sich solche Leute das Vertrauen der Sowjetregierung, das Vertrauen der Allmächtigen dieser Welt! Sie verschaffen sich damit erhebliche Vorteile und machen leichter Karriere.

CS: Der Fall Prokofieff ist insofern interessant, da er ja im vor-sowjetischen Rußland gelebt hat, dann Westeuropa kennenlernte und freiwillig in die Sowjetunion «heimkehrte». Seit dieser Rückkehr hat er sich offensichtlich still verhalten, und wollte man anhand von Kompositionen wie *Auf Friedenswacht*[5] urteilen, gewinnt man sogar den Eindruck, als habe er sich eben doch manchmal dem Kanon des Regimes gebeugt.

MR: Dazu muß man sich ein paar Binsenweisheiten ins Gedächtnis zurückrufen. Zum einen: Als Prokofieff nach Rußland zurückgekehrt war, konnte er das Land nicht mehr verlassen, sich buchstäblich nicht mehr vom Fleck rühren. Hätte er eine größere Reise unternommen, wäre er unweigerlich in Sibirien gelandet. Das war jedem klar, und ihm ganz besonders. Er saß in der Falle.

Zum anderen muß man wissen, daß Prokofieff schrecklich egoistisch war und sich nur für seine eigenen Werke interessierte. Er wußte, seine Komponistenkarriere würde in seiner Heimat glanzvoller sein als im Ausland. Davon war er überzeugt.

Und letztlich – das ist das wichtigste – muß man sich fragen: Was blieb ihm anderes übrig? Ich hörte oft von ihm: «Ich will nicht sterben, ohne *Krieg und Frieden* noch einmal gehört zu haben.» Er meinte die endgültige Fassung, die er seiner Oper gegeben hatte; aber er mußte sterben, ohne sie gehört zu haben, wie ihm auch nicht vergönnt war, einer Aufführung seines *Sinfonischen Konzerts*, das er ebenfalls in eine neue Form gegossen hatte, beizuwohnen.

In der Sowjetunion ist schon die Verwirklichung der legitimsten Wünsche ein sehr heikles Problem, und wenn Sie oder andere Ausländer uns Fragen stellen, dann müssen Sie erst einmal wissen, daß Rußland eine völlig andere Welt ist. Das kann hier in Paris niemand verstehen und wird überhaupt nie jemand verstehen. Auch wir haben uns nach achtjährigem Aufenthalt im Westen bereits grundlegend geändert. Früher haben wir niemals so offen gesprochen, nicht einmal untereinander.

GW: Wir fangen erst an zu leben. In Rußland lebten wir nur unserer Kunst, wie ich schon sagte. Ich hatte das Theater, Slawa sein Cello und das Konservatorium; jeder ging seinem Beruf und seinen künstlerischen Neigungen nach. Dort gaben wir unsere Emotionen weiter, dort konnten wir aufrichtig sein. Slawa kann auf dem Cello alles ausdrücken, was er will, und das war ihm damals eine große Genugtuung. Ich lebte im Alltag sehr zurückgezogen, viel stärker als mein Mann; aber auf der Bühne, da hielt ich mich schadlos!

Heute leben wir unser Leben. Dort war unser Leben ein einziges Theater: die verkehrte Welt. Wir spielten im Leben Komödie und waren Menschen nur auf der Bühne.

MR: Ein Außenstehender kann sich nur schwer vorstellen, wie infolge des Lebens unter dem Sowjetregime das Gehirn verkümmert. Nehmen wir als Beispiel nur die Wahlen zum Obersten Sowjet: Als erstes überprüfen die Distriktwahlleiter wochenlang Melde- und Wahllisten. Am Wahltag ertönt ab sieben Uhr früh Musik auf den Straßen. Fahnen werden aufgezogen. Männer, die der Volksmund «Propagandisten» nennt, fordern Einlaß in die Wohnungen, treiben einen zur Eile an und leiern die Biographie der Kandidaten, die sie bis ins letzte Detail kennen, sowie – was sehr wichtig ist – die Liste der Auszeichnungen herunter. Jeder «Propagandist» ist für einen Ortsbezirk zuständig und hat nur den einen Gedanken, so schnell wie möglich fertig zu werden. Daher zögert er auch nicht, einen um sechs Uhr früh aus dem Bett zu jagen. Galina und mir hätte acht Uhr genügt. Später zur Wahl zu gehen, kam allerdings auch nicht in Frage, da man uns mit allen Mitteln am Schlaf hinderte.

Und was muß man dann tun? Man bekommt den gedruckten Wahlzettel ausgehändigt, den man in die Urne zu werfen hat. Ein einziger Name steht darauf, denn es gibt nicht etwa zwei Kandidaten, nein, nur einen einzigen! Worüber wollen Sie also nachdenken? «Man» hat ja schon für Sie gedacht! Der Name des Kandidaten wurde ja schon ausgewählt, Sie brauchen ihn nurmehr in die Urne zu stecken, das ist alles. Anschließend gehen Sie in ein Lebensmittelgeschäft und stellen sich hinten an die Schlange an: dabei verlieren Sie wieder zwei kostbare Stunden Ihres Lebens! Nochmals, worüber wollen Sie nachdenken? Sie haben gerade noch Zeit, etwas hastiger Cello zu spielen, einen kräftigen Schluck zu nehmen und schlafen zu gehen!

CS: Sind Sie aufgrund Ihrer Erfahrung mit einem totalitären Regime der Meinung, daß der Künstler unter einem solchen Regime eine Funktion, wenn nicht gar eine Verantwortung zu übernehmen hat und daß er auf jeden Fall eine Sonderstellung einnimmt? Beispiele solcher politischer Systeme gibt es ja zuhauf, wenn die Modelle auch unterschiedlich sein mögen.

MR: Das ist eine sehr interessante Frage. Ohne die

Geschichte der letzten Jahrhunderte nachzeichnen zu wollen, möchte ich doch bis in die Renaissance zurückgehen. In Florenz residierten die Medici, die die Kunst hochschätzten und bei ihren Lieblingsmalern Bilder in Auftrag gaben, wobei für ihre Wahl natürlich ihr persönlicher Geschmack ausschlaggebend war. Gleichzeitig gab es aber die Strozzi, die einen anderen Geschmack hatten, andere Auftragswerke vergaben, Werke ihrer Wahl. So konnte die Kunst sich in verschiedene Richtungen entfalten, weil jeder Mäzen seinem Geschmack huldigte und eine echte Kultur damit verband, wie auch die Künstler ihrerseits sich an verschiedene Gönner wenden konnten.

In einem totalitären Regime gibt es nur einen «Gönner», und das ist die Regierung; jedermann muß es der Regierung recht machen. Unterschiede gibt es keine mehr, da alles, was geschaffen wird, ein und dieselbe Richtung verfolgen muß.

Inzwischen kennen wir alle die Bedeutung von Pierre Boulez' IRCAM[6] hier in Paris. Ich mag Pierre sehr gern, er ist ein absolut brillanter Musiker, aber wenn meine Informationen stimmen, so verteidigt er seine höchstpersönliche Linie, weil sie seinem Geschmack entspricht. Das schließt aber nicht aus, daß andere Musiker gleichzeitig, nur an einem anderen Ort – wie beispielsweise im Théâtre des Champs-Elysées oder in der Salle Pleyel – Werke vorstellen, die keineswegs Boulez' Geschmack entsprechen. Versuchen Sie aber mal in der Sowjetunion gegen den Geschmack von Herrn Chrennikow[7] zu sein – die gesamte Sowjetunion wäre Ihnen versperrt! Das ist das totalitäre Regime: es gibt einen einzigen Diktator. Er ist der Polizist in der Musik, der darüber wacht, daß alle in dieselbe Richtung rollen. Ertappt er aber einen, der die vorgeschriebene Richtung nicht einhält, verstellt er ihm unverzüglich den Weg.

CS: Auch zur Zarenzeit mußte ein Künstler sich den Forderungen der Macht anpassen.

GW: Das war absolut nicht das gleiche! Auch da gab es

zahlreiche Mäzene, die nicht den gleichen Geschmack hatten. Das Theater am Zarenhof verfolgte seine eigene Politik und spiegelte vermutlich den Geschmack des Hofes oder des Zaren wider, was aber nicht ausschloß, daß andere Theater andere Richtungen verfolgten.

MR: Die verschiedensten ästhetischen Strömungen konnten sich entfalten; die Künstler schlossen sich, je nach Neigung, in Gruppen oder Zirkeln zusammen. So kam zum Beispiel gegen Ende des vorigen Jahrhunderts eine Art Malerei auf, die sich «Wanderausstellung» nannte. Die Künstler dieser Gruppe stellten in ihren Bildern häufig die Armut des Volkes dar, und dieses Thema war ihnen gewiß nicht vom Zaren diktiert worden. Daß so etwas möglich war, beweist schon, daß die unterschiedlichsten künstlerischen Strömungen zu Wort kommen durften. Vergessen Sie auch nicht, daß Prokofieff seine ersten Werke vor der Revolution komponiert hat, als Glasunow und Rimsky-Korssakow das Szepter schwangen. Als Prokofieff 1914, nach Beendigung seiner Studien am Konservatorium, sein *1. Konzert für Klavier* spielte, entfesselte die Aufführung einen regelrechten Skandal. Glasunow, damals Direktor des Konservatoriums, verließ empört den Saal, aber kein Mensch verbot Prokofieff, derartige Musik zu komponieren.

CS: Ist das Verhältnis zwischen der Macht und den Künstlern nicht immer etwas zweischneidig? Und war die Freiheit des Künstlers in den aristokratischen oder liberalen Gesellschaften – wie zum Beispiel bei den Medici – nicht vielleicht nur Alibi, das gute Gewissen der Macht?

GW: Den Medici galt künstlerisches Schaffen nicht als Alibi; sie handelten aus Liebe zur Kunst und nicht, um ihren Nachkommen ein schmeichelhaftes Bild ihrer selbst zu hinterlassen. Sie betätigten sich als Schirmherren der Künstler, weil ihnen das ein persönliches Anliegen war und sie Kunstwerke liebten.

CS: Trotzdem hatten die Künstler auch zu gehorchen!

Man kennt doch schließlich die Grenzen der Freizügigkeit des Salzburger Erzbischofs Colloredo gegenüber Mozart ...

MR: Aber Mozart konnte Salzburg verlassen und nach Wien gehen ...

CS: ... um dort Hungers zu sterben ...

MR: Einverstanden, aber kann man wirklich eine Parallele ziehen zwischen dem Salzburger Erzbischof und dem sowjetischen Regierungsblock?

GW: Der Salzburger Erzbischof bezahlte, was ihm zu zahlen beliebte, und bezahlte nicht, was er ablehnte, aber er warf Mozart deswegen nicht ins Gefängnis! Mozart war frei, die Musik seiner Wahl zu komponieren und sie öffentlich zu Gehör zu bringen. Bei uns verweigert man Ihnen nicht nur das Recht, die Musik Ihres Herzens zu schreiben, sondern erstickt auch gleichzeitig Ihren Traum, sie jemals irgendwo aufzuführen. Kein Orchester wird es wagen, sie zu spielen. Sie werden tonnenweise Partituren daheim horten, ohne je eine einzige Note hören zu können; folglich bleibt Ihnen die Erfahrung der instrumentalen Verwirklichung Ihrer Idee vorenthalten.

MR: Der sowjetische Komponist hat zwei Einkommensquellen: eine davon ist das vom Staat in Auftrag gegebene Werk, die einzig zulässige Auftragsweise überhaupt. Privatpersonen ist es untersagt, ein Werk zu bestellen, denn das wäre Ausbeutung des Menschen durch den Menschen. Dieses Privileg hat allein die Regierung. Diese stellt zu Beginn der Arbeit eine gewisse Geldsumme zur Verfügung, leistet eine zweite Vorauszahlung, sobald der Komponist die erste Hälfte des Werkes vorlegt, und zahlt den Rest, sobald die gesamte Partitur endgültig erstellt ist. Später – und das ist die zweite Einnahmequelle – erhält der Komponist seine Tantiemen, die sich nach der Häufigkeit der Aufführungen richten. Weicht der Komponist aber vom vorgeschriebenen Kurs ab, verliert er unverzüglich jede Einnahmequelle, kann auch die Hoffnung auf weitere Aufträge begraben und sich nur noch nach einer anderen Arbeit umsehen. Für die Regierung ist er abgestempelt! Er ist ein Ausgestoßener, der nirgends mehr mit einer Aufführung seiner Werke rechnen kann, da die Zensur überall wacht.

Sie sehen, jedermann ist von der Zentralgewalt abhängig, das heißt, einem Einheitsgeschmack unterworfen, der nur minimale Abweichungen zuläßt. Ein paar seltene Ausnahmen ließen sich anführen: Denissow, zum Beispiel. Er verdiente seinen Lebensunterhalt mit musiktheoretischem Unterricht am Moskauer Konservatorium, erhielt aber nie auch nur das geringste Komponistenhonorar. Als man seine Musik nach und nach im Ausland zu spielen begann, haftete ihr in Rußland plötzlich das Flair des Geheimnisvollen, des Skandalumwitterten an. Das gleiche gilt für Schnittke: er hatte größte Schwierigkeiten, seine Musik aufführen zu lassen, bis der Dirigent Gennadij Roschdestwenskij ihm eine Möglichkeit in Gorki ausfindig machte, in dieser durch Sacharows Zwangsexil zu trauriger Berühmtheit gelangten Stadt. Aber es war das einzige ausverkaufte Konzert! Die Menschen waren sogar aus Moskau angereist, um es zu hören, und Scharen von Jugendlichen, die die Fahrkarte nicht bezahlen konnten, hatten sich auf den Trittbrettern der Züge aneinandergeklammert!

Zu Beginn der Symphonie kommt ein Trompeter auf das Podium gerannt und beginnt wie ein Rasender zu blasen. Was geschah daraufhin im Konzertsaal zu Gorki? Nichts, weil der brave Kommunist, der diesem Kreis vorstand, auf eine solche Bombe nicht gefaßt gewesen und genau in diesem höchst brenzligen Moment eingeschlafen war. Die Aufführung dieser Komposition von Schnittke zog allerdings Konsequenzen nach sich, und einigen Musikern flatterten Verweise ins Haus. Eine echte Revolution . . . die aber dazu beigetragen hat, Schnittke bekannt zu machen. Ich brauche wohl nicht zu betonen, daß es ausgeschlossen war, von einer zweiten Aufführung auch nur zu träumen. Sie sehen, manchmal hat sogar die Mausefalle ein Loch, durch das man entschlüpfen kann, aber das ist meist Zufall. Und nie in Moskau! Nie in Leningrad!

CS: Aber diese Repression, die Sie mit Recht anprangern und die heute zur Regel geworden ist, war doch nicht immer schon in Kraft in der Sowjetunion. Nach der Oktoberrevolution konnte die Avantgarde noch öffentliche Zirkel bilden; dem vielzitierten Beispiel *Wozzeck*, 1929 in Leningrad aufgeführt, kommt dabei geradezu Symbolcharakter zu!

MR: Ja, die Revolution hatte große Hoffnungen geboren. Luigi Nono[8] hat mir einmal erzählt, wie er versucht hat, Chrennikow diesen Gesichtspunkt begreiflich zu machen. «Sie erheben den Anspruch, als revolutionäre Autorität maßgebend zu sein», hatte er gesagt, «Sie halten sich in allen Bereichen für avantgardistisch; wenn dem so ist, wieso veranlassen Sie dann Ihre Komponisten, die konservativste Musik zu schreiben, die man sich nur denken kann?» Und Luigi Nono hatte recht. 1917 wähnten die Revolutionäre sich tatsächlich auf dem Siegeszug in die Freiheit, und die vielfältigsten künstlerischen Strömungen begannen sich zu entfalten. Da war Meyerhold, ein Revolutionär und ein genialer Künstler. Angeblich lief er in Lederjoppe und mit Revolver herum, aber er hat Inszenierungen geschaffen, die in die Theatergeschichte eingegangen sind. Und weil er genial war, ist er in einem Konzentrationslager umgekommen. Und da war auch Kandinsky, der zwei Jahre lang der «Union der Maler» vorstand, Rußland aber 1921 verließ. Was wäre passiert, wenn er nicht das Weite gesucht hätte? Auch er hätte sein Leben in einem Gulag beschließen dürfen, denn seinen Malstil konnte er nicht ändern. Porträtmaler wäre die Alternative gewesen, für Lenin, Stalin, Breschnew und Konsorten!

CS: Läßt sich diese Situation, für deren Brutalität es natürlich keinerlei Rechtfertigung gibt, nicht vielleicht aus der Tatsache erklären, daß die Revolutionäre der ersten

Jahre des Kommunismus, die ehrlich bestrebt waren, die Kunst dem Volk zugänglich zu machen, schon bald erkannten, daß die damalige revolutionäre Kunst, die experimentell und manchmal hermetisch war und mit der Tradition gebrochen hatte, dem Volk, dem sie zugedacht war, unweigerlich versperrt blieb? Und daß es daher ursprünglich gut gemeint war, als die Revolutionäre eine Kehrtwendung vollzogen, die sie dann allerdings dazu verleitete, eine besondere Form von künstlerischer Diktatur einzuführen.

MR: Ja, das ist eine interessante Überlegung. Und ich hätte auch noch völlig verstanden, wenn Schdanow[9] 1948 die Komponisten zusammengetrommelt hätte, um ihnen zu sagen: «Wir verneigen uns in Ehrfurcht vor Prokofieff und Schostakowitsch und geben bereitwillig zu, daß sie die Avantgarde der sowjetischen Musik repräsentieren; aber das Volk schafft es noch nicht, sich mit dieser Avantgarde anzufreunden. Daher muß man jedem vorsetzen, was er gerne vorgesetzt haben will. Es darf ja ruhig der eine lieber Fisch und der andere lieber Fleisch mögen. Das Volk soll also seine Lieder bekommen oder leicht zugängliche symphonische Musik: Liebe Komponisten, befriedigt dieses Bedürfnis des Volkes, da wir ja alle wissen, daß ein Großteil ‹große Musik› nicht versteht. Uns hingegen ist der Wert ‹großer Musik› voll bewußt, daher neigen wir vor den Prokofieffs und Schostakowitschs unser Haupt in Ehrfurcht und untersagen ihnen auch nicht, ihre Experimente zu machen.»

Auf diese Art erklärt, hätte mir das Bestreben der Politiker, dem Volk den Zugang zu künstlerischen Werten zu erleichtern, eingeleuchtet. Aber sie haben die Meinung des erstbesten Kolchosebauern eingeholt:

«Sag mal, gefällt dir die Musik von Schostakowitsch?»

«Ich habe keine Ahnung von Musik!»

«Deswegen fragen wir dich ja gerade um deine Meinung.»

Und sämtliche Äußerungen der Kolchosebauern wurden in den Zeitungen getreulich wiedergegeben. Mir persönlich ist in der Musikgeschichte kein Beispiel eines genialen Komponisten bekannt, dessen Werke vom Volk beim ersten Hören angenommen worden wären. Ab und zu erfährt ein großer Komponist gegen Ende seines Lebens die Genugtuung, daß ein breitgefächertes Publikum ihn anerkennt, aber zu Beginn seiner Karriere kann er – und das ist völlig normal – nur auf ein kleines Grüppchen Bewunderer zählen. Kann man etwa den Lauf der Geschichte umkehren, um sich den Befehlen eines Schdanow leichter zu unterwerfen? «Sie kennen doch Tschaikowsky, oder? Na also, dann schreiben Sie gefälligst wie er!»

GW: Laut Schdanow sollten tatsächlich alle die gleiche Musik hören, vom Bauern über den Arbeiter bis zum Akademiker. Wir wissen, daß es unmöglich ist. Es gibt Bauern, aber auch Intellektuelle, die sowohl auf Beethovens als auch auf Tschaikowskys Symphonien verzichten können. Kurzum, die Regierung mißt sich einen Alleinvertretungsanspruch der Wünsche des Volkes zu und begnügt sich nicht damit, ihren Primitivismus dem Bauern oder dem Arbeiter, der gar nicht daran interessiert ist, sondern auch der Intelligenzija aufzuzwingen. Und zwar aus dem einfachen Grund, weil die Regierungsmitglieder von dieser Musik nicht das geringste verstehen. Sie hören nie welche und haben auch gar kein Bedürfnis danach.

MR: Stellen wir uns doch nur einmal vor, daß François Mitterand morgen einem Konzert mit Werken von Pierre Boulez beiwohnt, und übermorgen wird die Musik von Pierre Boulez in ganz Frankreich verboten. Ist das denkbar?

CS: Ich kann es mir nicht vorstellen ...

MR: Aber genau das passiert bei uns, und nicht nur ein Mal! Schostakowitsch ist dieses Mißgeschick zwei Mal widerfahren. Ein einziger Mann hat alles verboten.

Lassen Sie mich einen konkreten Fall erzählen: Ein ziemlich ranghohes Regierungsmitglied war gestorben, und es fand eine Totenfeier statt im Kolonnensaal[10] des Gewerkschaftshauses, eine Feier, die vom Beethoven-Quartett, dem damals besten sowjetischen Kammermusikensemble, das seit etwa fünfzig Jahren bestand, umrahmt wurde. Ich meinerseits wartete auch auf die Musiker dieses Quartetts, mit denen ich proben wollte, als plötzlich, am ganzen Leibe zitternd, der erste Geiger daherkam.

«Nein, ich kann nicht mehr spielen, ich kann beim besten Willen nicht mehr!»

«Was ist denn passiert?»

«Wir hatten uns gerade hingesetzt, um zu spielen, als Stalin vor dem Sarg Habachtstellung einnahm, genau neben uns. Mein Bogen begann derartig zu zittern, daß ich nicht mehr spielen konnte. Ich hatte nur noch die fixe Idee: daß der Bogen mir bloß nicht aus der Hand fällt! Nicht auszudenken, was passiert wäre, wenn ich den Bogen hätte fallen lassen! Stalin hätte ja glatt fragen können: ‹Was sind denn das für Musiker?› – ‹Das Beethoven-Quartett›, hätte man ihm geantwortet. Und er hätte gebrüllt: ‹Man soll sie davonjagen!›»

Der arme Mann konnte sich gar nicht mehr fassen. Andererseits, wenn ich vor Stalin hätte spielen müssen, hätte mein Bogen bestimmt auch gezittert!

CS: Aber gab es nicht trotz allem, zumindest in den zwanziger Jahren, ein echtes Bemühen seitens gewisser kommunistischer Machthaber, eine Verbindung zwischen der Kunst und dem Volk herzustellen? Übrigens hat doch auch Prokofieff, als er in den dreißiger Jahren in die Sowjetunion zurückgekehrt war, in der *Iswestija* geschrieben: «Ich würde die Musik, derer man hier bedarf, als ‹leicht ernsthaft› oder ‹ernsthaft leicht› bezeichnen; es ist gewiß nicht einfach, den angemessenen Ton zu finden.»

MR: Das ist genau das, was ich gesagt habe. Ein Großteil der Sowjetbevölkerung hat nicht die geringste musikalische Bildung und braucht einfache Musik. Ich selbst habe in Begleitung eines Akkordeonspielers das ganze Land bereist, habe in Isbas gespielt, in sehr bescheidenen Häusern und auf dem Land, und hatte mein Cello und diesen Akkordeonspieler dabei. Das Schwerste, was ich ihnen zumuten konnte, war Tschaikowsky! Ich habe für sie aber auch eine berühmte *Polonaise* von Oginski gespielt, eine schauerliche Musik, die ihnen aber ungemein gefiel! Und ich war mir bewußt, daß sie sich, hätte ich auch nur ein etwas schwierigeres Stück gespielt, für ewig von der Musik abgewandt hätten.

Ich war wirklich der erste Künstler, der vor dieser Art Publikum in den gottverlassensten Nestern spielte, aber ich wußte, daß meine Zuhörer mich brauchten. Hätte die Regierung sich mit der Forderung begnügt, diesem Volk zugängliche Musik zu vermitteln, dann hätte sie recht getan.

GW: Letzten Endes ist es ja nicht unbedingt notwendig, daß jedermann ein Bedürfnis nach Musik hat; die Menschen haben das Recht zu leben, auch ohne zu musizieren und ohne das geringste Verhältnis zur Musik zu haben. Aber bei uns werden die Komponisten vom Volk «ausgehalten»: das Volk arbeitet, und mit seinem Geld werden die Künstler bezahlt, und daher halten sich die Regierenden für befugt, den Komponisten zu bevormunden: «Wenn ihr schon das Geld vom Volk annehmt, dann seid wenigstens so gut, eine Musik zu schreiben, die dem Niveau des Volkes entspricht! Wenn ihr dem Volk das Geld aus der Tasche zieht, dann ist es normal, daß ihr auf eure Freiheit als Kunstschaffende verzichtet.»

MR: Ja, Chrennikow löst immer alle Probleme im Namen des Volkes. Der stereotype Satz lautet: «Das Volk braucht so etwas nicht.» Punktum.

CS: Gab es denn nicht auch sowjetische Machthaber, die sich für Musik interessierten?

GW: Ich kenne keinen.

MR: Ich auch nicht. Aber Lenin soll angeblich ein- oder zweimal in seinem Leben die *Appassionata* gehört haben.

GW: Was übrigens ganz unwichtig ist, denn er war ja

nicht verpflichtet, Musik zu hören, aber seine Nachfolger hätten nicht andere daran hindern dürfen, die Musik zu machen, die sie wollten.

MR: Ich erinnere mich an einen Tag im Moskauer Konservatorium zu Beginn meiner Lehrtätigkeit, da wurde plötzlich das ganze Haus von einer Art Panik erfaßt. Es war noch zu Lebzeiten Stalins. Überall wurde der Unterricht abgebrochen, die Glocken schrillten durch die Gänge, und alle Professoren und Studenten wurden wie eine Schafherde im großen Versammlungssaal zusammengetrieben. Ein rotes Tuch war über den Tisch gebreitet, und Alexander Simjonow, ein – übrigens miserabler – Klarinettist, der als Parteisekretär für die Angelegenheiten des Konservatoriums zuständig war, erhob sich und erklärte: «Genossen! Heute feiert das Moskauer Konservatorium seinen glücklichsten Tag. Vor genau dreißig Jahren hat Genosse Stalin in diesem Saal einem Konzert beigewohnt.» Es war tatsächlich der berühmteste Konzertsaal Moskaus, aber Stalin hat sich nie wieder dorthin verirrt. Ich stellte mich dumm und sagte zu meinem Nachbarn: «In meinen Augen ist das eher ein Jubiläum der Schande: seit dreißig Jahren hat sich unser Chef hier nicht blicken lassen.»

«Halt die Schnauze! Schweig . . .!»

Aber wie erklärt sich diese Panik? Weil man beinahe vergessen hätte, diesen Tag herauszustreichen! Garantiert hatte irgend jemand dem Genossen Sekretär souffliert: «He! Du! Heute ist doch der Jahrestag!»

Dann ergriffen im Namen der Studentenschaft irgendwelche Redner das Wort, nach ihnen wieder andere, die im Namen des Lehrkörpers sprachen, und dann rief der Direktor des Konservatoriums in die Runde: «Stellt euch vor, dort saß er vor dreißig Jahren höchstpersönlich, in diesem Saal, unser Genosse Stalin!»

CS: Aber daß das Theater war, wußte doch jeder?

MR: Von wegen! Sie neigten in aufrichtiger Ehrfurcht die Köpfe!

GW: Warum hatte denn die Hand des Geigers gezittert? Weil Stalin wichtiger war als Gott!

CS: War das Furcht oder Überzeugung?

MR: Sowohl als auch.

GW: Hypnose!

MR: Angst, Angst vor dem Selberdenken.

GW: Ich bitte Sie: Stalin, das war doch der Übermensch!

CS: Könnten Sie mir die Vorwürfe präzisieren, die die Sowjetregierung an die Adresse der Komponisten richtete oder noch richtet? Ich habe nämlich den Eindruck, als zielten diese Vorwürfe, vor allem was die Oper anbetrifft, eher auf die gewählten Themen als auf die verwendete musikalische Ausdrucksweise ab.

MR: Das Thema des Librettos ist natürlich das ausschlaggebende Element. Bevor er eine Oper zu schreiben beginnt, das heißt, bevor er sich an die musikalische Ausgestaltung macht, muß der Komponist ein Thema vorschlagen. Wird das Thema nicht angenommen, kann der Komponist an seiner Oper arbeiten, soviel er will, aber gespielt wird sie nie und nimmer werden. Es wird eine Totgeburt sein, die im Laufe der Jahrhunderte versteinert, so lange, wie das Sowjetregime andauert.

Um ihrem Opernprojekt über die Hürde der Zensur hinwegzuhelfen, lassen gewisse Komponisten sich die haarsträubendsten Kommentare einfallen. Als Muradeli beispielsweise *Oktober* komponierte, eine Oper, in der Lenin auftrat, wurde heftigst um folgende Frage debattiert: Darf Lenin überhaupt singen? Die Antwort war, es dürfe schon sein, aber nicht die ganze Zeit. Daraufhin gab Muradeli ihm eine Sprechrolle, doch in einem bestimmten Moment singt Lenin dann doch, mit betörendem Bariton, ein trauriges, sentimentales Volkslied. Als den Sängern Kopien des noch ungedruckten Werkes ausgeteilt wurden, konnte ich es mir nicht verkneifen, aus dem Klavierauszug, den Galina in Händen hielt, eine Seite herauszureißen; ich habe sie rahmen lassen und in meinem New Yorker Haus aufgehängt. Ein Meisterwerk – ein Meisterwerk der Dummheit!

Eines möchte ich noch hinzufügen: Wenn ich mich recht erinnere, so hat die Sowjetregierung mit Interpreten niemals ernstere Konflikte ausgetragen. Die guten Interpreten, die in der gesellschaftlichen Hierarchie einen mindestens ebenso wichtigen Platz einnehmen wie die Komponisten, hat sie sogar immer unterstützt. Ich nenne nur den Fall David Oistrach, dessen Position bestimmt nicht niedriger war als die Schostakowitschs. Warum? Weil die Interpreten auf Reserven in ihrem Repertoire zurückgreifen können. Sie werden nicht bestraft, doch man läßt sie wissen, daß sie hier Schostakowitsch, dort Schnittke aus ihrem Programm zu streichen haben. Das beraubt den Interpreten aber nicht seines Broterwerbs. Er wird eben Schostakowitsch durch Bach, und Schnittke durch Tschaikowsky ersetzen, und das Leben geht weiter. Diese privilegierte Stellung der Interpreten erklärt, warum heute das Niveau unserer Interpreten weit höher liegt als das unserer Komponisten.

CS: Das mag stimmen, doch wenn man beispielsweise eine Parallele zieht zwischen Ihrer Karriere und der von Schostakowitsch, so stellt man fest, daß Schostakowitsch, der Komponist, trotz aller Verwarnungen von Regierungsseite mit dem Sowjetregime nicht gebrochen hat, Sie dagegen diesen Schritt getan haben.

MR: Ich bin überzeugt, wäre Solschenizyn nicht bei uns eingezogen, hätten wir weiter drüben leben können, vor allem, da wir mittlerweile den Gipfel der Hierarchie erreicht hatten.

CS: Schon, aber es war ja wohl nicht Solschenizyns Anwesenheit, die Ihre Feindseligkeit dem Sowjetregime gegenüber ausgelöst hat.

MR: Durchaus! In der ersten Zeit, als Solschenizyn bei uns wohnte, lag es uns fern, daraus ein Politikum zu machen. Es war eine reine Frage der Menschlichkeit. Erst als man uns zwingen wollte, ihn rauszuschmeißen, da brach der Konflikt aus. Man sagte zu mir: «Sie wissen doch, daß er antisowjetisch eingestellt ist!» Woraufhin ich entgegnete: «Bevor Sie behaupten, daß er pro- oder antisowjetisch eingestellt ist, sagen Sie mir erst einmal, ob er ein Mensch ist oder nicht. Irgendwo muß er ja wohnen, und wir können ihn nicht wegschicken. Wenn Sie ihm eine Wohnung oder auch nur ein Zimmer zur Verfügung stellen, wird er ohne weiteres von sich aus gehen.»

Da die menschliche Situation so verzwickt war, zwang man uns in eine politische Rolle. Es hieß, wir unterstützten Solschenizyn. Natürlich unterstützten wir ihn, aber was hätten wir denn anderes tun sollen? Eigentlich hätten ja alle so handeln müssen wie wir!

CS: Wie ist die Beziehung zwischen Ihnen und Solschenizyn überhaupt zustande gekommen?

GW: Anfangs bestand gar keine besondere Beziehung. Wir kannten Solschenizyn nur als Autor von *Ein Tag im Leben des Iwan Denissowitsch* und ein paar anderen Erzählungen. Wir wußten zwar, daß sie anfingen, ihm Unannehmlichkeiten zu bereiten, aber gezielte Angriffe waren noch rar, und er war auch nach wie vor Mitglied des Schriftstellerverbandes. Zu dieser Zeit hat Slawa ihn im Anschluß an ein Konzert in Rjasan kennengelernt und ihm angeboten, bei uns zu wohnen. Aus dem einfachen Grund, weil Solschenizyn und seine Familie – und das waren vier Personen – in Rjasan in zwei engen Zimmern hausten, während wir ein großes Landhaus besaßen mit einem unbewohnten Gartenpavillon. Ganz spontan hat Slawa Solschenizyn angeboten, den Winter über in diesem Pavillon zu wohnen; er hat es angenommen, und so habe ich seine Bekanntschaft gemacht. Ich muß allerdings sagen, daß es schwierig war, über den ersten Kontakt hinaus engere Beziehungen zu ihm zu pflegen. Solschenizyn war ein stark in sich gekehrter Mann, er liebte seine Unabhängigkeit und brauchte das Alleinsein, was ich sehr gut verstehen kann, da ich genauso bin. Wenn ich auf dem Land war, in unserem großen Haus, und er nebenan im Gartenpavillon, vergingen oft Wochen, ohne daß wir einander trafen. Er war nicht der Typ Mann, der Leute besuchte, weil es ihm Spaß macht, mit ihnen zu plaudern. Er war völlig von seiner Arbeit absorbiert. Er ging früh schlafen und schrieb den ganzen Tag.

CS: Haben Sie manchmal mit ihm über Politik geredet?

GW: Wo denken Sie hin! Ich sagte doch schon, daß wir kaum längere Gespräche miteinander führten. Aber seine Ideen kannten wir natürlich, und die Lektüre von *Ein Tag im Leben des Iwan Denissowitsch* hatte uns zutiefst beeindruckt. Wir wußten, daß er ein großer Schriftsteller war, daß es ihm am elementarsten Komfort fehlte, und daher haben wir ihn mit Freuden bei uns aufgenommen. Dann erschien im Ausland *Krebsstation*, woraufhin die große literarische Zeitung der Sowjetunion ihn mit Dreck bewarf. Ein Jahr nachdem er zu uns gezogen war, wurde er aus dem Schriftstellerverband ausgeschlossen. All diese Ereignisse haben sich unter unserem Dach abgespielt. Es ist ein gewaltiger Unterschied, ob man aus seinem Fenster beobachtet, was gegenüber los ist, oder ob man im eigenen Hause die Situation miterlebt. Da gingen uns die Augen auf, da wurde uns die wahre Natur des Regimes, unter dem wir lebten, bewußt, und Dinge, die wir zu übersehen versucht hatten, nahmen plastische Gestalt an. Nun konnten wir nicht mehr sagen: Wir wollen von alledem nichts wissen.

CS: Sind die sowjetischen Behörden bei Ihnen direkt vorstellig geworden?

GW: Ja, wir wurden vorgeladen, und ein hoher Milizbeamter redete uns auffallend freundschaftlich zu: «Ich muß Ihnen sagen, daß bei Ihnen ein Mann lebt, der hier nicht gemeldet ist, obwohl dies ein Regierungsbezirk ist. Das Dumme ist, daß damit gewisse Verpflichtungen verbunden sind, die eingehalten werden müssen. Es wäre besser, ihn zur

Abreise zu veranlassen.» Dies lehnten wir mit der Begründung ab, daß uns irgend so eine fadenscheinige Meldepflicht nicht interessierte, weil dies unser Haus sei und wir darin empfangen könnten, wen wir wollten. Es erübrigt sich wohl zu betonen, daß wir nach solch einer Antwort zu Stalins Zeiten Ihnen das alles jetzt nicht mehr erzählen könnten und auch Solschenizyn kurz darauf beseitigt worden wäre. Es wurde uns nur mit charmantem Lächeln entgegnet, es sei nicht ausgeschlossen, daß man unser Haus konfisziere. Woraufhin wir sagten, das sollten sie nur einmal versuchen! Und dieses Spielchen dauerte fast fünf Jahre.

CS: Der Funke im Pulverfaß war dann wohl der offene Brief, den Slawa an die sowjetischen Zeitungen schickte, die ihn aber nicht veröffentlichten.[11]

GW: Aber in Paris wurde er veröffentlicht.

CS: Waren Sie, Galina, mit diesem Brief einverstanden?

GW: Mit dem Brief war ich einverstanden, wenn ich Slawa anfangs auch geraten hatte, ihn nicht zu schreiben. Er war überzeugt, etwas Konstruktives zu leisten, aber mir war klar, was wir riskierten. Ich wußte, daß wir deswegen verfolgt werden würden. Ich habe haarklein alles vorausgesagt, was dann auch passieren sollte. Alle Phasen dieses abenteuerlichen Geschehens. Ich habe sogar noch hinzugefügt: «Du hast gehört, was ich dir gesagt habe. Willst du diesen Brief trotzdem schreiben? Wirklich? Dann weißt du ja wohl auch, was uns erwartet.» Und alles kam, wie ich es mir vorgestellt hatte. Unmittelbar danach nahm mich der stellvertretende Kulturminister ins Verhör:

«Warum haben Sie nicht protestiert?»

«Weil er das Recht hat zu tun, was er für nötig hält.»

«Aber Sie wußten davon?»

«Ja, ich wußte davon.»

«Und Sie haben keinen Bericht erstattet . . .»

In diesem Stil ging es weiter . . .

Selbst Frau Furzewa, unsere Ministerin für Kultur, war empört: «Wie konnte Slawa so etwas machen?»

Dann begannen die Verfolgungen. Ich durfte im Theater zwar noch singen, aber mein Name wurde nicht mehr genannt. Ich war schlicht und einfach tot für jedermann. Und gewisse eifersüchtige Kollegen zögerten auch nicht lange, sich die Situation zunutze zu machen. Fünf Sänger des Bolschoi-Theaters – Atlantow, Mazurok, Obratsowa und Konsorten – begaben sich gar zum Zentralkomitee der Partei, genau zu dem Zeitpunkt, als ich mit Slawa die *Tosca* aufzunehmen begann. «Wieso beläßt man diesen Politgangster am Pult des Bolschoi? Wir, die wir Kommunisten sind, fordern, daß er gefeuert wird!» Sie waren unbedeutende Figuren, die nach Rache dürsteten, weil sie bei dieser *Tosca* nicht eingesetzt waren . . . Doch nun war ihre Stunde gekommen! In der Sowjetunion hat es mehrere Perioden gegeben, wo politische Denunziation reiche Blüte trieb. Jeder erinnert sich noch an die Schreckensherrschaft des Jahres 1937, und obwohl dieses kleine Häufchen Schurken der jüngeren Generation angehört, waren ihnen die Gespräche der Älteren noch im Gedächtnis, und so folgten sie nur deren Beispiel.

CS: Man hatte Ihnen also die Schlinge um den Hals gelegt, noch bevor Sie beschlossen hatten, offen gegen das Regime anzutreten.

MR: Ursprünglich, wie Galina schon sagte, war es keineswegs ein politischer Protest. Manchmal dachte ich sogar bei mir, Solschenizyn treibe es wirklich zu weit, er hätte sich maßvoller ausdrücken können. Nachdem wir aber Zeuge des absolut unmenschlichen, bestialischen Verhaltens seiner Gegner geworden waren, da begannen wir – und das danken wir ihm –, die Realität zu begreifen. So hatte er beispielsweise eines Tages den Wagen genommen, um ein paar Wochen in Rostow zu verbringen, kam aber schon nach zwei Tagen zurück. Am ganzen Körper hatte er riesige, von Flüssigkeit aufgequollene Blasen. Ich brachte ihn zur Klinik eines mir befreundeten Arztes und mußte von diesem hören: «Unter diesem Namen darf ich ihn nicht einmal abhorchen.» Da haben wir ihm eben schleunigst einen anderen Namen verliehen!

Was soll man von einem politischen Regime halten, das sich zu solchen Absurditäten versteigt?

CS: Und dieses selbe Regime hatte Ihre Talente gerühmt, indem es Ihnen mehrmals den Lenin- oder Stalinpreis verlieh . . .

MR: Diese Preise waren die höchste Auszeichnung. Ja, auch heute noch gebe ich zu: es war eine Ehre.

GW: Nicht etwa, weil der Preis den Namen Lenins oder Stalins trug, sondern weil es *der* Preis war, die höchste Auszeichnung, die in der Sowjetunion vergeben wird.

MR: Man muß wissen, wer den Preis verlieh. Im Leninpreis-Komitee saßen immerhin Schostakowitsch und andere Persönlichkeiten von höchstem Rang. Bei Film und Literatur spielten natürlich auch politische Erwägungen mit, aber den Preis für Musik erhielten immer Musiker von Rang. Es war wirklich ein großartiges Ereignis. Kann man etwa behaupten, Oistrach, Gilels und Richter verdienten keinen Lenin-Preis? Sie sind große Künstler, und ich bleibe dabei: die Zuerkennung des Preises war wirklich eine Ehre.

CS: Eine Ehre, die Sie teuer bezahlt haben . . .

MR: Ja, nun war die Reihe an uns, von Verfolgung heimgesucht zu werden. Es begann damit, daß einige unserer Konzerte abgesagt wurden und die Presse unsere Namen totschwieg. Hierzu fallen mir ein paar fabelhafte Beispiele ein: In Gorki – schon wieder dieses vermaledeite Gorki! – dirigierte ich eines Abends Werke von Tschaikowsky, und Galina sang Tatjanas Briefszene. Die Morgenzeitung brachte eine mehr als schmeichelhafte Kritik, einen wahren Lobgesang auf die Interpreten; der Artikel war ein kleines Meisterwerk, denn der Musikkritiker brachte es fertig, weder Galinas noch meinen Namen zu nennen.

GW: Und das auf einer ganzen halben Seite!

MR: Da stand aus der Feder des Journalisten: «Das Orchester hat seine strahlende Klangfülle gezeigt ... Das Konzert wurde zu einem großen Erfolg ... Die Interpretation von Tatjanas Briefszene hat das Publikum besonders beeindruckt ... Man ließ uns die Gefühle des jungen Mädchens miterleben.» Aber nirgends unsere Namen. Das war verboten!

GW: Man torpedierte auch unsere Reisepläne ins Ausland. So hatte Karajan, der mich bei einem Gastspiel des Bolschoi in Berlin in *Eugen Onegin* gehört hatte, mir angeboten, in der von ihm dirigierten Plattenaufnahme von *Boris Godunow* die Marina zu singen. Ich hatte angenommen, doch sobald gewisse Sowjetkader das erfuhren, haben sie, ohne mich davon in Kenntnis zu setzen, Karajan geantwortet, ich sänge diese Rolle weder im Bolschoi, noch sei sie für meine Stimme geeignet. Ich war in London, als Karajans Sekretär mir den Brief vorlas, der ihm kurz zuvor von unserem Kulturministerium zugegangen war. Kaum in Moskau angekommen, war ich auch schon im Ministerium, den Brief in der erhobenen Hand; ich hieb mit der Faust auf den Tisch und brüllte: «Ich weiß selbst, was ich zu tun habe, und mich allein geht diese Sache an!» So konnte ich schließlich die Platte mit Karajan doch noch machen.

CS: Behielten Sie Kontakt mit Ihren Freunden im Ausland?

GW: Ja, Yehudi Menuhin rief uns regelmäßig an, und die französischen Komponisten bewiesen uns immer wieder ihre Sympathie. Aber ganz besonders geholfen hat uns Leonard Bernstein, der auch die Prozedur unserer Ausreise beschleunigte. Wir hatten nämlich bei der Regierung um die Genehmigung nachgesucht, Rußland für zwei Jahre zu verlassen, und auf diese Antwort warteten wir. Ich habe es allen meinen Freunden am Telefon erzählt und mehr als einmal in den Apparat gebrüllt, daß ich, falls wir in zwei Wochen diese

Genehmigung nicht hätten, alles kurz und klein schlagen würde. Ich schrie es in alle Welt hinaus, da ich wußte, daß wir abgehört wurden.

Es war genau zu der Zeit, als Senator Kennedy, mit dem Bernstein kurz zuvor geredet hatte, nach Moskau kam, um Breschnew zu sehen. Wir hatten keine Ahnung von irgendwelcher Intervention. Wir wußten, daß Senator Kennedy in Moskau war, aber nie wäre uns der Gedanke gekommen, daß dieser Besuch für uns eine Bedeutung haben könnte. Da rief uns plötzlich Kennedys Sekretärin an und sagte, sie hätte eine gute Nachricht für uns, denn nach dem Gespräch zwischen dem Senator und Breschnew dürfte die Angelegenheit in Kürze geregelt sein. Und zwei Wochen später hatten wir die Genehmigung in Händen. Es war Frau Furzewa, die uns zu sich bestellte, um uns zu eröffnen, man bewillige uns die Ausreise für eine zweijährige Künstlertournee.

CS: Wie erklären Sie sich, daß die Sowjetregierung letztlich Ihrer Ausreise prinzipiell zugestimmt hat?

GW: Ehrlich gesagt, ich kann es mir nicht erklären. Ich begreife nicht, wieso sie uns mit unseren Kindern fahren ließen. Aus Torheit? Oder sollte jemand in dem Gremium, das die Entscheidung zu treffen hatte, ganz einfach großzügig gewesen sein? Es soll aber auch nicht verschwiegen sein, daß das Zentralkomitee der Partei, während alles noch in der Schwebe war, einen Bericht über uns angefordert hatte. Chrennikow hat ihn verfaßt und – wie wir bald erfuhren – darin erklärt, Rostropowitsch sei früher zwar ein guter Cellist gewesen, doch sei sein Talent in den letzten Jahren erheblich verflacht, und nun habe er sich mit Solschenizyn angefreundet, um sein Prestige wenigstens im Ausland aufrechtzuerhalten. Ferner war dort zu lesen, über die Dirigentenkarriere eines Rostropowitsch könne man ohnehin nur lachen, und wenn er ins Ausland führe, würde er endlich erfahren, wie es um seine Qualitäten in Wirklichkeit bestellt sei ... Chrennikows Ausführungen zu meiner Person habe ich gar nicht erst wissen wollen!

CS: Nach diesem langen politischen Exkurs möchte ich Ihnen nun eine vielleicht etwas brutale Frage stellen. Nehmen wir einmal an, Sie, die Sie ja vor der Affäre Solschenizyn zu den Privilegierten gehörten, hätten das Recht der freien Meinungsäußerung oder gar freie Wahlen gehabt: Hätten Sie sich dann für oder gegen das Regime ausgesprochen?

MR und GW: Natürlich dagegen!

GW: Wenn es freie Wahlen gäbe, würden 90% der Russen gegen das Regime stimmen. Aber man gibt ihnen ja gar keine Gelegenheit, sich zu äußern.

MR: Wir wußten, oder besser: wir ahnten, was alles faul war an diesem Regime, und wir litten darunter. Um so mehr, als wir ja recht häufig ins Ausland gereist waren.

Wir Russen haben alle ein sehr ausgeprägtes Gespür für Relativität. Uns ist es äußerst wichtig, zu wissen, wie unsere Nachbarn leben. Das ist typisch russisch ...

GW: Nicht typisch russisch, sondern sowjetisch!

MR: In Rußland erzählt man sich, der liebe Gott habe das Hänschen nach seinem Lieblingswunsch gefragt und Hänschen habe geantwortet: «Daß die Kuh von meinem Nachbarn, dem Peterchen, eingeht!» Man will unbedingt wissen, wie man selbst lebt im Vergleich zu den anderen.

CS: Von Ihrem eigenen künstlerischen Weg, zu dem die Umstände Sie gezwungen haben, möchte ich jetzt einmal abgehen und auf das Problem der Verantwortlichkeit des Künstlers überhaupt zurückkommen. Ich bin mir nämlich nicht ganz sicher, daß Sie die Frage exakt beantwortet haben.

GW: Selbstverständlich habe ich sie beantwortet! Der Künstler, der in einem totalitären Staat lebt, kann gar nichts tun, weil er sonst – und das wissen Sie auch – sofort festgenommen wird. Sacharow ist in den Hungerstreik getreten, aber dürfen wir denn von allen einen solchen Heroismus verlangen? Der Künstler, der in einem freien Land lebt, darf allerdings keine Kompromisse eingehen. Er hat jede Möglichkeit und somit die Pflicht, zu reden, seine Meinung kundzutun, zu protestieren.

MR: Ich habe noch eine ganz andere Frage. Sacharow ist in den Hungerstreik getreten, weil seine zukünftige Schwiegertochter Lisa ihrem bereits in den Westen emigrierten Verlobten nicht nachfolgen durfte. Kein Mensch war in der Sowjetunion auf Lisa angewiesen. Eine Lisa mehr oder weniger unter zweihundertsechzig Millionen Sowjetbürgern, wen kümmert das? Das kann jeder begreifen, und als erste wohl die zweihundert Akademiemitglieder, Sacharows Kollegen. Diese Akademiemitglieder sind gebildete Menschen und große Gelehrte. Aber ich wüßte gern, wer von ihnen aufgestanden ist, um Sacharow, den Kollegen, der am Rande des Abgrunds stand, zu verteidigen. Ich glaube, wir hätten all unser Gold gegeben, um ein Denkmal zu errichten zum Ruhme dieses Mannes. Aber wir brauchten unser Gold gar nicht zu geben, denn es war niemand da, der aufgestanden wäre. Dabei wußten alle, daß Sacharow im Recht war. Jeder in der Sowjetunion versteht ihn.

GW: Als ich noch in der Sowjetunion lebte, war ich schon der Meinung – und heute bin ich es noch stärker denn je –, die Akademiemitglieder und Gelehrten hätten sich zusammentun, einen gemeinsamen Vorstoß unternehmen und schreien müssen: «Hört endlich mit dieser Willkür auf!» Sie wären nicht erschossen worden!

CS: Und warum haben sie es nicht getan?

GW: Weil sie Angst haben! Jeder bangt um etwas anderes: Der eine hat Angst, keine Bewilligung für die nächste Auslandsreise zu bekommen, der andere fürchtet die Streichung seiner Gehaltserhöhung ...

MR: ... und der dritte hat einen Sohn, der bald mit der höheren Schule fertig ist und gerne auf die Universität möchte ...

GW: Ja, was befürchten sie also? Kleinliche Racheakte!

Unter diesem Regime sind die Menschen derartig kleinmütig geworden, daß jeder moralische Elan zunichte gemacht ist. Ihr einziges Streben ist darauf gerichtet, ein besseres Stück Brot als der Nachbar zu erwischen, sich den Zugang zu einem Geschäft zu erschließen, das für andere unzugänglich ist, und dort ein Stück Wurst zu ergattern, für das der Nachbar fünf Stunden lang anstehen muß! Das ist ihr Lebensinhalt, und deswegen haben sie sich nicht aufgelehnt gegen die flagrante Ungerechtigkeit.

CS: Welch großartiger Sieg für das Sowjetregime: Die Intellektuellen sind zum Schweigen gebracht!

MR: Man darf aber nicht vergessen, daß dies mit -zig Millionen Menschenleben erkauft wurde!

GW: Millionen von Menschen, die physisch ausgelöscht wurden, und unzählige andere, deren geistige Aktivität man brutal abgewürgt hat.

MR: Und ich garantiere Ihnen, daß dieses Schweigen noch nicht so bald gebrochen werden wird.

CS: Was das Schweigen der Komponisten betrifft . . .

MR: Die Komponisten? Mein großer Freund Schostakowitsch, der Stücke eigens für mich geschrieben hat, mein enger Freund Chatschaturian, ein Komponist vom Range Kabalewskisz[12], wußten sie etwa nicht, daß ich unter den Verfolgungen litt? Sie wußten es sehr wohl! Schostakowitsch und Chatschaturian haben mich mehr als einmal weinen sehen. Hätten sie nicht alle miteinander die Mitglieder der Regierung aufsuchen können, um ihnen zu sagen: «Sie sollten bedenken, daß Rostropowitsch ein Künstler ist, der für die sowjetische Musik noch von Nutzen sein kann; vom rein musikalischen Standpunkt aus kann er uns Komponisten noch sehr dienlich sein, verjagen Sie ihn daher nicht! Er hat auch zahlreiche Schüler, unsere Cellistenschule könnte darunter leiden . . .?» Kein einziger hat diesen Vorstoß gewagt, denn beim geringsten Aufmucken hätte Breschnew die Brauen gerunzelt, ein Auge zusammengekniffen und gemurmelt: «Mag sein, daß er kein schlechter Musiker ist, aber er steht nicht auf unserer Seite! Wie können Sie sich dafür hergeben, für ihn einzutreten? Wie können Sie einen solchen Fehltritt begehen?»

GW: Und das Jahr darauf hätte einer von ihnen, aufgrund seines Verhaltens in dieser Affäre, den Lenin-Preis eben nicht bekommen!

MR: Wie eindringlich auch immer Galina und ich Ihnen diese Situation zu schildern versuchen, so spüren wir doch, daß es unmöglich ist, Ihnen das alles mit Worten zu erklären. Aber wenn man dort lebt, wenn man alles am eigenen Leibe erfährt, dann ist das etwas ganz anderes!

GW: Die kommenden Generationen werden entsetzt sein über die Freveltaten des Sowjetregimes, aber wird ihre Ratlosigkeit nicht noch viel größer sein, wenn sie erst feststellen, daß die freie Welt zu all dem geschwiegen hat? In der freien Welt ist doch alles möglich, Mund, Ohren und Augen sind offen, aber die Menschen wollen nicht begreifen, was drüben vorgeht. Sie *wollen* nicht. Und sie verweigern sich absichtlich. Man kann brüllen, sie verstopfen sich die Ohren. Sagt man ihnen: «Sehen Sie doch nur, ich bin blutig geschlagen, man hat mir die Haut vom Leibe gerissen!», so erhält man als Antwort: «Nein, das ist nicht wahr!»

CS: Wenn man Sowjetrusse und Dissident ist, was muß man dann tun, sobald man im Westen ist?

MR: Meine Pflicht ist es, überall und ehrlich zu erklären, was ich weiß, zu erzählen, was ich selbst mitgemacht habe.

GW: Und wenn wir diese Gelegenheit nicht nutzen, ist das ein Verbrechen all denen gegenüber, die drüben ausharren.

MR: Als «sowjetischer Künstler auf Tournee im Westen» hätten wir nicht einmal ein halbes Wort von all dem, was wir heute sagen, aussprechen dürfen. Denn unsere Kinder wären ja drüben geblieben! Uns ist klar, ein halbes Wort hätte genügt, und bei der Rückkehr nach Rußland wäre unsere

Existenz mit einem Schlag ruiniert gewesen. Ich habe Verständnis für alle sowjetischen Künstler, die den Mund halten. Wäre ich noch ein sowjetischer Künstler, würde ich ebenfalls schweigen. Wir haben ja alle geschwiegen.

CS: Inzwischen ist es aber eines Ihrer Ziele, die westlichen Regierungen unter Druck zu setzen.

GW: Wir erzählen, wir erzählen alles, was wir erlitten haben, alles, was wir wissen, aber dann sollen die Leute von sich aus ihre eigenen Schlußfolgerungen ziehen.

MR: Wir wollen niemanden belehren, weder unsere Freunde noch Könige oder Präsidenten.

GW: Aber wenn man uns fragt, dann sagen wir die Wahrheit.

CS: Lassen Sie den Einwand gelten, das westliche Schweigen könnte durch die Imperative der friedlichen Koexistenz gerechtfertigt sein? Schweigen ... um in Frieden zu leben?

GW: Man hat schon unter Hitler geschwiegen, das genügt! Diese Methode wurde bereits erprobt. Vielleicht müßte man jetzt einmal eine andere ausprobieren: Gewalt oder Widerstand ...

MR: Außerdem, wenn der Westen sich nicht dagegenstemmt, wird die Sowjetunion eine kolossale Macht entfalten. Und diese Macht werden die Russen ausnützen, daran ist nicht zu zweifeln. Wozu wäre sie denn sonst da? Sobald die Sowjetunion sich ihrer militärischen Stärke sicher ist, ist sie auch bereit, militärische Gewalt einzusetzen. Und welchen Sinn hat unter solchen Umständen dann das Schweigen?

Goldene Zeiten für das Cello

CS: Im Laufe der Jahre haben Sie, Slawa, über das Cello eigentlich schon alles gesagt, und ich weiß, daß Sie Wiederholungen nicht sonderlich schätzen. Dennoch möchte ich Sie bitten, uns zu erzählen, wie es zu dieser neuen Blütezeit des Cellos kam, woran Sie ja nicht unbeteiligt waren. Celloabende finden – und das ist als Ereignis zu werten – nicht mehr vor leeren Bankreihen statt.

MR: Ich erinnere mich, daß ich bereits in den sechziger Jahren in der ausverkauften Carnegie Hall gespielt habe. Das war das erstemal, daß ein Cellist einen vollen Saal für sich verbuchen konnte. Aber ich habe auch noch etliche Erinnerungen an halb- oder fast ganz leere Konzertsäle, und ich gebe Ihnen recht: Inzwischen hat sich die Lage erheblich verbessert. Und dieses Privileg habe nicht nur ich; alle großen Cellisten treten in großen Konzertsälen auf und feiern Erfolge.

Mich erstaunt das nicht sonderlich. Es hängt mit der Erweiterung des Repertoires und auch mit der Natur des Instrumentes zusammen. So ist meines Erachtens das Klangkolorit des Cellos weitaus interessanter als das der Violine. Aber warum haben die Violinisten dann mehr Erfolg als wir? Ganz einfach: Man hat für sie bessere Musik geschrieben als für uns.

Hinzu kommt, daß das Cello eine größere körperliche Anstrengung erfordert als die Geige, und – ehrlich gesagt –

der Kontrabaß ist meines Erachtens noch schwerer zu spielen.

CS: Die ersten Celli waren recht primitive Instrumente. Sie hatten keinen Stachel und eigneten sich allein schon aus diesem Grund weniger für virtuose Spielereien.

MR: Na ja, das ist alles eine Frage der Gewohnheit, ähnlich wie mit dem Platz in einer Wohnung. Heute habe ich mich an die Annehmlichkeiten mehrerer Räume gewöhnt, aber in meiner Jugend waren wir – mein Vater, meine Mutter, meine Schwester und ich – alle in einem Zimmer zusammengedrängt. Man war's gewohnt. Und so konnte man bestimmt auch ohne Stachel gut Cello spielen, weil man's ja gewohnt war.

CS: Stimmt, damals sind ja auch schon Meisterwerke entstanden: Bachs *Solosuiten*, diese berühmten Suiten, die Ausgangspunkt waren für ein ganzes Repertoire. Was bedeuten sie eigentlich für den Cellisten?

MR: Dasselbe wie die Bibel für den Gläubigen. Das Buch der Bücher, die Basis des Lebens – genauer: die Basis des Violoncellos, nicht in technischer, sondern in musikalischer Hinsicht. Denn Bach überragte ja – wie Shakespeare – seine Zeit und sprengte die Grenzen seines eigenen Lebensraums. Bach – das Brot für die Welt.

CS: Fühlen Sie sich beim Spielen einer solchen *Suite* in besonderer Weise angesprochen?

MR: Das ist die einzige Musik, die ich daheim für mich ganz allein spiele. Der Interpret verspürt zutiefst das Gleichgewicht der Proportionen, doch dieses Gleichgewicht ist stets an den Ausdruck einer Emotion gebunden. Und diese *Suiten* von Bach enthalten eine derartige Summierung von Emotionen, daß man sie nie wird voll ausschöpfen können. Denn diese Emotionen gehen weit über das verstandesmäßige Erfassen hinaus. Die Technik muß sich dabei ganz in den Dienst des musikalischen Denkens stellen, sie muß vollendet sein und so weit zurücktreten, daß man sie vergißt.

Technik ist in der Musik unerläßlich, zwingend, manchmal aber artet sie zum Selbstzweck aus. So zum Beispiel, wenn der Russe seinem Hang zum Wettstreit freien Lauf läßt: Was du kannst, schaffe ich auch. Und vielleicht sogar besser als du. Aus diesem Grund sind wohl auch die russischen Zirkusartisten immer so phantastisch. Es gab eine Zeit, da war auch ich dieser Tendenz verfallen. Ich wollte schneller spielen als jeder andere. Den *Hummelflug*[13] schaffte ich in etwa achtundvierzig Sekunden! Ich hatte einen Freund, einen betagten Oberst, der ein wenig Geige spielte; zwei Trottel, mein Begleiter und ich, ließen sich darauf ein, daß er mit einer Stoppuhr ihre Glanzleistungen maß. Zwei Idioten! Aber das basierte auf diesem wachen Kampfgeist, der in Rußland, wo die technische Beherrschung des Instruments großgeschrieben wird, gang und gäbe ist. Dasselbe läßt sich, glaube ich, von Italien sagen, nicht aber von Deutschland. Es ist ja kein Zufall, daß Meister des Brio und der Virtuosität wie Paganini und Boccherini in Italien geboren wurden.

CS: Wieso kommen Sie gerade im Zusammenhang mit Bach auf diese Vorliebe für technische Raffinessen?

MR: Ich meinte das ganz allgemein. Ein Teil des Musikrepertoires lebt von technischen Glanzleistungen. Ein weiterer Teil stützt sich auf den intellektuellen Aspekt und ein dritter setzt auf die Kraft der Emotion. Der Interpret kann nun, seinen Fähigkeiten und den zum Vortrag ausgewählten Werken entsprechend, jede dieser Komponenten einzeln herausstreichen. Doch bei Bach müssen diese drei Komponenten gleichwertig sein. Bei den *Suiten* mit ihrer unnachahmlichen und abgeklärten Ausgewogenheit erlebt der Cellist das vollkommene Glück, ohne jene Mühen, die ihm weniger ausbalancierte Kompositionen abverlangen. Aber diese Balance muß auch respektiert, die verschiedenen Facetten müssen berücksichtigt werden. Früher waren meine Bach-Interpretationen zu emotionsgeladen, und das war ein Fehler.

CS: Wieso nennen Sie das einen Fehler? Wo findet man denn die Wahrheit einer Interpretation?

MR: Ich schöpfe diese Wahrheit aus der Musik des Komponisten. Schon die ersten Takte eines Werkes erwecken eine Empfindung, sie werden zu einer ganz spezifischen Kostprobe, die Appetit macht auf dieses spezielle Angebot. Für ein hartes Ei läuft mir das Wasser nicht im Mund zusammen, aber für Borschtsch! Nun, bei den ersten fünf Takten eines Musikstücks habe ich bereits meine ganz spezifische Empfindung, da meldet sich schon mein Appetit auf gerade dieses Werk, dessen Leitgedanken mir auch sofort deutlich werden. Darf ich mit Leidenschaft spielen, wenn die Noten dagegen sprechen? Die Musik besitzt nämlich ihre eigenen Spannungsbögen und stellt von sich aus stilistische Forderungen. Unverbrüchliches Gesetz ist die Originalpartitur. Mit welchem Appetit man darauf reagiert, ist Sache des einzelnen.

CS: Der erste, dem vor Bachs *Suiten* das Wasser im Munde zusammenlief, war Pablo Casals. Er hat die Partituren wieder ausgegraben und einen Interpretationsstil kreiert.

MR: Lassen Sie mich diese Gelegenheit nutzen, um von Casals zu sprechen. Wenn ich mich recht erinnere, hat mein Vater ein paar Stunden bei ihm genommen, was mich berechtigt, mich auf dem Cello als seinen Enkel anzusehen. Er war jedenfalls mein Idol. Mit leidenschaftlicher Hingabe studierte ich all seine Plattenaufnahmen, und der Tag, da ich ihn in Paris als Mitglied der Jury bei einem Wettbewerb vorfand, war der schönste Tag meines Lebens. Nicht nur was das Cello anbetraf, war er für mich das unerreichte Vorbild, sondern er war auch das lebende Beispiel eines Mannes, der an seinem Land hing, sein Volk liebte und mit ihm litt.

Um auf Bachs *Suiten* zurückzukommen. Es ist unbestreitbar, daß Pablo Casals einen Stil kreiert hat. Er hat sich bei Bach derartige Freiheiten gestattet, wie nur wenige Musiker sie sich heute erlauben könnten. Meiner Ansicht nach hat er aber genau damit die großartige Ausgewogenheit dieser Musik gestört. Das war zu seiner Zeit sicher nötig, und er tat es zu unserem Besten, war es doch damals die *conditio sine qua non*, um diese Suiten so berühmt zu machen. Zur Zeit von Casals hätte Bach diesen Durchbruch nicht geschafft, wäre jemand mit intellektuelleren Kriterien an sein Werk herangegangen.

Ich entsinne mich noch, wie Casals mir in seinem Pariser Hotelzimmer eine dieser *Solosuiten* vorspielte. Von Zeit zu Zeit brach er ab zwischen den einzelnen Phrasen, blickte mich über den Rand seiner Brille hinweg an, um meine Reaktion zu sehen, und spielte dann weiter, mit großer Freizügigkeit. Casals war ein so überzeugter Künstler, daß man ihm, sobald er spielte, auch nicht das geringste Wort der Kritik entgegenzuhalten vermochte; er empfand so stark, was er interpretierte, daß er einen mitriß, einem das Gefühl aufzwang, anders als so könne das Werk einfach nicht gespielt werden.

Hört man sich Casals-Platten an, fehlt die hypnotisierende Kraft seiner Persönlichkeit. Das geht einem genauso bei Rachmaninow- oder Schaljapin-Aufnahmen; beide sind großartig, aber Augenzeugen berichten, der Eindruck sei im Konzertsaal oder Theater ungleich stärker gewesen. Vor allem, wenn das Interpretatorische dominiert, spielen Persönlichkeit und Anwesenheit des Künstlers eine entscheidende Rolle. Die Schallplatte gibt diese Persönlichkeit nicht immer wieder, und sobald dieser Magnetismus ausgeschaltet ist, können uns gewisse Einzelheiten der Interpretation fragwürdig erscheinen. Wenn Sie so manche jungen Geiger hören, die sich bemühen, die großen Interpreten nachzuahmen, dann werden all diese diskutablen Einzelheiten offenbar.

CS: Warum haben Sie niemals die sechs *Suiten* von Bach aufgenommen?

MR: Ich bin noch nicht so weit.

CS: Diese Antwort gaben Sie mir schon vor fünf Jahren.

MR: Ich habe noch immer viel daran zu arbeiten, muß Bach noch eine Unmenge von Fragen stellen. Zunächst rein technische, bezüglich der Läufe. Ich war sehr jung, als ich mich mit Bach zu befassen begann, wobei ich die Bogenführung meines Lehrers befolgte. Inzwischen – vierzig Jahre später – habe ich natürlich Einzelheiten modifiziert, nicht aber alles verworfen. Manchmal frage ich mich: Ob ich wohl diese drei Noten hier legato nehmen und die zwei dort voneinander absetzen sollte? Ja, aber warum? Leider kennen wir Bachs Manuskript nicht. Es gibt nur zwei oder drei von seinen Schülern angefertigte Abschriften. Eine dieser Handschriften, die den modernen Ausgaben zugrunde liegt, stammt von Anna Magdalena. Aus dem Originalmanuskript hätten wir vielleicht wertvolle Hinweise erhalten. Ich jedenfalls will noch ein paar Dinge durchexerzieren.

CS: Haben Sie vielleicht die Einspielung von Bachs *Solosuiten* als Krönung Ihrer Karriere vorgesehen?

MR: Ich weiß es nicht. Ich denke nicht darüber nach. Vielleicht wird es der größte Mißerfolg meiner Karriere, aber machen muß ich es. Und ich werde es mit der gleichen Ehrlichkeit machen, die ich all meinen Interpretationen zugrunde lege.

CS: Auf Bach folgt das große Schweigen. Warum wurde in der Klassik und in der Romantik so wenig für das Cello geschrieben?

MR: Die richtige Antwort werde ich erst später finden, wenn es mir vergönnt sein wird, Mozart selber zu befragen, und dann will ich Sie gern verständigen. Doch da Sie jetzt schon eine Antwort erwarten, darf ich sie vielleicht anstelle des Komponisten zu geben versuchen. Allerdings kann ich nur aus eigener Erfahrung sprechen: Als ich Prokofieffs *C-Dur-Sonate* spielte, begann er fast gleichzeitig, sein *Sinfonisches Konzert* für Violoncello und Orchester zu komponieren. Und als ich dieses spielte, machte er sich an das *Concertino*; das

Concertino war noch nicht fertig, da hatte er schon seine *Sonate für Violoncello solo* begonnen; doch leider starb er, bevor er sie vollenden konnte.

Ähnliches erlebte ich mit Benjamin Britten: Er hat eine *Sonate für Violoncello und Klavier*, dann eine *Symphonie für Violoncello und Orchester* und anschließend drei *Suiten für Violoncello solo* geschrieben. Diese Aufeinanderfolge werte ich als Kompliment für mich. Hätte Britten mich mit seiner *Symphonie* bedacht, wenn ich seine *Sonate* schlecht gespielt hätte? Ich vermute, auch Schumann hätte es nicht bei nur einem Cellokonzert belassen, wäre durch das Spiel eines Cellisten seine Begeisterung geweckt worden!

CS: Sie machen Ihren Kollegen früherer Zeiten also posthum Vorwürfe?

MR: Ja, in gewisser Weise schon. Aber es ist natürlich schwer, ihr Spiel aus heutiger Sicht zu beurteilen. Und dennoch meine ich, sie hätten – wenn sie schon nicht fähig waren, ihr Talent zu beweisen – besser daran getan, ihr Instrument zu verkaufen und Mozart ihr Geld zu geben, der es so dringend benötigte. Und allen Cellisten, die Mozarts und Brahms' Zeitgenossen waren, werfe ich vor, diesen Musikgenies nicht einmal den ganzen Reichtum ihres Instruments gezeigt zu haben, um sie zu neuen Kompositionen anzuregen. Gute Komponisten muß man anflehen, in Demut vor sie hintreten. Man muß sie dazu bringen zu schreiben ... egal was, aber schreiben müssen sie! Komponierten die Cellisten selber weniger und die großen Komponisten mehr, dann wären goldene Zeiten in Sicht!

CS: Unsere heutigen Streicher träumen alle von so kostbaren Instrumenten wie den Stradivari. Aber ist die Qualität des Instruments für einen Cellisten wirklich ausschlaggebend?

MR: Nicht so sehr, nur bei großen Häusern. Das Instrument und die Tonqualität sind unsere Handschrift. Sie mag ästhetisch sein und als solche schon eine bestimmte Empfindung wecken, aber das Entscheidende ist doch der Inhalt des Geschriebenen. Ein kraftvoller Gedanke verträgt auch eine leicht verschnörkelte Handschrift. Genauso kann der Kontakt zwischen Künstler und Instrument, selbst wenn es nur ein mittelmäßiges ist, transzendiert werden durch die Kraft der Interpretation.

CS: Was war Ihr erstes Instrument?

MR: Das meines Vaters; ich benützte es erstmalig nach dessen Tod. Woher es stammt, weiß ich nicht zu sagen. Mit diesem Instrument habe ich meine ersten internationalen Wettbewerbe bestritten, und auch in Prag habe ich es gespielt. Später hatte ich leihweise ein Amati, aus einer staatlichen Sammlung; doch schon nach kurzer Zeit wurde mir bewußt, daß es einem mit dem Cello geht wie mit einer Frau: es muß einem gehören, man kann es nicht zeitweise ausborgen. Und so gab ich dieses Instrument der Regierung zurück.

Anschließend kaufte ich ein Lorenzo Storioni; ein um 1760 in Cremona gebautes Instrument, das ich jahrelang benutzte und das meine Tochter Olga jetzt spielt. Mit diesem Cello habe ich meine Karriere gemacht. Manchmal muß Olga es mir für ein paar Konzerte leihen, denn ich spiele es nach wie vor liebend gern. Mein letzterworbenes Instrument ist mein Duport-Stradivari.[14]

CS: Ist es schwierig, ein so berühmtes Instrument zu entdecken und zu erwerben?

MR: Man weiß, wer die großen Instrumente besitzt, die nur durch außergewöhnliche Umstände wie einen Todesfall oder plötzliche materielle Not zum Verkauf gelangen dürften; denn ein Instrument solcher Qualität wird zu einem Familienmitglied, und es wäre Verrat, sich ohne zwingende Gründe seiner zu entledigen, insbesondere wenn es seinen Anteil hatte an einem bedeutenden Abschnitt unserer Karriere.

CS: Hat ein Instrumentenwechsel verändernden Einfluß auf das Spiel eines Cellisten?

MR: Ja, und deshalb sollte man wechseln, sofern man die Möglichkeit dazu hat. Es verleiht ein Gefühl neuer Frische und verhindert mechanisches Abspielen. Mit einem neuen Instrument ändert sich gleichzeitig mein Verhalten. Sie machen ja auch nicht zwei verschiedenen Frauen die gleiche Liebeserklärung! Was bei der einen Erfolg hat, beeindruckt nicht unbedingt auch die andere! Man muß sich schon für jede von beiden etwas ausdenken.

CS: Sie spielen auch noch ein modernes Cello, das Etienne Vatelot[15] gebaut hat.

MR: Schon beim Gedanken an diesen Mann gerate ich in Ekstase. Wir sind vier Freunde, Vatelot, Stern, Rampal und ich. Unser kleines privates Jazzorchester. Warum Jazz? Weil es lustiger klingt! Unsere Viererbande. Vatelot ist eine absolut einmalige Persönlichkeit. Er kann so gut wie alles! In erster Linie ist er unser Instrumentendoktor. Gibt es etwas Wertvolleres? Ich habe in meinem Leben noch nie Angst vor dem Tod gehabt, da ich weiß, daß er unvermeidlich ist; ich fliege wie ein Besessener von einem Kontinent zum anderen und empfinde nicht die geringste Furcht, aber um mein Cello habe ich immer Angst. Wenn es bei einem Unfall umkäme, wäre das ein unsäglicher Verlust für die gesamte Menschheit. Darum kommt dem Doktor derartiger Instrumente eine so bedeutende Rolle zu. Ihm muß man hundertfünfzigprozentig vertrauen! Er muß menschlich und absolut ehrlich sein. Etienne Vatelot, der ein treuer Freund ist, hat mich noch nie belogen, nicht einmal, um mir Kummer zu ersparen.

Als ich noch ein armer Cellist war, der aus der Sowjetunion kam, brachte ich Vatelot ein italienisches Instrument, das ich mir kurz zuvor gekauft hatte. Er spürte, ich saß auf Kohlen, denn die Herkunft meines Instruments war in Wirklichkeit nicht identisch mit den Beteuerungen meines Verkäufers. Vatelot tat das in der Seele leid, aber ehrlich wie er war, konnte er nicht anders, als mir die Wahrheit sagen.

Welch ungeheures Talent, welche Kenntnisse und welche Intuition muß man besitzen, um eine unfehlbare Expertise zu erstellen! In dieser Hinsicht ist Etienne Vatelot ein absolut einmaliges Phänomen. Außerdem besitzt er das absolute Gehör, und die Ratschläge, die er uns gibt, sind stets die besten. Alles in allem, er hat dieses Gespür, das nötig ist, um diese Klinik, der wir unsere Instrumente anvertrauen, zu führen. Es gibt dort sogar einen Notdienst, der schneller zur Stelle ist als ein Krankenwagen mit Blaulicht. Ich persönlich kann mir mein Cellistenleben ohne Etienne Vatelot einfach nicht vorstellen.

CS: Und «das Vatelot»?

MR: Ja, ich spiele mit großer Freude das Instrument, das er für mich gebaut hat. Man hört immer wieder Vorurteile gegenüber modernen Instrumenten. Manche schwören nur auf die alten italienischen. Ich gebe Ihnen mein Ehrenwort, daß neulich in Marseille, wo ich das Vatelot gespielt habe, am Schluß des Konzerts ein Musiker zu mir sagte: «Aha, das war also das berühmte Stradivari!» ...

CS: Als Sie von Ihren Jugendjahren sprachen, haben Sie betont, Sie hätten jeden Beruf ausüben können. Wären Sie gerne Geigenbauer geworden?

MR: Als Geigenbauer sehe ich mich nicht. Ich hätte nie ein Instrument fertig gebaut, weil ich nie zufrieden gewesen wäre. Wenn ich ein Konzert gebe, setze ich alles daran, so gut wie möglich zu spielen, aber ich weiß auch, daß ich das Stück zu Ende bringe, selbst wenn ich schlecht spiele. Kaputtmachen werde ich es nicht, während ich ein selbstgebasteltes und mich nicht befriedigendes Cello kurzerhand zerschlagen würde. Ein Cello bauen, das ist wie ein Bild malen oder ein Musikstück komponieren. Das läßt sich immer noch abwandeln oder retuschieren. Ein Konzert hingegen ist etwas Endgültiges, da kann ich nichts noch einmal beginnen und auch nichts ergänzen.

Das ist eine ganz andere Zielsetzung künstlerischer Tätigkeit. Aber mein Weg ist vorgezeichnet. In den Bereichen, wo Änderungen möglich sind, würde ich immer wieder neu beginnen, da ich das Ergebnis nie als endgültig ansehen könnte. Und so etwas ist nichts für mich.

CS: Wie lautet Ihr Rat an die jungen Komponisten, die sich fürs Cello interessieren?

MR: Ich gebe ihnen einen einzigen Rat: Schreiben Sie! Nutzen Sie diese Zeit, da das Cello von den Wogen der Publikumsbegeisterung ganz nach oben getragen wurde. Aber bedenken Sie auch das instrumentale Umfeld: Ich persönlich erachte das immense Repertoire für das Duo Cello und Klavier als überaus gekünstelt. Das Cello erzeugt einen nachhallenden Ton, während der des Klaviers «schlagend» ist, das heißt, daß er nach dem Anschlag der Saite durch das Hämmerchen sofort abflacht. Kurz, diese beiden Instrumente klingen grundverschieden, und es ist geradezu widernatürlich, sie zusammenzukoppeln. Doch ich fürchte, Klavier und Cello sind auf ewig verbunden, da es sich die Komponisten zur Gewohnheit gemacht haben, die Einzelstimme des Cellos der Stimmenvielfalt des Klaviers gegenüberzustellen.

In Rußland bin ich mit einem Akkordeonspieler auf Tournee gegangen, und ich bin ehrlich überzeugt, daß sich der Akkordeonklang besser auf das Cello abstimmen läßt als der des Klaviers. Hier könnten noch Taten vollbracht und zahlreiche Experimente durchgeführt werden, um alle Möglichkeiten des Cellos auszuschöpfen.

Der Weg zum Verständnis moderner Komponisten

CS: Nun muß ich Ihnen aber die Frage stellen, die alle heutigen Komponisten auf dem Herzen haben: Warum gehören zeitgenössische Werke nur gelegentlich zum Repertoire großer Interpreten?

MR: Bevor ich diese Frage beantworte, sollten wir uns über den Begriff «zeitgenössische Musik» einigen. Bezeichnet er die von einem lebenden Komponisten geschriebene Musik? Nicht unbedingt. Ich kenne etliche lebende Komponisten, die sehr altertümliche Musik schreiben. Und ich kenne solche, die früher in einem bestimmten Milieu als Avantgardisten galten und mittlerweile Klassiker geworden sind, wie zum Beispiel Mjaskowskij, dessen Modernismus etwa dem Honeggers entsprach und der in meiner Jugend als Avantgardist galt. Heute würde ich ihn eher im Umfeld Tschaikowskys ansiedeln. Aber die Musik wandelt sich ja ständig, neue Erkenntnisse führen zu neuen Experimenten, so daß die Linie, die ich Avantgarde nenne, sich unaufhörlich verschiebt.

CS: Betrachten wir also zunächst diese fluktuierende Avantgarde, die im Repertoire der berühmtesten Orchester und Virtuosen offenbar keinen Platz hat.

MR: Das erste Problem, auf das die zeitgenössische Musik stößt, ist das der Proben. Für gewöhnlich erarbeitet ein Dirigent seine Konzertprogramme im Hinblick auf seinen persönlichen Erfolg. Kann man ihm das verdenken? Das heißt, er behält den größten Teil seiner Zeit der Einstudierung jenes Werkes vor, mit dem er sein Talent am besten zur Geltung bringen kann, und das ist die Symphonie. So wird es im allgemeinen gehandhabt. Lädt er einen Solisten ein, wird der Dirigent diesem nur ein Minimum an Probenzeit mit dem Orchester zugestehen, da es ihm wichtiger ist, seine eigene Domäne ins Rampenlicht zu rücken, als den Erfolg seines Gastes abzustützen. Ich selbst wurde von Dirigenten engagiert, die mir – auch wenn sie zeitgenössische Musik liebten – das Cellokonzert von Saint-Saëns oder die Rokokovariationen von Tschaikowsky vorschlugen, damit ich nur ein Minimum an Probenzeit beanspruchte und sie sich mit einem symphonischen – manchmal tatsächlich zeitgenössischen – Werk den spektakulärsten Programmpunkt sicherten. Leider muß ich, seitdem ich selbst Dirigent bin, mehr oder minder die gleichen Spielregeln befolgen.

Im Namen des Washingtoner Orchesters habe ich etliche Kompositionsaufträge vergeben, beispielsweise an Witold Lutoslawski, Henri Dutilleux, William Walton sowie die Amerikaner Jacob Druckman, Peter Mennin, George Crumb und Gunther Schuller. Aber bestellt habe ich immer nur Kompositionen für Orchester, ohne Solisten, und da es sich um Uraufführungen handelte, habe ich natürlich all meine Kräfte auf diese neuen Partituren konzentriert. Da die Erfahrung aber gelehrt hat, daß das Publikum sich nur ungern herbeibemüht, wenn ausschließlich zeitgenössische Musik geboten wird, muß auch mein eventueller Solist notgedrungen mit einem «Bonbon» aufwarten: Tschaikowsky, Liszt, Chopin etc. . . .

GW: Es sei denn, der Name des Solisten wäre zugkräftig genug!

MR: Nein, nicht einmal das würde das Dilemma lösen, denn ich habe gar nicht die Zeit, zum gleichen Termin eine symphonische Uraufführung und ein zeitgenössisches Solistenkonzert zu erarbeiten, ganz abgesehen davon, daß das

Publikum niemals ein ausschließlich auf neue Musik ausgerichtetes Programm akzeptieren würde.

CS: Ihrem «Bonbon» gegenüber bin ich skeptisch, da mir scheint, daß dabei niemand auf seine Kosten kommt: Wer klassische Musik liebt, wird gezwungen, eine halbe Stunde lang neue Musik zu schlucken; und wer Lutoslawski schätzt, haßt vielleicht Tschaikowsky.

MR: Nein, das kann ich nicht bestätigen. Ich habe diesen Prozeß in den USA gründlich studiert und darf daher behaupten, daß die Tschaikowsky-Liebhaber mindestens zehnmal zahlreicher sind als die Lutoslawski-Fans. Diese Mehrheit muß ich überzeugen, und ich bin sicher, daß das gewaltige Talent Lutoslawskis sie durchaus zu beeindrucken vermag.

Für jedes Programm des Washingtoner Orchesters stehen mir vier Proben zu. Kommt es zu Zeitüberschreitungen – wenn auch nur eine Minute lang –, müssen den Musikern Überstunden bezahlt werden, und das kostet ein Heidengeld. Um das zu verhindern, wird ein Programm zusammengestellt, das in der vorgeschriebenen Probenzeit zu schaffen ist. Da liegt das Problem.

Stellen Sie sich beispielsweise nur einmal vor, ich sollte Berios Konzert *Ritorno degli Snovidenia* spielen. Es korrekt in zwei Proben zu erarbeiten, ist unmöglich. Das Orchester hat nicht einmal Zeit, seine eigene Rolle zu verstehen, und so kann der Dialog mit dem Solisten einfach nicht richtig klappen. Folglich müßten zusätzliche Proben bezahlt werden, obwohl man weiß, daß das Publikum zu diesem Konzert nicht in Scharen herbeiströmen wird. Gastiere ich hingegen mit dem Cellokonzert von Dvořák oder Saint-Saëns, mit Schumann oder Tschaikowsky, sind mit Sicherheit alle Karten in kürzester Zeit verkauft. Doch das hängt nicht immer – wie Galina vorhin offenbar sagen wollte – vom Namen des Solisten ab. Ich habe kürzlich in Marseille bei einem Konzert mitgewirkt, das ausschließlich Chatschaturian gewidmet war – und der Saal war nicht voll. Ein Cellokonzert von Haydn hätte genügt – eine Erfahrung, die ich in diesem gleichen Saal der Marseiller Oper gemacht habe –, und man hätte sich noch an die Kronleuchter geklammert!

Außerdem muß man dem Geschmack der verschiedenen Zuhörerschaften Rechnung tragen: Machen Sie einmal in England den Versuch mit Elgars Cellokonzert – Sie werden Leute heimschicken müssen! Viel schwieriger wird das Ganze schon mit dem Cellokonzert von Schostakowitsch. Und das ist keine Frage musikalischer Wertigkeit, denn die Cellokonzerte von Schostakowitsch können sich mit dem von Elgar durchaus messen.

Es geht also nicht nur um das Problem der Proben, sondern auch um das Einspielen der Kosten. Der Konzertveranstalter muß selbstverständlich auch die hohen Solistengagen mit einkalkulieren. Und ich persönlich, in meiner Rolle als künstlerischer Leiter der Washingtoner, schäme mich in Grund und Boden, wenn ich mich gezwungen sehe, einem guten Geiger, der mir ein großartiges zeitgenössisches Violinkonzert angeboten hat, wieder zu Brahms oder Beethoven zu raten. Aber ich muß eben auch zum finanziellen Gleichgewicht das Meine beitragen und für volle Säle sorgen.

CS: Dabei dürfte das Abonnement-System behilflich sein ...

MR: Schon, aber wir verkaufen ja nicht alle Plätze übers Abonnement, und für jedes Konzert muß man die vorhandenen Karten loswerden. Wird eines Tages alles ausabonniert, werde ich glücklich sein wie ein König und meine Programme nach eigenem Gutdünken zusammenstellen. Doch die Kassierer verfügen über Computer, die einen bereits fünf Minuten nach Konzertbeginn die genaue Anzahl verkaufter Karten wissen lassen. Man muß also immer die Reaktionen des Publikums in Betracht ziehen, aber auch alle Geldgeber des Orchesters, ob Einzelpersonen oder Institutionen. Ohne sie kann man nicht existieren, und das ist ein weiteres Handicap für die Verbreitung zeitgenössischer Musik.

In den USA gelingt es manchmal, von einer Stiftung finanzielle Unterstützung zur Uraufführung eines neuen Werkes zu bekommen. Das Werk gelangt also zur Aufführung, die Kritiken begrüßen das Ereignis, doch wann wird es erneut gespielt werden? Ein Held müßte man sein, um ein solches Kunststück noch einmal zu vollbringen.

Als Cellist kann ich zwar versuchen, meine Bedingungen zu stellen, aber einem Dirigenten ein äußerst schwieriges Cellokonzert aufzuzwingen, dazu bin ich nicht in der Lage. Es steht mir frei, beispielsweise das Cellokonzert von Dutilleux vorzuschlagen, doch die Frage des Dirigenten: «Schwierig?», wird nicht auf sich warten lassen. Auf meine Antwort: «Ja, wenn man es gut machen will ...», muß ein guter Dirigent gleich einhaken: «Wird's mit einer Probe zu schaffen sein?»

Mich entmutigt das alles nicht, und ich werde weiterkämpfen, aus Liebe zu diesen Werken. Dabei kämpfe ich nicht nur zugunsten lebender Komponisten, denn ich muß sogar zu Felde ziehen, um so bekannte und populäre Meister wie Prokofieff oder Schostakowitsch spielen zu dürfen. Ich brauche gar nicht sehr weit zu suchen, um ein Beispiel zu finden: Bei einem meiner Konzerte in London hatte ich das *Sinfonische Konzert* von Prokofieff angeboten, doch die Organisatoren winkten zunächst einmal ab, all meiner Beharrlichkeit zum Trotz. Doch plötzlich gaben sie nach. Und warum? Weil aufgrund einer speziellen Verfügung nicht zwei Solisten zur selben Zeit in London dasselbe Werk spielen dürfen. Ergo: die Veranstalter hatten von mir das Cellokonzert von Dvořák haben wollen, und das hatte bereits ein anderer Cellist auf sein Programm gesetzt ... So konnte ich also Prokofieffs Werk zur Aufführung bringen, bei vollem Saal und begeistertem Publikum ... Aber heutzutage bestimmt leider der Computer weitgehend das Konzertleben.

CS: An der Oper, wo unvergleichlich höhere Summen

investiert und wieder eingespielt werden müssen, dürfte es kaum erfreulicher zugehen ...

GW: Es ist wahnsinnig schwierig. Eine Prokofieff-Oper wie *Krieg und Frieden* auf die Bühne zu bringen, ist schier unmöglich. Fünfzig Interpreten von außergewöhnlichem Niveau wären aufzubieten, wenn es auch nicht fünfzig große Rollen gibt. So verfährt übrigens das Bolschoi: Dort ist es Ehrensache, auch für einen großen Sänger, kleine Rollen zu übernehmen, wenn die Direktion seine Mitwirkung bei der Aufführung einer sowjetischen Oper wünscht. Am Tag, wo *Krieg und Frieden* angesetzt ist, steht das ganze Ensemble auf der Bühne.

Und da ich schon vom Bolschoi spreche, will ich gleich hinzufügen, daß man dort das Problem der zeitlichen Beschränkung nicht kennt. Wenn nötig, kann eine Oper ein Jahr lang geprobt werden. Sie wollen achtzig Orchesterproben? Genehmigt. Und alle Künstler kommen morgens zur Probe – nicht anders als in der Fabrik. Und niemand muckt auf, wenn es abends später wird. Die Liebe zur Kunst ist bei den Musikern und Sängern des Bolschoi nicht stärker ausgeprägt als anderswo – sie tun einfach ihre Arbeit. Würden sie sich weigern, eine Viertelstunde länger zu arbeiten, kämen sie in größte Schwierigkeiten mit der Direktion und würden bei erstbester Gelegenheit entlassen. Ich muß zugeben, daß ich in diesem speziellen Punkt mit dem System einverstanden bin.

Um auf Prokofieff zurückzukommen: Er hat jahrelang mit dem Bolschoi-Theater zusammengearbeitet und genoß außergewöhnliche Freizügigkeit, was die Aufführung seiner Werke anbetraf. Doch im Bereich des Schöpferischen wurde ihm dieser Freiraum leider beschnitten. Und so geht es allen sowjetischen Komponisten: Sie erhalten geradezu phantastische Arbeitsbedingungen, können davon ausgehen, daß ihnen die besten Künstler zur Verfügung stehen, um ihre Werke zu spielen oder zu singen, aber schreiben müssen sie, was die Regierung von ihnen verlangt, die ideologische Linie haben sie zu respektieren. Nur unter dieser Bedingung gewährt man ihnen die gewünschte Probenzahl. Nichts einfacher als das, denn alles wird ja, wenn auch schlecht, von der Regierung bezahlt! So hat jedes Land seine Schwierigkeiten ...

MR: Es ist wirklich so: Die Regierung diktiert den Stil der sowjetischen Komponisten. Und selbst hochbegabte Komponisten entscheiden sich sehr oft – anstatt für die von Gott vorgezeichnete Bahn – für ihre Laufbahn. Ich nenne nur Swiridow, einen wirklich außergewöhnlich begabten Komponisten, der es bestens versteht, sich auf die der Sowjetregierung genehme Tonart einzustimmen. So vertont er beispielsweise klassische Gedichte für Singstimme und macht aus einem haarsträubenden Text von Majakowskij ein Oratorium[16]. Dabei hat er wirklich Talent, und selbst diese Musik, die er da schreibt, ist ein Lichtblick im Grau des Sowjetalltags. Hört man genau hin, sagt man sich plötzlich: «Sieh an, ein Fünkchen!» Doch auf der Hut sein müssen sie immer, auch diese Komponisten; ist der Funke auch nur eine Spur zu tollkühn, bekommen sie gleich einen Rüffel und können schauen, wie sie sich wieder aus der Affäre ziehen.

GW: Manche westliche Komponisten scheinen – wie ich aus Gesprächen herauszuhören glaube – ihre sowjetischen Kollegen oftmals zu beneiden. In der Sowjetunion gibt es so viele Komponisten, für deren Existenz die Regierung in großzügiger Weise aufkommt! Aber bezahlt werden von der Sowjetregierung nur diejenigen, die ihre Leistung in den Dienst der Ideologie stellen. Die Regierung beschließt, und das Volk bezahlt!

So manche französische Komponisten hätten vielleicht nichts dagegen, wenn der Staat für all ihre Ausgaben aufkäme. Aber würde das französische Publikum sich etwa ein zum Ruhme des Präsidenten der Republik verfaßtes Kauderwelsch gefallen lassen? Ein neuer Präsident ist gewählt, sofort machen sich die Künstler ans Werk, um etwas Neues zu schaffen, und die Franzosen werden es bezahlen ... Ist das vorstellbar? Nun, genauso verfährt man in der Sowjetunion; die musikalische Qualität des Resultats ist völlig nebensächlich.

CS: Wie erhielten Sie in diesem politischen Umfeld überhaupt Kenntnis von neuen Strömungen in der Musik?

MR: Sehr lange hatten wir keine Ahnung von dem, was sich im Ausland tat. Doch als ich Student war, ließ Schostakowitsch uns Mahlers Musik entdecken. In Leningrad war das Musikleben seit eh und je fortschrittlicher gewesen als in Moskau, und so wagte man sich auch zuerst in Leningrad an Mahler heran. Strawinskys Musik war ja eine Zeitlang sogar verboten! Und von ausländischer Avantgarde wollte man schon gar nichts hören! Das war absolutes Sperrgebiet, und so wurde auch die Neugierde, etwas von draußen zu erfahren, immer geringer. Nach Stalins Tod glaubte man eine Bresche entdeckt zu haben; großes Interesse für neue Musik brach durch, und da gerieten wir zum erstenmal mit der Musik Schönbergs und der atonalen Musik in Berührung.

Heute gibt es in der Sowjetunion ein paar Komponisten, die zur Avantgarde tendieren, und einige von ihnen sind wirklich bemerkenswerte Musiker, die ja auch hier im Westen so langsam bekannt werden: Denissow, Silwestrow, Sidelnikow, Gubaidulina u. a. Aber wieder stehen sie vor einer Sperre, und zwar, was die öffentliche Aufführung ihrer Werke anbetrifft. Da wurde von offizieller Seite eine Mauer errichtet. Und ins Ausland können ihre Partituren auch nur gelangen, wenn der zuständige Funktionär des Komponistenverbandes sein Plazet dazu gibt. Natürlich kann man sie «unter der Hand» losschicken, aber das könnte erhebliche Unannehmlichkeiten nach sich ziehen.

CS: Wie ist nun Ihr Interesse an neuer Musik entstanden, das Sie ja deutlich bekunden?

MR: Meine Begeisterung für zeitgenössische Musik war

anfangs eindeutig geprägt von der Freundschaft, die Prokofieff und Schostakowitsch mir entgegenbrachten. Ich vergesse nie, wie tief beeindruckt ich war, als ich im Bolschoi mehrere Aufführungen von *Romeo und Julia* erlebte. Es begann mit einer platonischen Liebe zu Prokofieffs Musik und endete in leidenschaftlicher Bewunderung der Tänzerinnen.

Aber ich habe auch noch eine exaktere Erinnerung: Eines Tages hörte ich im Radio eine Komposition für Violoncello, die mir ungemein gefiel; der Titel war mir entgangen, da die Sendung schon lief, als ich einschaltete. Am Ende der Übertragung erfuhr ich nur den Namen des Interpreten: der Cellist Stogorsky. Und dieser war der Bruder des berühmten Cellisten Gregor Piatigorsky. Aus verständlichen Gründen hatte er seinen Namen abgeändert: Piatigorsky bedeutet «fünf Berge», und der Bruder hatte sich kurzerhand in Stogorsky, das heißt «hundert Berge», umbenannt! Nachdem ich also dieses Opus für Violoncello gehört hatte, eilte ich zu nächtlicher Stunde zu Stogorsky, um ihn nach dem Titel des Stückes zu fragen, das er am Radio gespielt hatte, und da erfuhr ich, daß es das *Adagio* aus dem Ballett *Aschenbrödel* gewesen war, und zwar in der von Prokofieff selbst für Violoncello und Klavier erstellten Fassung, die ich mir natürlich sofort abschrieb, weil sie nicht ediert war, und kurz darauf selbst im Konzertsaal spielte.

1948, als die Schergen des Sowjetregimes sich ins Zeug legten, um Prokofieff und Schostakowitsch in Grund und Boden zu verdonnern, war ich tief erschüttert. Eines Tages betrat ich das Konservatorium und las am Anschlag ein Dekret, das besagte, Schostakowitsch sei seiner Professur enthoben, da ihm die für eine derartige Stellung notwendige Qualifikation fehle. Das war der Grund, warum ich mein Kompositionsstudium nie abschloß. Als sie Schostakowitsch schaßten, beschloß ich, die Kompositionskurse des Konservatoriums nicht mehr zu besuchen.

CS: Lautete der Vorwurf der Sowjetregierung nicht irgendwie so, die Komponisten hätten die traditionellen und spezifisch nationalen Werte der russischen Musik aus dem Blick verloren?

MR: Schon möglich. Ungeachtet dessen, ist meiner Meinung nach das Festhalten an Traditionen eine Konstante des russischen Charakters. Die Russen reißen sich nur schwer los von ihren Ursprüngen. Nie im Leben wollen sie sich frei machen von ihren eigenen Wurzeln. Mit Ausnahme von Bartók sind es im 20. Jahrhundert doch eindeutig die russischen Komponisten, die am stärksten ihre nationale Eigenart wahren. Hören Sie sich nur einmal das *1. Klavierkonzert* von Prokofieff an; das ist typisch russische Musik, von der ersten bis zur letzten Note. Von A bis Z identifizierbar.

CS: Aber als es entstand und zum erstenmal aufgeführt wurde, empfand man gerade dieses Konzert als schrecklich modern ...

MR: Weil die Menschen Gewohnheitstiere sind und an Klangtraditionen festhalten, weil sie seit eh und je einlullenden Klassizismus gehört hatten. Und nun donnert da plötzlich ein Düsenjäger los!

GW: Wie sollte man denn auch im Zeitalter der Düsenjäger und der Erforschung des Mondes weiterhin althergebrachte Musik schreiben? Unser ganzes Leben hat sich doch geändert, unsere Art, uns zu kleiden, die Häuser, in denen wir wohnen, und unsere ästhetischen Ansprüche ebenfalls.

MR: Aber Rußland hat davon lange Zeit nichts erfahren. Webern, zum Beispiel, entdeckten wir erst nach seinem Tode.

CS: Wir im Westen auch. Dagegen waren einige Kompositionen Schönbergs bereits in den zwanziger Jahren in Leningrad zu hören.

MR: In diesem Zusammenhang möchte ich mich zu Schönberg lieber nicht äußern, denn bei aller Anerkennung seines musiktheoretischen Beitrags habe ich doch erhebliche

Zweifel, ob er wirklich ein begnadeter Musiker war. Wie ich schon sagte, blieb uns in Rußland damals nichts weiter, als mit größter Hochachtung den Namen Mahler auszusprechen, weil wir wußten, wie versessen Schostakowitsch auf diese Musik war. Gehört hatten wir noch nichts von Mahler, aber seine Partituren verschlangen wir! Was meine Generation damals von westlicher Musik wußte, endete mit Wagner. Aber manchmal wurde uns erzählt, wie in Leningrad schon in den zwanziger Jahren avantgardistische Musik in privilegierten Kreisen Fuß fassen konnte; wir, die wir uns mühten, eine Mauer von Verboten zu durchbrechen, kannten dies alles nur vom Hörensagen.

CS: Auch *Wozzeck*?

MR: *Wozzeck* war tatsächlich auch in Leningrad gespielt worden. Ein einziges Mal! Doch selbst wenn sie ein großer Erfolg war, geht eine einzige Aufführung unter, als hätte sie nie stattgefunden. Schon möglich, daß jemand diesen *Wozzeck* gehört hat, aber das Gros weiß höchstens noch von der Tatsache und kann allenfalls den Titel nennen ... Es stimmt schon, die Liste der damaligen sowjetischen Erstaufführungen ist recht interessant, aber das Problem bleibt bestehen: Werke müssen leben dürfen! Einen kurzen Aufschwung hat es gegeben, Ende der zwanziger Jahre, aber seitdem hinken wir ständig hinterher. Selbst mit Strawinsky ... Als Leonard Bernstein mit einem amerikanischen Orchester anreiste, um *Le sacre du printemps* aufzuführen, erklärte er: «Bedauerlicherweise wird dieses Werk bei Ihnen hier nicht gespielt; aber wir sind glücklich, Ihnen dieses geniale Stück Ihres Landsmannes darzubieten ...» Diese Worte haben einen Riesenskandal ausgelöst! Hört, hört! Der will uns wohl die Leviten lesen! Und man beeilte sich, ihm zu entgegnen, *Le sacre du printemps* sei noch vor kurzem in Tallinn aufgeführt worden ... Zum einen habe ich meine Zweifel bezüglich der Qualität dieser Aufführung, zum anderen kann ich mir leicht vorstellen, wie viele Personen ob dieser Kühnheit einen Verweis einstecken mußten. Und außerdem war's ja nur dieser «skandalösen» Bemerkung zu verdanken, daß plötzlich jedermann wußte, in Tallinn sei *Le sacre du printemps* gespielt worden!

CS: Als Igor Strawinsky auf Einladung Nikita Chruschtschows in die Sowjetunion gereist war, hatte man ihn ja gleich nach seiner Ankunft in ein Konzert geschleift, wo *Le sacre du printemps* gespielt wurde. Bei seiner Rückkehr nach Paris sagte er zu mir: «Es war sehr schlecht gespielt, aber sagen Sie's nicht weiter!»

GW: Ich erinnere mich an das Konzert; es fand im Saal des Konservatoriums statt. Wir waren dabei, und für die russischen Musiker war dies ein wirklich großes Ereignis. Auf meinen Auslandsreisen hatte ich nie Gelegenheit gehabt, Strawinsky zu begegnen, und dieser erste Kontakt war beeindruckend. Am Ende des Stückes brachen die Ovationen los. Slawa und ich waren als erste aufgesprungen, und schließlich erhoben sich alle im Saal, um Strawinskys Besuch in der Heimat zu feiern. Ich sah ihn nochmals im Bolschoi – ich glaube, es war bei einer Aufführung von *Krieg und Frieden*, in der ich mitwirkte; er lud mich in der Pause in seine Loge ein, und so machte ich seine Bekanntschaft.

CS: Aber die Zeit des *Sacre* lag ja schon arg weit zurück, und seit einem halben Jahrhundert war Strawinsky reichlich verwirrende Wege gegangen.

MR: Irgend etwas hat sein Verhältnis zu Gott gestört. Es ist schwer zu sagen, wann das geschah, wie es kam und warum. Aber verloren hat er ihn, diesen einmaligen Kontakt zu Gott, dem Herrn, der ihn in früheren Jahren zu gewaltigen Sprüngen befähigt hatte. Doch er ist und bleibt ein genialer Komponist, in jedem seiner Werke. Da fällt mir ein Ausspruch Prokofieffs ein: Manchen Komponisten geht es wie den Maultieren, sie sind vorbildliche Arbeiter, können aber keinen Nachwuchs haben. Es gibt tatsächlich geniale Komponisten, die den Maultieren ähneln: vorbildlich, doch ohne Nachkommenschaft. Strawinsky hat neue Horizonte eröffnet, doch einen zweiten Strawinsky kann ich mir beim besten Willen nicht vorstellen.

CS: Wieso hat Strawinsky eigentlich kein epochemachendes Stück für Violoncello geschrieben?

MR: Ich habe ihn selbst darauf angesprochen. Doch da hat sich sofort Robert Craft[17] eingeschaltet: «Warum? Er kann etwas schreiben, wenn die Sowjetregierung es bezahlt!» Brauchte Strawinsky dieses Geld wirklich?

CS: Zum Glück haben andere Komponisten mehr Teamgeist gezeigt. Das Repertoire für Cellisten ist durch Sie erheblich bereichert worden. Sie haben sich ja auch unermüdlich dafür eingesetzt und die besten Komponisten zu gewinnen gesucht. Wer war eigentlich der erste?

MR: Der erste? Ich träumte schon immer davon, zeitgenössische Komponisten würden sich bereitfinden, für das Cello zu schreiben, doch als ich meine Laufbahn als Cellist startete, war ich ja gänzlich unbekannt und hatte keinerlei Einflußmöglichkeiten. Mein erster Vorstoß in diese Richtung war daher ein etwas seltsames, mit einem Skandälchen verbundenes Abenteuer. Swjatoslaw Knuschewitzky war, wie Sie wissen, ein talentierter Cellist, dessen Spiel stets ein außergewöhnliches Klangerlebnis war. Seine Musikalität war mitreißend, doch er besaß eine Achillesferse: seine technische Beherrschung des Instruments war schwach. Ich war damals noch keine zwanzig Jahre alt, als Reinhold Glière die Uraufführung seines *Konzerts für Violoncello,* ein außerordentlich langes und schwieriges Stück, Knuschewitzky anvertraute. Als dieser das Konzert zum erstenmal spielte, ein wirklich tückisches Stück, dessen technische Raffinesse ihm einfach nicht gelingen wollte, saß auch Glière im Saal. Ich aber auch, und ich muß sagen: es war eines der skandalösesten Konzerte, die ich je erlebt habe, da der Solist stellenweise radikal passen mußte, das Orchester aber munter weiterspielte ... Als Knuschewitzky dann auch noch seine

Notenblätter auf dem Boden ablegte und mit dem Fuß unter seinen Stuhl beförderte, wandte sich Glière zu mir um: «Ich bitte Sie, dieses Werk zu rehabilitieren!» Ich entgegnete, dazu sei ich erst dann bereit, wenn Knuschewitzky es ein zweites Mal probiert hätte, denn man müsse ihm die Chance geben, sein Ansehen wiederherzustellen, man müsse seine Nervosität und sein Alter berücksichtigen etc. etc. Ich entsinne mich nicht mehr, ob er es ein zweites Mal versucht oder abgelehnt hat. Aber an Glière, den Doyen unseres Komponistenverbandes, erinnere ich mich noch sehr lebhaft. Er hätte Tschaikowskys Freund sein können ... Ich spielte sein Konzert, aber erst später, und er rief mich an, um zu fragen, ob er es mir widmen dürfe. Das war das erste Werk, das mir gewidmet wurde.

CS: Welchen Grad von Modernität würden Sie ihm zuordnen?

MR: Ach, das war althergebracht ... Neben Glière konnte sogar Tschaikowsky modern wirken. Und dieses *Konzert für Violoncello*! Es war endlos, und ganze Lichtjahre hatte der Solist Pausen. Ich glaube, es war im zweiten Satz: da hatte ich zweihundert Takte lang absolut nichts zu tun! War ich zu Beginn des Konzerts glatt rasiert, so hatte ich – das war mir klar – am Schluß des letzten Satzes wieder einen Bart.

Köstliche Erinnerungen habe ich an Glière, vor allem im Zusammenhang mit Reisen. Ordengeschmückt pflegte er sich zu präsentieren, was während des Konzertes eine nette Abwechslung bedeutete, da alles klingelte und klirrte wie bei den Schlagzeugern. Jubiläen wurden prunkvoll bei ihm daheim gefeiert, mit hundert oder zweihundert Gästen; ich war auch eingeladen und zutiefst beeindruckt. Als ich zur Beförderung im Lehrkörper des Konservatoriums vorgeschlagen wurde, benötigte ich zwei Gutachten. Das erste bekam ich von Prokofieff, das zweite von Glière. Während Glière sein Schreiben verfaßte, hielt er plötzlich inne und wiegte bedächtig den Kopf: «Ich hätte so gern ‹genial› geschrieben, um Sie zu charakterisieren, aber das geht nicht; dieses Wort dürfen wir nur für Stalin verwenden.»

Nach diesem Anfang mit Glière lief alles wie am Schnürchen. Ich nahm an einem Wettbewerb teil und spielte Nikolai Mjaskowskijs *Cellokonzert*, ein sehr poetisches Werk, das ich zärtlich liebe und sicherlich eines Tages erneut vortragen werde. Zu seinem hundertsten Geburtstag habe ich seine *21. Symphonie* in Washington dirigiert: eine großartige Musik.

CS: Wird Ihrer Meinung nach im Westen Mjaskowskijs Talent zu Unrecht verkannt?

MR: Ja, ich halte das für ein Manko. Seine *5.* und *6. Symphonie* sind, von kleinen Einschränkungen abgesehen, Meisterwerke. Seine Musik ist düster, und ich würde ihn fast einen russischen César Franck nennen. Er kann aber auch an Chausson erinnern. Er war eng mit Prokofieff befreundet, ihr Briefwechsel ist veröffentlicht, und in späteren Jahren wurde er der von Schdanow geächteten Komponistengruppe zugerechnet. Damals galt Mjaskowskij als der Patriarch der russischen Musik.

CS: Prokofieffs Musik war also Ihre erste Begegnung mit der «Moderne»?

MR: Ja, und sie schien mir wahnsinnig modern, als ich sie zum erstenmal hörte. Als Prokofieff sein *Sinfonisches Konzert* schrieb, dessen erste Fassung am 18. Februar 1952 mit mir unter Richter uraufgeführt wurde, war es noch schwer, für eine solche Musik eine Aufführungsbewilligung zu bekommen, da die Schdanow-Dekrete ja noch nachwirkten. Die Uraufführung der zweiten Fassung fand später, nach Prokofieffs Tod, in Kopenhagen statt, und auch da gelang es mir nur mit tausenderlei Tricks, eine Ausreisegenehmigung zu erhalten.

GW: Mich erinnert das an *Krieg und Frieden*, meine erste Prokofieff-Oper. Es war 1958/59 am Bolschoi; das Werk war bereits zehn Jahre zuvor in Leningrad, an zwei Abenden, aufgeführt worden, aber am Bolschoi mußte es an einem Abend über die Bühne gehen, und diese Version hat Prokofieff nie gehört.

MR: Als er so schwer krank wurde, sagte Prokofieff immer wieder zu mir: «Ich möchte so lange leben, bis ich zumindest noch einmal, zum letztenmal, *Krieg und Frieden* gehört habe.»

GW: Ich erinnere mich noch an all die Schwierigkeiten, die es 1947 in Leningrad gegeben hatte. Die Instrumentalisten sagten: «Oho, ein interessantes Werk, mit hübschen Passagen; ein toller Walzer ist drinnen . . .» Den Sängern schien so mancherlei problematisch . . . Doch zehn Jahre später haben die Moskauer Sänger gleich bei der ersten Probe alles begriffen. Sie schätzten diese Musik von Tag zu Tag höher ein, und alle waren mit Freude an der Arbeit. Und dabei waren seit der Uraufführung doch nur zehn Jahre vergangen.

Es folgten die *Erzählung vom wahren Menschen, Semjon Kotko* und *Der Spieler*. Meine erste sowjetische Oper, in der ich sang, war Schebalins *Der Widerspenstigen Zähmung* gewesen. Um aber auf Prokofieff zurückzukommen, so muß ich sagen, daß sich all seine Kompositionen fabelhaft singen lassen. Seine Ausdrucksweise ist äußerst geschliffen und gleichzeitig sehr logisch. Schostakowitschs Notationen für Singstimme sehen ganz anders aus und sind wohl auch schwieriger zu singen.

CS: Das Privileg, diese Schwierigkeiten zu meistern, wollte er offenbar Ihnen vorbehalten, da er Ihnen ja mehrere seiner Werke gewidmet hat.

GW: Das ist richtig: Als erstes hat er mir den Gesangszyklus *Fünf Satiren* nach Texten von Sascha Tschornij gewidmet, dann seine orchestrierte Fassung der *Lieder und Tänze des Todes* von Mussorgsky und die *Romanzen* nach Gedichten von Alexander Blok. Anschließend schrieb er die Benjamin Britten zugeeignete *14. Symphonie*, bei deren Uraufführung ich den speziell für meine Stimme geschriebenen Solopart sang.

CS: Auf dem Umweg über Schostakowitschs Gesangskompositionen stehen wir erneut vor dem Problem der Hindernisse, die der Aufführung zeitgenössischer Musik entgegenstehen ...

MR: Lassen Sie mich in diesem Zusammenhang von meiner Erfahrung mit Arvo Pärt erzählen, einem sowjetischen Komponisten, der inzwischen im Westen lebt. Pärt ist ein sehr talentierter Musiker, der für mich ein *Cellokonzert* geschrieben hat, das ich ein einziges Mal gespielt habe. Ein sehr modernes Stück, für das er ein besonderes Schema entworfen hat, indem er im Cellopart all jene Stellen ankreuzte, wo mit der Hand oder dem Bogen geklopft werden sollte. Natürlich klang das, je nachdem, wo man hinklopfte, unterschiedlich, und ich gebe zu, das Resultat war musikalisch recht reizvoll. Doch leider bin ich ja sehr temperamentvoll, und schon als ich das erstemal mit dem Klopfen begann, wurde mir klar, daß ich unweigerlich mein Cello verkratzen würde. Damals spielte ich noch kein sonderlich kostbares Instrument, aber heute würde mich kein Mensch dazu bringen, meinem Stradivari so etwas anzutun. Vielleicht sollte ich, um dieses Stück aufzuführen, ein zweites Cello mitbringen, dann könnte ich auf dem einen spielen und auf dem anderen klopfen ... Doch Spaß beiseite: Ich meine, Pärt hätte, anstatt diese Klopfzeichen von mir zu verlangen, die Schlaginstrumente bemühen können, die ja in jedem Orchester vorhanden sind, selbst wenn das Timbre nicht ganz dasselbe gewesen wäre.

Ein weiteres sehr modernes Werk habe ich auch noch interpretiert, von Lukas Foss, einem ebenfalls sehr begabten Komponisten. Er war auf die Idee gekommen, mein Cello mit einem Mikrophon zu versehen, das an einen Verstärker angeschlossen war. Stufenweise ließ er den Verstärkerton anschwellen, wobei ein phänomenales Crescendo herauskam. Ich glaubte, verrückt zu werden. Denn gleichzeitig brüllten die Posaunen und die Trompeten auf Teufel komm raus, und mich überwältigte der Wahn, mein Cello übertöne das gesamte Orchester!

Im Finale des *2. Cellokonzerts* von Schostakowitsch gibt es aber auch ein bis zum Kulminationspunkt anschwellendes Crescendo – und das wird ohne Mikrophon gespielt. Der Effekt ist nicht geringer als der des mit Verstärker produzierten Crescendos! Natürlich haben die Komponisten recht, allerlei Neuerungen auszuprobieren, aber manchmal denke ich mir doch, das könnte alles auch viel einfacher gehen. Ich glaube nämlich an die Kraft einfacher Gedanken!

Eines möchte ich noch betonen: «Mißtönende Klänge»[18] gibt es nicht. Die Frage ist, ob die Töne einem bestimmten Werk oder Instrument angemessen sind oder nicht. Ich selbst bin imstande – und mit fanatischer Begeisterung –, abscheuliche Töne zu produzieren, sofern es nötig ist. Jeder Ton vermag nämlich Emotionen zu wecken, wenn er vom Komponisten nur richtig eingesetzt ist.

Ich habe etliche Maler, erstklassige Künstler wie Picasso oder Dalí, persönlich kennengelernt; sie benützten relativ normale Farben. Doch eines Tages begegnete ich einem mexikanischen Maler namens Rufino Tamayo, der mir vormachte, wie er mit der Verschlußkapsel von Zahnpastatuben kleine Kreise zeichnete, und das waren wirklich sehr hübsche kleine Kreise. Ich verstand, was er erreichen wollte und wie sich verwendetes Material zum künstlerischen Entwurf verhält. Das gleiche gilt für die Musik. Hält der Komponist eine bestimmte Klangwirkung für nötig, so darf er sich erkühnen, sie zu erzeugen. Ein Schrei, im richtigen Augenblick ausgestoßen, kann sogar in der Oper ein interessantes Element sein. Er hat seine Existenzberechtigung.

Lassen Sie mich erzählen, was ich in London bei der Plattenaufnahme von Schostakowitschs Oper *Lady Macbeth* erlebt habe. Die Rolle der Dirne Sonjetka wurde von einem hochkultivierten Sopran gesungen. Nun kommt aber der Moment, wo Katharina Ismailowa mit der Rivalin in ein Handgemenge gerät und diese von der Schiffsbrücke hinunter ins Wasser stößt. Dazu muß ich noch sagen, daß die

Szene in Sibirien spielt, wo es schneit und das Wasser von einer heftigen Strömung aufgewühlt ist. Das heißt, Sonjetka befindet sich in einer völlig verzweifelten Situation. Als Katharina Sonjetka den Stoß versetzt, muß diese kreischen, brüllen wie ein Tier.

Ich hatte vor der Aufnahme mit der Sängerin darüber gesprochen und ihr gesagt: «Schreien müssen Sie, als wär's der letzte Schrei Ihres Lebens.»

«Ja, ich will's versuchen.»

«Also passen Sie gut auf: Sobald ich Ihnen den Einsatz gebe, schreien Sie aus Leibeskräften.»

Und dieser Schrei muß aus dem Pianissimo des Orchesters, wo nur Kontrabässe und Kesselpauken ein leichtes Herzklopfen andeuten, hervorschnellen. Ich gebe also den Einsatz. Und sie schreit . . . bezaubernd! Aber völlig wirkungslos!

Da kam mir eine Idee. Ich musterte die Chorsängerinnen und entdeckte eine jüngere Frau mit ganz schmalen, fadendünnen Lippen! Und ihre Augen blitzten böse:

«Sie, schreien Sie mal!»

«Ich habe Angst, mir die Stimme zu verderben, aber wenn Sie wollen . . .»

«Würden Sie's mal versuchen?»

«Und wenn die Stimme kaputt ist, bekomme ich dann Schadenersatz für den Schrei?»

«Aber natürlich.»

In der Aufnahmekabine saß ein versierter Toningenieur, ein Meister seines Fachs. Ihm sagte ich: «Mach dich bereit! Dreh alle Mikrophone voll auf für diesen Schrei!» Wir kommen an die betreffende Stelle, und die Choristin brüllt, daß es mich beinahe umgehauen hätte! Ich raste in die Aufnahmekabine und finde meinen Toningenieur in Tränen aufgelöst. Mehr sage ich nicht über diese Platteneinspielung, aber allein wegen dieses Schreis sollten Sie sich's einmal anhören.

Hiermit wollte ich nur erklären, daß es Töne geben kann,

die nicht unbedingt schön sein müssen, aber in einem bestimmten Werk in einer bestimmten Passage einfach notwendig sind. Das gilt auch für das Cello; man kann ruhig ein Experiment wagen, sofern man herausfindet, worin sein Nutzen begründet ist.

CS: Das bedeutet aber doch, daß ein Interpret, der sich an zeitgenössische Musik heranwagt, ständig seine Technik überdenken muß.

MR: Für mich bringt das enorme Arbeit mit sich. Ich muß sagen, daß ich vor Lutoslawski selten Vierteltöne zu spielen hatte. Und nun setzt Lutoslawski in seinem *Cellokonzert* Achteltöne! Das läßt sich auf einem Saiteninstrument zwar relativ leicht bewerkstelligen, doch wenn fünfunddreißig Jahre lang von einem nur Halbtöne verlangt wurden, dann muß man sich notgedrungen erst eine neue Technik aneignen, die – vor allem wenn sie in herkömmliche Notierung umgesetzt ist – einem unvorstellbar, alptraumhaft vorkommen kann. Ich machte mich also daran, jede Note erst einmal einzeln zu greifen und dann das Ganze von Anfang an durchzuspielen, aber diese Methode erwies sich nicht als gut. Daraufhin markierte ich mir in meinen Noten den jeweiligen Fingersatz, und dann war mir bald alles klar. Manchmal ist diese Art Musik sogar leichter zu spielen als klassische Werke; es gilt nur herauszufinden, wie man's anpacken muß.

CS: Erschließt ein Komponist, der eine neue Technik erfindet – selbst wenn deren Nutzen nicht sofort zu erkennen ist –, nicht auf jeden Fall neue und fruchtbringende Dimensionen für die Zukunft des Instruments? Ich denke dabei an den von Ihnen bereits zitierten Lukas Foss oder an Xenakis, von dem ja auch zwei Stücke für Violoncello solo vorliegen.

MR: Zugegeben, manche Stücke habe ich aus rein sportlichem Ehrgeiz gespielt. Das Konzert von Lukas Foss ist technisch für das Cello wegen der großen Sprünge so schwierig, daß man es besser auf dem Klavier spielen würde. Für mich war's ein Sport, die Noten richtig oder zumindest annähernd zu treffen ... Doch diese Überlegung soll keinesfalls eine negative Beurteilung von Foss' *Cellokonzert* sein, denn ich bedaure meine Anstrengungen ganz und gar nicht, mit denen ich mir dieses Werk erarbeitet habe. Diese Komposition enthält großartige Passagen. Nun zu Xenakis: Als ich zum erstenmal *Nomos alpha*[19] hörte, reizten mich all diese Neuerungen, und ich wollte unbedingt herausfinden, wie sie umzusetzen waren. Das ist ein spannendes Abenteuer, und vielleicht schreibt Xenakis eines Tages ein Cellokonzert, das – ausgehend von all diesen Experimenten – als strahlendes Licht aufsteigt. Es sei denn, ein anderer Komponist ließe sich von Xenakis' Ideen inspirieren und schriebe ein grandioses Werk für dieses Instrument.

Aus diesem Grund habe ich mehr als sechzig Sonaten und Cellokonzerte aus der Taufe gehoben, wohl wissend, daß nicht einmal ein Viertel die Chance haben wird, noch auf die Nachwelt überzugehen. Aber ich bin nun einmal der Ansicht, daß aus jedem, selbst einem mittelmäßigen Werk, ja sogar aus einer mißglückten Partitur neue Ideen erwachsen können.

Eines Tages sollte ich das Cellokonzert eines sowjetischen Komponisten spielen. Ich hatte zu Gott gefleht, Schostakowitsch möge nicht im Saal sein, aber er war da ... Nachher sagte er zu mir: «Würden Sie die Güte haben, mir zu erklären, warum Sie dieses schauerliche Machwerk spielen?» Ich stammelte: «Jetzt habe ich keine Zeit, Ihnen das zu erklären, aber ein andermal ...» Anschließend gingen wir zusammen essen, und dabei verriet er mir, er müsse als Mitglied des Leninpreiskomitees sich im Wachtangow-Theater ein Stück ansehen, das *Die Köchin* betitelt war. Wir tranken noch ein paar Gläschen und gingen dann miteinander in besagtes Theater. Am Ende des Stückes sagte ich: «Nun sind wir quitt! Sie haben Ihre Zeit bei meinem Konzert vergeudet und ich meine bei diesem Stück.» Es war ein haarsträubendes Stück! Und Schostakowitsch war über die von mir aufgeführte Musik so empört gewesen ... Aber wer selbst Komponist ist, der reagiert beim Hören häufig schon mit neuen Einfällen: Er hört ein miserables Klanggebilde, und schon wird ihm klar, wo und wie man etwas ändern müßte, damit es gut klingt. Aus diesem Grunde und in der Hoffnung, sie möchten andere, gelungenere Werke hervorrufen, habe ich so viele neue, häufig unvollkommene Kompositionen gespielt. Außerdem sagte ich mir: «Gott wird mir's lohnen! Wenn ich durchhalte, schaffen vielleicht doch fünf geniale Kompositionen den Durchbruch.»

CS: Aber all diese Werke – ob genial oder nicht – bedürfen doch der gleichen Anstrengung, wenn man sie aufführen will?

MR: Keinem Interpreten bleibt es erspart, all seine Kräfte aufzubieten, sofern er ein Werk – selbst ein x-beliebiges – der Öffentlichkeit vorstellen will. Ein Musikstück zu spielen, erfordert – unabhängig von seinem Wert – intensives Üben, Selbstdisziplin und echte Zuneigung. Bei jedem noch so mangelhaften Stück war ich innerlich überzeugt, es zu lieben. Ich spielte es aus ganzem Herzen. Erst anschließend wurde mir bewußt, daß ich es nie wieder spielen würde. Und dennoch waren die Konzentration auf dieses Werk sowie die Verpflichtung, es zu lieben, wesentlich für meine Interpretentätigkeit.

Ich will keinen Komponistennamen nennen, aber ich spiele alle Werke mit großer Zuneigung, selbst wenn diese Liebe manchmal auch nicht aus echter Überzeugung erwuchs. Das ist wie mit einem Mann, der heiratet, sich wieder scheiden läßt und feststellt: «Ich glaubte sie zu lieben ...»; geheiratet hatte er trotzdem. Mir geht's genauso: Ich habe geglaubt, ein Werk zu lieben, und mich später doch von ihm getrennt.

GW: Ich empfinde in dieser Beziehung etwas anders, da in mir die Erinnerung an ein unglückseliges Experiment nachwirkt. Ich hatte im Bolschoi eine interessante und erfolgreiche Oper gesungen, deren Urheber kurz darauf beschloß, einen Gesangszyklus mit Orchesterbegleitung zu schreiben und ihn mir zu widmen. Diesen nun auch zu singen, war für mich Verpflichtung. Heute bin ich der Meinung, ich hätte ablehnen sollen; doch das Werk war mir zugeeignet, der Komponist war eine angesehene Persönlichkeit, zudem war er alt und krank. Kurzum: Ich habe den Zyklus gesungen. Doch als ich auf der Bühne stand, verabscheute ich mich bereits. Was hatte ich da eigentlich vor? Es war eine nichtssagende, mittelmäßige, nicht sonderlich moderne Komposition, deren Thema die Kolchosen und die Landwirtschaft waren. Ich sang im großen Saal des Konservatoriums und dachte an all die Zuhörer, die meines Namens wegen gekommen waren. Ich schämte mich und hatte nur den einen Wunsch, so schnell wie möglich wieder abzutreten. Kaum war ich in meiner Garderobe angelangt, verlor ich auch schon die Nerven. Ich heulte, weil ich meines Erachtens gegen mein Gewissen, gegen meinen Geschmack verstoßen und mich erniedrigt hatte, indem ich ein Werk sang, das absolut nichts taugte! Nie mehr habe ich mich auf solch ein Experiment eingelassen!

CS: Ich stelle mir vor, daß Komponisten, die Sie gut kennen, vielleicht sogar zu Ihrem Freundeskreis gehören, aber nicht unbedingt große Talente sind, Sie darum ersuchen, ihre Werke herauszubringen. Wie verhalten Sie sich in solchen Fällen?

MR: Was wir da durchmachen, läßt sich mit Worten gar nicht ausdrücken. Vor allem Galina, denn ihre Stimme ist eine Gabe des Himmels, die sie hüten und bewahren muß für die Interpretation hochrangiger Werke. Was mich betrifft, so bereichert jede Aufführung – und wenn ich noch so miserables Zeug spielen muß (und an einiges dieser Art erinnere ich mich noch sehr gut) – meinen Erfahrungsschatz als Interpret, vielleicht sogar auch mein Wissen um die Möglichkeiten meines Instruments wie auch dessen technische Handhabung. Und vielleicht finden sich doch ein paar Details, auf die ich die Aufmerksamkeit des Publikums lenken kann – selbst wenn das Werk als Ganzes nur mittelmäßig ist.

Dem Dirigenten Rostropowitsch gehen weitaus mehr neue Kompositionen zu als dem Cellisten, der meistens von Amateurmusikern, die ein Faible für dieses Instrument haben, bedacht wird. Ich weiß nicht warum, aber es gibt viele Frauen, die ein wenig zu klimpern verstehen und sich plötzlich bemüßigt fühlen, Romanzen für Violoncello zu schreiben! Das ist entsetzlich! Und diese Geschenke pflegen sie mir im Anschluß an ein Konzert zu überreichen, wobei ich mir immer sage: «Das ist mehr als ungerecht! Heute abend habe ich doch wirklich gut gespielt!»

Eine große Hilfe beim Erarbeiten brandneuer Kompositionen ist mein ausgezeichnetes Gedächtnis, für das ich dem Himmel danke. Lassen Sie mich erzählen, was ich mit Wladimir Wlassow erlebt habe; ich hoffe, er verübelt mir's nicht. Wlassow war ein recht mittelmäßiger Komponist, der immer sehr nett zu mir war, doch was unsere Beziehung erschwerte, war die Tatsache, daß er auf dem gleichen Stockwerk mit mir wohnte und stets einen ausgezeichneten Wodka und etwas Gutes zu essen daheim hatte ... Wlassow hatte also ein *Cellokonzert* geschrieben, unverkennbar beeinflußt von Darius Milhaud, ein humoristisch gefärbtes Musikstück, das gut in ein Kurpromenadenkonzert gepaßt hätte. Ich hatte es gespielt. Nun hatte er plötzlich für irgendein Jubiläum ein zweites Stück für Violoncello geschrieben, das er von mir aufgeführt haben wollte. Ich hatte derartig üppig gegessen und getrunken, daß ich in Gedanken ganz woanders war. Er ließ nicht locker und bettelte: «Komm doch zu meinem Jubiläum und spiel meinen kleinen Scherz!» Er war ein nicht mehr ganz junger, aber sehr charmanter Mann. «Komm schon, das Stück ist nicht sehr lang ...» Schließlich habe ich mich am Abend vor dem Jubiläum hingesetzt, um das Stück zu studieren, das ich – aus sportlichem Ehrgeiz – auswendig spielen wollte. Ich muß gestehen, daß ich es bereits von einem meiner Schüler gehört, jedoch nie selbst studiert hatte. Ich prägte es mir also ein, doch das Schwierigste war, es nicht zu vergessen. Ich raste daher zum Konzertsaal und hastete, ohne innezuhalten, aufs Podium, denn wenn ich jemanden auch nur begrüßt hätte, wäre alles weg gewesen. Dann spielte ich es, das Stück meines Freundes, doch kaum war ich wieder im Künstlerzimmer und hatte ein paar Leute begrüßt, war die Musik auch schon verflogen! Ich habe ein gutes Gedächtnis, aber es gleicht einer Schiefertafel.

Inzwischen verfüge ich sowohl als Dirigent wie auch als Cellist über ein umfangreiches Repertoire, das ich natürlich nicht vollständig im Gedächtnis zu speichern vermag. So sollte ich neulich die *Rhapsodie* von Chatschaturian spielen, die ich zum letztenmal vor genau sieben Jahren aufgeführt hatte. Als ich mir die Partitur vornahm, schien mir das Werk gänzlich neu; Panik befiel mich beim Gedanken, daß ich alles vergessen hatte. Doch am selben Abend ging ich es noch einmal durch, und am nächsten Tag habe ich es auswendig vorgetragen.

CS: Wenn ein mittelmäßiger Komponist sich anbietet, für Sie ein Stück zu schreiben, reden Sie ihm das von Anfang an aus?

MR: Dafür habe ich mir eine gewisse Technik angeeignet, die ich aber nicht publik machen will. Eine Technik der Ablehnung, ohne Kränkung des anderen!

CS: Werden Ihnen viele Partituren zugeschickt?

MR: Ja, und ich bewahre sie alle auf. Seit mir einmal ein peinliches Mißgeschick widerfuhr, werfe ich nichts mehr weg. Es war in Stockholm, wo ich einen Komponisten namens Pergament getroffen hatte, der auch Musikkritiker war und übrigens vor ein paar Jahren gestorben ist. Er hatte ein *Cellokonzert* geschrieben, das auch schon aufgeführt worden war, und mir die Partitur sowie eine Tonbandaufnahme überreicht. Kurze Zeit darauf fragte er bei mir an, warum ich nicht geantwortet hätte, worauf ich ihm erwiderte, ich hätte noch keine Zeit gefunden, die Partitur zu studieren und das Band abzuhören. Anstatt mich nun ein weiteres Mal anzustacheln, verfiel er auf eine reichlich hinterhältige Lösung: Er wandte sich an den Komponistenverband, erklärte, er habe mir seine Partitur und seine Bandaufnahme gegeben, diese Aufnahme habe Geld gekostet, und das solle ich ihm nun gefälligst ersetzen oder Partitur und Band zurückschicken. Mir lief es kalt den Rücken hinunter, denn ich war überzeugt, beides verloren zu haben. Doch nach gründlichem Suchen entdeckte ich zu meiner größten Beglückung sowohl Partitur als auch Tonband und konnte beides beim Komponistenverband abliefern. Doch seit diesem Tag bewahre ich alles auf, was man mir gibt! Wenn ich auch keine Zeit habe, mir alles anzuschauen ...

CS: Befürchten Sie, ein geniales Werk könnte in der Menge untergegangen sein?

MR: Ja, das beunruhigt mich, und deswegen will ich, sobald ich etwas Zeit habe, alles sichten. Ich weiß, daß sich etliche Komponisten für mich interessieren. Das schmeichelt mir. Aber ich gäbe ein Vermögen, wenn ich nur ein einziges Notenblatt von Olivier Messiaen bekäme.

CS: Sie haben eine besondere Vorliebe für Messiaens Kompositionen.

MR: Ja, ich gebe zu, Messiaen ist ein Komponist nach meinem Herzen. In Washington habe ich *L'Ascension* dirigiert, und diese Musik hat mich tief berührt. Meinem Eindruck nach ist Messiaen einer der ehrlichsten Komponisten. In seiner Musik gibt er vorbehaltlos seine ganze Persönlichkeit preis. Und immer wieder bin ich hingerissen und betört, wenn ich diese nachhallenden, gleichsam in die Ewigkeit hinübertragenden Töne höre. Hier hält die Zeit inne. Himmlisch, seine langsamen Tempi ... Ich entsinne mich noch der Probe zu *L'Ascension*; ich meinte, einen der Sätze schon sehr langsam genommen zu haben, und doch bat mich Messiaen ganz vorsichtig und ganz sanft: «Wenn es geht, dirigieren Sie bitte noch verhaltener.» Die Musiker waren nicht gerade beglückt, aber Schönheit verlangt ja nicht selten Unmenschliches. Im fünften Satz des *Quatuor pour la fin du temps*, der den Titel trägt *Louange à l'Eternité de Jésus*, kommt stärkste innere Ergriffenheit dort zum Ausdruck, wo das Cello den Ton trägt und in extrem langsamem Tempo vom Klavier unterstützt wird.

In jüngster Zeit scheinen Mammutwerke wie *Transfiguration de Notre Seigneur Jésus-Christ*[20] Messiaen zu fesseln, während ich persönlich schon mit größter Spannung seiner neuen Oper entgegensehe. Nun bewegt er sich also im Kolossalen, im Mystisch-Kolossalen, aber wenn Sie mich fragen, so gelingt den vier Stimmen im *Quatuor pour la fin du temps* die Wiedergabe profundester Gedanken mindestens ebensogut, und das mit so geringen Mitteln. Als gläubiger Mensch bete ich zum Himmel, Messiaen möge eines Tages zu einer ganz kargen, höchst konzentrierten, einer einzigen Cellostimme anvertrauten Musik zurückfinden, da ich sicher bin, daß ihm, der die Entwicklung eines Tones in der Zeit so meisterhaft beherrscht, damit ein genialer Wurf gelingen würde.

CS: Sie stehen den Komponisten so nahe, interessieren sich so stark für künstlerisches Schaffen sowie für alle Neuerungen der Notation, daß Sie jetzt ruhig zugeben dürften, selbst ein paar Kompositionen verfaßt zu haben . . .

MR: Während des Krieges, als ich am Konservatorium war, habe ich tatsächlich mit dem Komponieren begonnen. Doch mit Entlehnungen von Skrjabin, von Rachmaninow. Ich wurde auch zum Orchestrierkurs von Schostakowitsch zugelassen, wobei ich ihm, zutiefst errötend, mein *1. Klavierkonzert* vorspielte. Er sagte: «Slawa, das ist ein grandioses Opus!», wobei mir schlagartig klar wurde, daß er log, mir dreist ins Gesicht log. Ich setzte mein Studium bei ihm fort, und da erwachte – wie ich schon sagte – mein Interesse für zeitgenössische Musik. Meine Kompositionsversuche nahmen dabei eine andere Richtung. Ich vergaß Rachmaninow, um mich Prokofieff und Schostakowitsch anzunähern, später schielte ich sogar nach Strawinsky ... Doch bald wurde mir klar, daß solche Orientierungen nur symbolisch sein konnten, und deswegen bin ich nicht Komponist geworden: Als Komponist hätte ich mich für eine Richtung entscheiden und an ihr festhalten, wenn nicht gar andere Richtungen hassen müssen. Ich weiß zum Beispiel, daß Tschaikowsky Mozart verehrte, aber Brahms verabscheute, und daß Schostakowitsch Tschaikowsky nicht ausstehen konnte, obgleich dieser einer von Prokofieffs Lieblingskomponisten war. Ein Komponist hat seine individuellen Vorlieben, die in eine ganz bestimmte Richtung weisen. Ein echter Interpret aber darf nicht nur eine große Liebe haben. Daß er ein Leben lang das Oeuvre ein und desselben Komponisten spielt, ist ja wohl kaum vorstellbar! Ich betone nochmals, und das ist die volle Wahrheit: In dem Augenblick, wo ich ein Werk spiele, liebe ich dieses Werk mehr als alles andere auf der Welt. Heute abend werde ich vielleicht Haydn, oder Schumann, oder ein unbekanntes Werk spielen, und das Publikum wird Karten kaufen, um mich zu hören. Wie dürfte ich es wagen, diesem Publikum etwas vorzusetzen, das ich selbst nur halbherzig liebe?

Der Dirigent und sein Orchester

CS: Erinnern Sie sich noch an das erste Konzert, Slawa, das Sie dirigiert haben?

MR: Ich weiß nicht so recht, was ich als mein «erstes» Konzert bezeichnen soll. Der Beginn meiner Kapellmeisterlaufbahn war nämlich etwas ungewöhnlich, da ich anfangs nur kleine Cellistengruppen und -ensembles dirigierte; aber als mein erstes Konzert an der Spitze eines Orchesters kann ich wohl das bezeichnen, bei dem ich mir die Verantwortung mit Schostakowitsch teilte ...

GW: Der selbst zum erstenmal in seinem Leben dirigierte ...

MR: ... und auch zum letztenmal!

GW: Ich persönlich erinnere mich noch lebhaft an dieses Konzert, das 1961 in Gorki stattfand. Der zweite Teil des Programms enthielt die Zwischenspiele aus *Lady Macbeth* sowie Schostakowitschs Orchesterfassung von Mussorgskys *Lieder und Tänze des Todes,* die ich als Solistin sang. Ein irres Programm! Können Sie sich das überhaupt vorstellen? Rostropowitschs Temperament und Schostakowitschs Musik! Slawa besaß damals doch nur seine geniale Intuition, aber keinerlei Technik im Dirigieren, so daß ich glaubte, er müsse in tausend Stücke zerspringen. Aber er hat letztlich doch erreicht, was er wollte. Und eine Woche später haben wir genau das gleiche Programm in Moskau gespielt.

MR: Aber da stand Schostakowitsch nicht mehr am Dirigentenpult.

CS: Haben Sie je Unterricht im Dirigieren genommen?

MR: Nein! Niemals! Allerdings fühlte ich mich bei diesem ersten Konzert recht wohl in meiner Haut, denn Schostakowitsch war da und hatte vom Dirigieren ebensowenig Ahnung wie ich.

GW: Du unterschlägst aber, daß du schon früher nach Gorki gefahren warst, um das Orchester auf Schostakowitsch vorzubereiten. Er hatte in seinem Programmteil die *Festouvertüre* und das *1. Konzert für Violoncello*, in dem du der Solist warst, zu dirigieren, und du hattest so intensiv mit dem Orchester geprobt, daß es tatsächlich auswendig spielte!

CS: Wann verspürten Sie das Bedürfnis zu dirigieren?

MR: Seit meinem ersten Kontakt mit der Musik, lange bevor ich zum erstenmal ein Cello in die Hand nahm, träumte ich schon davon, ein Orchester zu leiten. Als ich sechs Jahre alt war, hatte ein Dirigent mir einmal Partituren gezeigt und das Prinzip der transponierenden Instrumente erklärt. Wäre ich nicht angehalten worden, Cello zu studieren, hätte ich bestimmt zuerst das Dirigieren gewählt.

CS: Sie sind also Dirigent geworden, ohne es von der Pike auf gelernt zu haben. Kann ein junger Musiker dirigieren, ohne Dirigentenkurse besucht zu haben?

MR: Nein. Sich das Handwerk zu erarbeiten, ist sogar sehr wichtig. Was habe ich nicht alles an Ratschlägen bekommen! Hunderttausende dürften es gewesen sein! So hat Karajan mir beispielsweise eine ganz eigenartige Hebung des Taktstocks für die *5. Symphonie* von Schostakowitsch beigebracht. Bei *Eugen Onegin* hat mir ein sehr erfahrener Bolschoi-Dirigent namens Boris Kaikin buchstäblich unter die Arme gegriffen, und bei der Aufführung der *5. Symphonie* von Prokofieff und der *Suite Nr. 1* von Tschaikowsky, die ich beide an einem Abend dirigierte, bin ich den Ratschlägen Kondraschins gefolgt.

Natürlich bin ich als Cellist schon mit den größten Dirigenten der Welt zusammengekommen, doch habe ich sie auch eigens aufgesucht, wenn ich ihre Hilfe brauchte, um spezifische Probleme des Dirigierens zu lösen. Kurzum: Die Technik der Stabführung ist wichtig, doch trotz allem nur von relativer Bedeutung. Wir alle erleben heutzutage Dirigenten, deren Technik bis ins letzte ausgefeilt ist und die über eine breite Skala eleganter und eindeutiger Gesten verfügen. Aber das läßt sich vergleichen mit einer schönen Handschrift, die manche Menschen besitzen. Letzten Endes ist das schönste Schriftbild weniger interessant als der Sinn des geschriebenen Textes.

Leider ist das den wenigsten jungen Dirigenten bewußt. Sie bilden sich ein, ihre Gewandtheit sei Ersatz für unzureichende musikalische Kenntnisse. In Wirklichkeit bilden diese Unzulänglichkeiten schon ein Hindernis in den Beziehungen zwischen dem Leiter und den Musikern des Orchesters. Der Leiter muß, was seine spezifisch musikalische Bildung anbetrifft, das gleiche Niveau wie die Instrumentalisten, doch zusätzlich noch ein kleines «Plus» besitzen.

Manche Dirigenten verfolgen nur zwei Ziele: Klar muß es sein, und das Zusammenspiel muß klappen! Was eigentlich gar nicht sonderlich schwer zu erreichen ist. Doch werkgetreue Interpretation erfordert eine höhere Zielsetzung: musikalisches Verständnis. Nach der Revolution hatten die Sowjets ein Experiment gestartet: Sie hatten ein Musikensemble ins Leben gerufen, dem sie den Namen «Persimfans» gaben, was «erstes symphonisches Ensemble» bedeutete. Persimfans spielte ohne Dirigenten die schwierigsten Programme. Die Verantwortlichkeit des Kollektivs sollte geweckt werden, daher überließ man ihm sämtliche Entscheidungen. Und was kam bei diesem Vorhaben heraus? Es blieb beim Experiment, das aber in musikalischer Hinsicht nicht zu überzeugen vermochte. Wer «baute» denn auch diese Musik – wobei ich «bauen» hier im Sinne von «Haus bauen» verstehen möchte? Niemand! Die Musiker bemühten sich, gemeinsam zu spielen, doch dabei wurden alle Bausteine einzeln aufgesetzt, ohne daß das Ganze ein Haus ergab. Dies ist ein weiterer Beweis dafür, wie wichtig die Persönlichkeit des Dirigenten ist.

Ich habe Fellinis Film *Orchesterprobe* nicht gesehen, aber ich kenne den Grundgedanken und glaube, daß er zutreffend ist. Ein gewisser Antagonismus zwischen Dirigent und Orchester, der sich bis zum Haß steigern mag, ist normal und unvermeidlich, weil in der menschlichen Natur angelegt. Und dennoch gibt es Menschen, die eine Gemeinschaft zu leiten vermögen, was anderen nicht gelingt. Sie verfügen naturgemäß über gewisse Fähigkeiten, zu denen aber hohe technische Qualifikationen noch hinzukommen. Der Dirigent beispielsweise muß über Bogentechnik und Fingersatz Bescheid wissen, da diese überaus wichtig sind, um den gewünschten musikalischen Ausdruck zu erzielen. Wenn ich zu meinen Orchestermusikern sage: «Abstrich» oder «Aufstrich» oder «Probieren Sie mal diesen Fingersatz», dann widerspricht keiner. Meine Washingtoner haben mir ein- oder zweimal erklärt, das sei nicht machbar, doch als ich dann ein Cello nahm und es vormachte, erhob niemand mehr Einspruch!

CS: Muß ein Dirigent selbst ein Instrument spielen?

MR: Unbedingt notwendig ist es nicht, aber *Musiker* muß er sein, was viel wichtiger ist. Immerhin ist es nützlich für einen Dirigenten, über Instrumentalistenerfahrung zu verfügen, wobei ich den «Instrumentalisten» als «Interpreten» verstanden wissen möchte. Ein Dirigent muß, bevor er sich ans Pult vor das Orchester stellt, das Werk «interpretiert» haben. Aber was wirklich einen guten Orchesterleiter ausmacht, ist nicht genau zu definieren. Wenn ich denke, was die Augen vermögen! Lassen Sie mich dazu eine Anekdote erzählen: Es gab eine Zeit, wo alle Lehrkräfte des Konservatoriums gezwungenermaßen an Kursen über den Marxismus teilnehmen mußten. Zu diesen Sitzungen wurden auch alte Professoren geschleift, die mühsam gegen den Schlaf ankämpften. Wurde ihnen eine Frage zum Marxismus gestellt, drückte ihr ganzes Gehabe echte Qual aus. Sie suchten sich zu erinnern: «Warten Sie, warten Sie nur, es wird mir gleich wieder einfallen ...» Natürlich hatte keiner eine blasse Ahnung, doch diese alten Professoren hatten den Blick von Hunden, die alles begreifen, nur nicht auszudrücken vermögen, und dieser Blick genügte, um den Vortragenden zufriedenzustellen.

Sie sehen also, ein Teil der Begabung eines Menschen zeigt sich darin, ob er hinüberzugleiten vermag vom Stadium der Empfindung zu dem der Mitteilung. Und das gilt ganz besonders für den Dirigenten. Wenn ein Instrumentalist ein Musikstück interpretiert, das heißt, dem Publikum übergibt, dann übermittelt er ein von ihm erzeugtes fertiges Produkt, das aus seinen eigenen Vorstellungen und seinen persönlichen Fähigkeiten erwuchs. Doch wenn man am Dirigentenpult steht, enthüllt man dem Publikum seine Fähigkeit, andere dazu zu bringen, das zu spielen, was man selbst empfindet. Und das ist ein sehr komplexer Vorgang. Da geht es nicht nur um manuelle Techniken, sondern da spielen auch die Augen und der Gesichtsausdruck eine Rolle. Da entsenden die Augen wirkliche Botschaften, die hypnotisierend wirken. Auch ein Dirigent, der die Hände kaum bewegt, vermag dem Orchester ein Höchstmaß an Ausdruck zu entlocken. Ich erinnere mich an mein persönliches Erlebnis mit Prokofieffs Oper *Krieg und Frieden*, die ich am Bolschoi dirigierte. Beim Brand Moskaus verdichtet sich alles so wahnsinnig, daß man den Höhepunkt nicht ertragen zu können glaubt. In meinem Innersten war ich derartig von der Musik gefesselt, daß ich äußerlich zu keiner Bewegung fähig war. Ich ballte nur die Fäuste, und die Musiker brachten die irrsinnigsten Töne hervor. An anderen Stellen, wo die Musik mich weniger stark gefangennahm, vervielfachte ich meine

Gesten, um den Eifer der Musiker anzustacheln, doch das Klangresultat war um ein Vielfaches schwächer. Aber wenn ich dastehe ... unbeweglich ... konzentriert ... die Fäuste geballt ... Brrrrrrh! Was da ausgedrückt werden soll, geht durch Mark und Bein und bedarf keiner weiteren körperlichen Veranschaulichung.

Ich erinnere mich an einen Film, in dem Toscanini Verdis *Requiem* dirigierte. Was seine Hände anzeigten, war natürlich gestochen klar, aber phänomenale Gestik konnte man das nicht nennen. Auch Furtwängler habe ich in einem Film, den das Fernsehen übernommen hat, dirigieren sehen. Was er mit seinen Bewegungen anzeigte, war alles andere als eindeutig, aber da hatte man Klangerlebnisse, die kein anderer, mit noch so eindeutiger und präziser Gestik, heraufzubeschwören vermocht hätte.

Als ich zu Beginn meiner Karriere *Eugen Onegin* dirigierte, bemühte ich mich, wie man mir geraten hatte, um eine gestochen klare Zeichengebung, doch sehr häufig stellte ich fest, daß mich das Klangresultat nicht befriedigte. Da wurde mir plötzlich klar, daß es zwei Arten von Beziehungen zwischen dem Orchesterleiter und seinen Musikern gibt: Die eine möchte ich als direkten Kontakt definieren, wobei der Chef so deutlich dirigiert, daß die Musiker, die diese Methode natürlich besonders schätzen, sich darauf beschränken, die Gesten zu befolgen, und somit mühelos im Gleichklang spielen. Doch dabei hält jeder Musiker seinen eigenen Kontakt zum Handzeichen des Chefs, und es fehlt eine Art «Kleber», der alle Musiker zusammenhält und erst das eigentliche Ensemblegefühl schafft. Aus diesem Grunde unternahm ich damals den Versuch, einmal weniger klar oder sogar gänzlich verschwommen zu dirigieren, wobei ich sofort erkannte, daß in diesem Moment jeder Musiker den Kontakt zu seinem Nachbarn suchte, jeder spitzte die Ohren, und das Klangergebnis war weitaus erfreulicher.

Ich persönlich sträube mich gegen Bemerkungen wie:

«Der Orchesterleiter hat herrlich dirigiert, und das Orchester hat sehr schlecht gespielt», oder «Das Orchester hat sehr gut gespielt, doch der Dirigent hat sehr schlecht dirigiert». Wichtig ist nur das Klangergebnis, das der Dirigent erzielen will, und wenn ihm das gelingt, sind die eingesetzten Mittel nebensächlich. Mag er meinetwegen vor oder nach dem Konzert Pralinen anbieten oder den Musikern Wodka einflößen! Setzt man sich in ein Flugzeug, kommt es einem ja auch in erster Linie darauf an, von Punkt A zu Punkt B zu gelangen.

CS: Mit einem Minimum an Turbulenzen!

MR: Gewiß, auch die Annehmlichkeiten des Fluges spielen eine Rolle. Doch wenn dieser Flug meine Erwartungen erfüllt, suche ich gar nicht zu erfahren, ob er mit automatischer Steuerung zustande kam oder ob der Pilot mit den Händen oder mit den Füßen gesteuert hat. Derartige Details interessieren niemanden. Das Wichtigste ist, daß man sich wohl fühlt und ans Ziel gelangt.

CS: Es gibt Dirigenten, die im Konzertsaal eine spektakuläre Technik zur Schau stellen, die schon fast Tänzern oder Akrobaten Konkurrenz macht, doch mich, den Hörer, daran hindert, die klangliche Gestaltung innerlich nachzuvollziehen, mag das Endresultat auch noch so gut sein.

GW: Das stimmt, auch ich kenne Dirigenten, die über eine brillante Technik, über herrliche Hände verfügen, denen sie eindeutig auch selbst Bewunderung zollen. Mir macht man damit nichts vor, aber es regt mich wahnsinnig auf. In solchen Fällen schaue ich lieber gar nicht hin, sondern schließe die Augen und werde schnell gewahr, wie ungeheuer wenig *Musik* ein solcher Dirigent hervorbringt! Auch die Musiker sind aufgebracht, selbst wenn die Einsätze stimmen und das Zusammenspiel funktioniert.

MR: Ich habe ja oft Gelegenheit, mir Cellisten anzuhören; mit Vorliebe schließe ich dabei die Augen, denn das ist sehr aufschlußreich. Wenn ich sie anschaue, verfolge ich die

Bewegungen des Bogens, errate die Emotionen des Interpreten, doch wenn ich dann die Augen schließe, scheint häufig das Temperament des Musikers urplötzlich zu verschwinden. Es kommt aber auch vor, daß trotz extravagantester Gestik der Ton all seine Qualitäten bewahrt. Man kann keine Regeln aufstellen, und – ich wiederhole es nochmals – das einzige, was zählt, ist das Klangergebnis.

CS: Sie erwähnten vorhin Toscanini und Furtwängler. Ich möchte auf Leonard Bernstein verweisen, den Prototyp des akrobatisch-tänzerischen Dirigenten, der seinem Orchester doch atemberaubende Klänge entlockt.

MR: Leonard Bernstein ist eine enorme Musikerpersönlichkeit, was unser Ohr ja auch wahrnimmt. Ich halte ihn für einen außergewöhnlichen Dirigenten, wenn er auch gleichzeitig Komponist und Pianist ist, denn in erster Linie ist er Interpret. Er weiß, was er will, und man kann mit ihm darüber diskutieren. Und seine Ideen sind für mich immer interessant.

GW: Bernstein ist frei von jeder Selbstbewunderung. Er begeistert sich, macht Sprünge und gestattet sich die ungewöhnlichsten Gesten, doch er ist mit Leib und Seele bei der Musik!

CS: Die Art und Weise, wie ein Dirigent mit einem Orchester arbeitet, scheint einem manchmal unerklärlich. So mancher Dirigent zeigt an Proben kaum Interesse, und das Wunder ereignet sich während des Konzerts. Ich denke dabei an Charles Münch . . .

MR: Münch hat großen Einfluß auf mich ausgeübt. Ich habe oft mit ihm über die Arbeit der Orchesterleitung gesprochen und das Glück gehabt, dreimal als Solist unter ihm zu spielen. Da konnte es während einer Probe hin und wieder vorkommen, daß wir einander nicht verstanden, aber am Abend des Konzerts trotzdem in völligem Einklang agierten.

Und da ich schon mehrere Dirigenten früherer Zeiten

genannt habe, möchte ich auch von Bruno Walter sprechen, den zu treffen mir zwar vergönnt war, unter dessen Leitung ich jedoch nie gespielt habe. Ich durfte die Platteneinspielungen der *1. Symphonie* von Brahms in Los Angeles miterleben, und dabei schenkte er mir eine Fotografie mit Widmung, die ich stets aufbewahrt habe.

CS: Was ist Ihnen von Bruno Walters Dirigiertechnik im Gedächtnis geblieben?

MR: Das sind sehr vielfältige Erinnerungen. Ein Dirigent, der sich ja in Gesten ausdrückt, verrät – wie ich schon sagte – den Grundzug seines Musikertemperaments oft bereits in seinem Alltagsverhalten. Wie der Mann, so der Dirigent! Nachdem ich eine Viertelstunde mit jenem alten Mann, der Bruno Walter damals war, gesprochen hatte, wußte ich, daß er mit äußerst sparsamer Gestik dirigieren würde. Er sagte ständig: «Sie verstehen?» Das war jemand, der es sich nicht erlauben konnte, zu einer großen Gebärde auszuholen, das merkte man sofort, doch seine maßvoll eingesetzten Gesten führten zu überwältigenden Ergebnissen. Von allen Dirigenten, die ich kennengelernt habe, ist er übrigens der einzige, dessen Gestik – ich spreche bewußt von Gestik und nicht von Interpretation – seinen Charakter verriet.

CS: Drehen wir den Spieß einmal um: Finden Sie, Galina, daß Slawas Gebaren vor einem Orchester seinem Charakter entspricht?

GW: Ich kenne seine wahren Charakterzüge natürlich besser als jeder andere, und wenn ich ehrlich sein soll, ähneln sich der Rostropowitsch des Alltags und der Rostropowitsch, den ich auf dem Podium an der Spitze eines Orchesters erlebe, nicht. Gewisse menschliche Qualitäten lassen sich ja nur erspüren, und die habe ich persönlich in den Jahren des Zusammenlebens kennengelernt, doch das Publikum kann sie nicht einmal erahnen. Erlebe ich einen anderen Dirigenten, bin ich nichts weiter als Zuhörerin, und dann teile ich die Eindrücke des Publikums.

MR: Um auf Bruno Walter zurückzukommen, möchte ich noch hinzufügen, daß seine Kunst, die ganze Aufmerksamkeit des Orchesters auf sich zu konzentrieren, mich tief beeindruckt hat. Diese Macht erwuchs ihm auch aus seinem Ansehen. Man muß schon zugeben, daß der Ruf, der einem Dirigenten vorauseilt, geradezu hypnotisierend auf ein Orchester wirkt. Es genügt, daß ein sehr großer Dirigent unmerklich den Zeigefinger hebt, und das Orchester *muß* «etwas bringen». «Bringen» die Musiker es nicht, wissen sie sofort, daß es ihre Schuld ist, denn ein solcher Chef, wie er dort oben steht, kann sich nicht irren! Daher dirigierte Bruno Walter auch noch gegen Ende seines Lebens mühelos ein Orchester. Berühmte Dirigenten stoßen auf weniger Widerstand seitens des Orchesters als ihre unbekannten Kollegen.

CS: Hat man es eigentlich leichter, wenn man als ruhmbeladener Cellist vor ein Orchester hintritt, um es zu dirigieren? Oder begibt man sich nicht eher in die Gefahr, einen gewissen Argwohn zu erwecken?

MR: Dirigent zu werden, ist für einen Cellisten ungleich schwieriger als für einen normalen Sterblichen. Viel, viel schwieriger! Weil die Musiker ja wissen, daß besagter Cellist – oder Geiger – als Solist einen gewissen Stellenwert hat, und sie fragen sich sofort: «Warum will er denn jetzt auf einmal dirigieren? Genügt ihm sein Instrument nicht mehr?» Es fällt offenbar nicht leicht, ihm zuzugestehen, daß er Dirigent werden will, um ein in seiner Natur angelegtes tiefes Bedürfnis zu befriedigen und sich eine neue Ausdrucksform zu erschließen. In aller Bescheidenheit, aber auch mit voller Gewißheit, möchte ich behaupten, daß ich weitaus schneller als Dirigent anerkannt worden wäre, hätte ich mir nicht schon als Cellist einen Namen gemacht. Schneller und leichter. Es besteht einfach eine Art Widerstand.

Dirigiere ich ein Orchester zum erstenmal, lasse ich bei der ersten Probe natürlich manche Passagen wiederholen. Sobald die Musiker begreifen, daß meine Unterbrechungen gerechtfertigt sind, unterwerfen sie sich widerspruchslos. Kurz: man muß sich seine Sporen verdienen.

CS: Aber das ist ja nun geschehen, lange schon, und an den berühmtesten Orten – auf Anhieb am Bolschoi, nicht wahr, Galina?

GW: Lassen Sie mich zuerst noch einmal daran erinnern, daß ich ja dagegen war, daß er am Bolschoi dirigierte!

MR: Das stimmt!

GW: Aber wie gewöhnlich tat er, was er wollte. Ich sah all die Unannehmlichkeiten voraus, die mir seine Anwesenheit am Theater eintragen würde und habe doch nichts zu verhindern vermocht. Er begann also damit, daß er *Eugen Onegin* am Bolschoi dirigierte; mir gegenüber behauptete er, er täte es für mich, aber eigentlich bedurfte ich dessen gar nicht, da ich schon seit fünfzehn Jahren am Bolschoi sang. Nein – unter uns sei's gesagt –: Er tat es um seiner selbst willen, aber das stand ihm auch zu, da er ein großer Musiker ist, der die Anforderungen eines Werkes nicht auf die leichte Schulter nimmt. Wie alles, was er im Bereich der Musik unternimmt, hat er auch diese erste Opernaufführung bestens bewältigt, was mich schließlich ebenfalls beglückt hat. Allerdings bestanden zwischen uns und dem Bolschoi-Orchester absolut einmalige Beziehungen.

MR: Eine richtige Liebesgeschichte ...

GW: 1964 war Melik-Paschajew gerade gestorben, der jahrelang das Bolschoi-Orchester geleitet und ihm den Stempel seiner großen Persönlichkeit aufgedrückt hatte; das Orchester war durch seinen Tod buchstäblich geköpft, denn keiner seiner Nachfolger besaß das für einen solchen Posten erforderliche Talent. Die Ankunft Rostropowitschs wirkte daher wie ein Ereignis. Zugegeben, technisch war er noch ein Anfänger; er hatte in seinem Leben noch keine Oper dirigiert und stand plötzlich vor dem Bolschoi, an der Spitze eines Orchesters, dessen Musiker alle schon das Repertoire unzählige Male gespielt hatten und jedes Detail dieser Werke auswendig konnten. Und doch waren die Musiker des Bolschoi-Orchesters so glücklich, mit ihm zu spielen, daß sie ihm todsicher aus der Patsche geholfen hätten, wenn ihm ein Schlagfehler oder sonst irgendein Patzer unterlaufen wäre. Ihre Begeisterung war so groß, daß sie ihn immer und überall herausgehauen hätten.

CS: Und die Sänger ...

GW: Bei den Sängern gab es die unterschiedlichsten Reaktionen! Aber Opernsänger sind es natürlich auch nicht gewöhnt, mit einem Musiker vom Kaliber eines Rostropowitsch zu arbeiten.

MR: Ich verlangte von den Sängern zunächst einmal gründliches Korrepetieren, weil ich wollte, daß sie meinen Vorstellungen entsprechend sangen. Widerstand habe ich niemals verspürt, aber Schwierigkeiten hat es natürlich gegeben, vor allem mit gewissen Sängern, die der Ansicht waren, der Gipfel der Gesangskunst sei erreicht, wenn man so laut wie möglich schreit. Sie zu zwingen, pianissimo zu singen, war tatsächlich die schwierigste Aufgabe meines Lebens. Kämpfen mußte ich darum!

Doch was das Bolschoi-Orchester anbetrifft, so kann ich nur immer wieder sagen, daß ich mit ihm die herrlichsten Erinnerungen verbinde und ihm innerlich zutiefst zugetan bin.

GW: Meiner Ansicht nach stellten die Musiker des Bolschoi damals das beste Opernorchester der Welt; sie besaßen einwandfreies technisches Können, ein hohes Niveau als Berufsmusiker, hervorragende Solisten und waren gründlich geschult durch Dirigenten wie Golowanow und Melik-Paschajew. Auch was die künstlerischen Fähigkeiten betraf, konnte sich das Bolschoi-Orchester mit den besten Symphonieorchestern messen.

MR: Jeder Vergleich ist gewagt, wenn es sich nicht um dieselben Dirigenten und dasselbe Repertoire handelt. Mir persönlich sind die Wiener Philharmoniker unvergeßlich, die ich in Mozart- und Wagneropern erleben durfte. Bei diesem Repertoire konnten sie mit Fug und Recht den ersten Platz beanspruchen. Doch kein Ensemble spielt russische Opern besser als das Bolschoi-Orchester.

GW: Dennoch muß man ergänzen, daß die Wiener Philharmoniker – im Gegensatz zum Bolschoi-Orchester – ein Symphonieorchester sind, das auch Opern spielt. In den meisten Opernhäusern wird das Orchester als etwas Zweitrangiges angesehen, nicht so am Bolschoi!

MR: Lassen Sie mich von meinem Bolschoi-Debüt mit *Eugen Onegin* erzählen. Da ich noch nie eine Oper dirigiert hatte, wußte ich nicht, wieviel Proben ich benötigen würde, vor allem bei *Onegin,* der ein Dauerbrenner war, den ich aber von Grund auf neu erarbeiten wollte. Folglich brauchte ich ein Maximum an Proben. Und weil mir als erstes die Zahl zehn einfiel, verlangte ich zehn Proben. Die Direktion ließ mich wissen, zehn Proben seien undenkbar bei einem Werk, das jeder Musiker im Orchester auswendig spiele, doch fünf wolle man mir zugestehen. Nach endlosem Hin und Her und ein paar heftigen Auseinandersetzungen einigten wir uns schließlich auf acht. Ich begann also mit dem Orchester zu arbeiten, und wissen Sie, wieviel Proben wir abhielten, bis wir die Oper auf die Bühne brachten? Zweiundzwanzig! Und die vierzehn zusätzlichen Proben hatte das Orchester verlangt!

CS: Aus welchem Grund?

MR: Weil die Musiker sich für diese Arbeit begeisterten, weil ich neue Ideen mitbrachte, die im Grunde gar nicht so neu waren: Sie standen in der Partitur. Aber wenn ein Werk generationenlang gespielt wird, setzen sich Traditionen ab wie Schalentiere am Bug eines Schiffes, so daß die flotte Fahrt behindert wird. In gewissen Abständen ist eine Generalreinigung erforderlich!

GW: Anschließend kam *Krieg und Frieden* am Bolschoi heraus, das Slawa mehrmals dirigierte, doch dann begann die leidige Affäre Solschenizyn, und Slawa wurde nicht mehr aufgefordert.

CS: Sind Sie eigentlich miteinander auch an anderen Bühnen der Sowjetunion aufgetreten?

GW: Ich persönlich haßte Tourneen und wäre nie aus Moskau weggegangen. Das Leben in der Provinz ist so unerträglich! Die Theater sind unbeschreiblich ärmlich! Einmal wurde ich allerdings ersucht, in Saratow die *Tosca* zu singen. Ich hatte nicht die geringste Lust dazu ...

CS: Wo liegt Saratow?

GW: Irgendwo an der Wolga. Eine Provinzstadt. Meine Reaktion war: «Na gut, fahren wir hin! Machen wir's gemeinsam!» Und so dirigierte Rostropowitsch seine erste *Tosca* in Saratow. Später waren wir mit dieser *Tosca* dann auch noch im litauischen Wilna.

CS: Warum dürfen so viele mittelmäßige Dirigenten in Opern ihr Unwesen treiben, oft sogar in den größten Opern?

GW: Damit ein Dirigent in der Oper überhaupt zu einem eigenen Ausdruck findet, muß er ungeheuer intensiv mit den Sängern arbeiten. Doch heute ist es üblich, daß die Dirigenten äußerst wenig mit den Sängern arbeiten. Sie haben keine Zeit, aber oft auch gar nicht den Wunsch. Und was noch häufiger der Fall ist: es fehlt ihnen an gesangstechnischen Kenntnissen. Da kommen junge Dirigenten angereist, kennen kaum die Oper, die sie dirigieren wollen, haben keine Ahnung vom Repertoire und wissen nicht, was Gesangstechnik eigentlich bedeutet. Manchmal sind diese Dirigenten gar nicht arbeitsunwillig, aber sie wissen einfach nicht, was sie erarbeiten sollen, weil sie selbst nichts zu sagen haben. Und letztlich muß dann der Zeitmangel immer als Entschuldigung herhalten. Allerdings, und das muß man zugeben, verstehen Sänger im allgemeinen mehr von Musiktheater als Dirigenten.

Außerdem kommen Dirigenten von Symphonieorchestern häufig nur an die Oper, um ihrem Lorbeerkranz noch einen

Zweig hinzuzufügen, um ihr Genie unter Beweis zu stellen und sich zum Star des Abends küren zu lassen. Aber bei einer guten Aufführung gibt es keinen Star, weder im Orchestergraben noch auf der Bühne; da gibt es nur ein Zusammenspiel von Talenten. Und das läßt sich nur an einer Repertoirebühne erreichen, die über eine feste Truppe und einen fest engagierten Dirigenten verfügt. Ein Dirigent, der kurzfristig anreist, strahlend munter, um hastig zwei Proben zu absolvieren, mag meinetwegen berühmt und brillant sein, aber was auf der Bühne vorgeht, ist ihm völlig schnuppe. Für ihn zählt nur sein persönlicher Erfolg!

Gefährlich wird das Ganze, wenn ein berühmter Dirigent mit starker Persönlichkeit danach trachtet, die Künstler seiner Persönlichkeit zu unterwerfen und sie gewissermaßen zu ersticken. Trifft er auf große Sänger, so kann es leicht passieren, daß das ganze Unternehmen in einem Riesenskandal endet, da beide Seiten sich nicht die Zeit genommen haben, einander zu verstehen.

MR: Dann war das aber auch kein großer Dirigent!

GW: Doch. Genau das, was man einen wirklich großen Dirigenten nennt. Ich weiß, wovon ich spreche, und könnte Namen nennen.

MR: Ich persönlich stelle immer wieder fest, daß an Opernhäusern die Musik leider häufig in den Hintergrund gedrängt wird. Da wird endlos über die Inszenierung palavert, ohne daß man überhaupt versucht, deren tiefere Zusammenhänge mit der musikalischen Aussage des Werkes zu ergründen. Wollte jemand sich erkühnen, auf dem musikalischen Aspekt zu bestehen, würde ein solches Ansinnen als reichlich kurios abgetan werden. Ich weiß, daß vor kurzem der Dirigent und künstlerische Leiter des Leningrader Kirow-Theaters, Herr Temirkanow, *Eugen Onegin* dirigierte und in eigener Inszenierung aufgeführt hat. Ich schätze sein Talent, und ohne die Aufführung gesehen zu haben, kann ich mir vorstellen, daß sie bemerkenswert ist. Das bedeutet, daß hier die Musik den ersten Platz einnehmen durfte, einen Platz, der ihr eigentlich immer zukäme.

GW: Es kann aber auch jemand ein ausgezeichneter Dirigent und ein miserabler Regisseur sein und die ganze Aufführung verderben!

CS: Slawa, es wäre mir lieb, wenn Sie uns jetzt etwas mehr von Ihrer in den letzten Jahren sehr stark zugenommenen Dirigententätigkeit und ganz speziell von ihrer «Liebesheirat» mit dem Washingtoner Orchester erzählten.

MR: Das Washingtoner Orchester hatte mich zunächst als Cellisten verpflichtet, und diese ersten Beziehungen waren hervorragend. Dann startete ich mein Dirigentendebüt in den USA mit eben diesem Orchester. Das war am 5. März 1975, ich dirigierte ein Tschaikowsky-Programm. Daraufhin wurde vom Orchester der heftige Wunsch geäußert, regelmäßig mit mir zu arbeiten. Also habe ich mich ganz dem Orchester gewidmet, ein paar Musiker ausgetauscht, und inzwischen kann ich feststellen, daß sie von Tag zu Tag besser spielen.

CS: Vom Dirigenten sind Sie auf den Posten des Chefdirigenten aufgerückt, was ja nicht ganz das gleiche Metier ist.

MR: Nein. Der Unterschied ist gewaltig. Der Chefdirigent trägt die Verantwortung für sein Orchester und garantiert eine beträchtliche Anzahl Aufführungen. Ich widme dem Washingtoner Orchester etwa achtzehn Wochen pro Jahr, und zwar für Konzerte, Tourneen, Plattenaufnahmen und die Sommersaison. Ich kümmere mich auch um die gesamte Programmplanung, um die Verpflichtung von Solisten und Gastdirigenten. Ich weiß zum Beispiel, was dieser oder jener Dirigent mitbringen wird. Außerdem kann ich meine eigene Arbeit über einen längeren Zeitraum in eine bestimmte Richtung lenken, und dazu muß ich sagen, daß ich in Washington einmalige Bedingungen genieße, allein schon, was die Disziplin anbelangt. Selbst wenn ich leise spreche, hört mich jeder, weil keiner murmelt, nicht einmal niest!

CS: Zeichnen sich die amerikanischen Orchester durch ein besonderes Verständnis für Disziplin aus?

MR: Amerikanische Disziplin ist ziemlich verschieden von europäischer Disziplin. Doch muß man auch zugeben, daß die deutschen Orchester sehr diszipliniert sind, und die Engländer sind es auch.

CS: Das soll wohl heißen, daß die Franzosen die undiszipliniertesten sind?

GW: Und erst die Italiener!

CS: Gehört es auch zu den Aufgaben eines Chefdirigenten, den Orchesterklang zu prägen?

MR: Durchaus. Klang läßt sich nämlich modellieren. Und man benötigt auch verschiedene Klangfarben, je nachdem, welches Werk man interpretieren will. Daß eine Schumann-Partitur klanglich anders gestaltet werden muß als eine Schostakowitsch-Partitur, ist doch wohl selbstverständlich: Bei Schostakowitsch müssen die Klangfarben intensiver sein, müssen die Blechbläser brillanter herauskommen, während übermächtige Blechklänge eine Schumann-Symphonie nur töten würden, bei der daher den Holzbläsern besondere Aufmerksamkeit zu widmen ist.

CS: Da haben Sie mir das Stichwort «Brillanz» geliefert: Viele europäische Musikfreunde sind der Meinung, die amerikanischen Orchester zeichneten sich – und das ist eher negativ gemeint – durch Brillanz aus oder seien eben *nur* brillant . . .

MR: Erstens gibt es amerikanische Orchester, die gar nicht sonderlich brillant sind! Aber sprechen wir ruhig von den besten. Manche besitzen in der Tat große Klangbrillanz, die allerdings auf mich wirkt wie destilliertes Wasser. Sie sind großartig, mögen sogar perfekt sein, und doch fehlt es ihnen an Vitaminen. Mir ist von allen großen amerikanischen Orchestern das Bostoner das liebste. Manche Konzerte der Bostoner sind hervorragend, andere wiederum weniger geglückt oder geradezu verfehlt, aber an Vitalität fehlt es diesem Orchester nie.

CS: Und was halten Sie von den europäischen Orchestern?

MR: Es gibt ein paar bemerkenswerte Orchester in London und Paris, doch absolut wundervoll sind die Berliner Philharmoniker, daran ist nicht zu rütteln. Sie haben das Glück gehabt, nur vier Chefdirigenten zu erleben, und das ist ein Riesenvorteil. Doch ist auch noch etwas anderes zu beachten: das Problem der schlechten Instrumentalisten. In allen Orchestern der Welt kommt es vor, daß ein Musiker, der aufgrund eines brillanten Probespiels in das Ensemble aufgenommen wurde, im Laufe der Zeit immer weniger mithalten kann. In den USA besteht praktisch keine Möglichkeit, ihn aus dem Orchesterverband auszuschließen, weil die Gewerkschaften sofort zu seiner Verteidigung aufmarschieren. Erweist sich hingegen in Berlin ein Neuling als nicht gut genug, braucht nicht einmal der Chefdirigent einzuschreiten, da die Musiker selbst dem Kollegen das Leben sauer machen. Bei den Berliner Philharmonikern weiß jeder einzelne, daß ihre Popularität, aber auch ihre Schallplattenverpflichtungen, von dem Gesamtniveau des Orchesters abhängen. Doch solche Orchester, die aus Qualitätserwägungen Hauspolizei spielen, sind äußerst selten. Meine eigene Erfahrung hat mich all diese Gesichtspunkte zu berücksichtigen gelehrt.

GW: Die Wahrung des Niveaus eines Orchesters hängt sehr stark vom Talent des Chefdirigenten ab. Ein außergewöhnlicher Chef ist in jedem Falle ein Trumpf. Wann übrigens hat Karajan die Berliner Philharmoniker übernommen?

CS: 1955.

GW: Dieser langjährigen Zusammenarbeit ist es natürlich zu danken, daß die Berliner Philharmoniker ihr Qualitätsniveau wahren konnten. Wie sollte es auch anders sein bei einem solchen Chef!

CS: Haben Sie, Slawa, die Absicht, dreißig Jahre bei den Washingtonern zu bleiben?

MR: Da wäre ich ja uralt! Ich beabsichtige nicht einmal, so lange auf dieser Erde zu verweilen ... Aber es ist unbestreitbar, daß langjährige Zusammenarbeit von Dirigent und Orchester ein ganz wesentlicher Punkt ist, denn der Chefdirigent sollte sein Orchester von Grund auf kennen. Meinen Washingtonern bin ich menschlich stark verbunden, und ich mag sie auch sehr. Ich weiß, wenn einer krank ist, ich kenne seine Probleme und habe in alle Vorkommnisse im Orchester Einblick.

CS: Muß eigentlich ein Autoritäts- oder ein Vertrauensverhältnis bestehen zwischen Chefdirigent und Orchester?

MR: Das sind sehr komplexe Beziehungen, die zunächst einmal auf dem uneingeschränkten Vertrauen der Musiker ihrem Chef gegenüber beruhen müssen. Dieses Vertrauen beinhaltet, daß die Musiker die absolute Kompetenz ihres Chefs anerkennen und wissen, daß sie ihrer bedürfen. Als zweites kommt das menschliche Vertrauen hinzu. Ein Chef darf niemals einen Musiker kränken, nur weil er selbst schlecht gegessen oder Kopfschmerzen hat oder es ihn einfach reizt, seinen Zorn am erstbesten auszulassen. Drittens ist es Aufgabe des Chefdirigenten, Erklärungen zu geben: Er muß alles, was er tut, rechtfertigen und dem Orchester den Sinn seiner Entscheidungen verständlich machen, sofern – was auch nur natürlich ist – Meinungsverschiedenheiten aufkommen. Ich persönlich erinnere mich an drei Fälle und insbesondere an einen, wo ich die Meinung einer Gruppe Musiker bezüglich des Engagements eines neuen Instrumentalisten nicht teilen konnte. Ich traf zwar meine Entscheidung, lieferte ihnen aber auch all meine Begründungen. Ich erklärte, unsere Unstimmigkeiten dokumentierten weder mangelndes Vertrauen meinerseits gegenüber den Orchestermitgliedern noch meine Ablehnung ihrer Argumentation, vielmehr seien die Fähigkeiten des von mir engagierten

Musikers für uns alle eine Notwendigkeit. Ich machte ihnen klar, wie wichtig es ist, eine kohärente Gruppe zu bilden, und daß ein noch so guter Musiker für das Ensemble ein Verhängnis bedeuten könnte, wenn sein Stil dem der anderen nicht entspräche.

CS: Gewisse Chefdirigenten neigen aber doch wohl eher zur Durchsetzung als zur Begründung ihrer Entscheidungen.

MR: Ja, es gibt sicherlich verschiedene Mittel und Wege, um zum gleichen Ziel zu gelangen. Ich optiere für meine Methode.

GW: Du hättest ja auch niemals ein Tyrann sein können, weil das deiner ganzen Natur zuwiderläuft!

CS: Ich habe den Eindruck, als gäbe es auf der Welt mehr gute Orchester als gute Orchesterleiter.

MR: Das ist sehr wahr. Und aus diesem Grund erreichen sehr gute Orchester oft nicht das außergewöhnliche Niveau, zu dem einige wenige Chefs sie durchaus hinführen könnten. Aber das bedarf dieses besonderen Talents, und es braucht viel Zeit, bis ein Orchester eine höhere Stufe erklimmt. Im Augenblick könnte ich mehrere Orchester nennen, die diese Möglichkeit in sich bergen, ohne jedoch zum Ziel zu gelangen.

CS: Sie, Slawa, haben also immer schon davon geträumt, eines Tages Orchesterleiter zu werden. Und es ist Ihnen auch bekannt, daß andere Instrumentalisten – unter ihnen ebenfalls sehr berühmte – mit dem gleichen Gedanken spielen. Wenn dies nun auch Galinas geheimer Wunsch wäre?

GW: Das würde mir nicht einmal im Traum einfallen! Ich mag Frauen als Dirigenten nicht. Mir ist es peinlich, wenn eine Frau ihre Emotionen veräußert, wohingegen ein Mann sich das erlauben kann.

MR: Was du da sagst, ist ein interessanter Gesichtspunkt.

GW: Ich weiß nicht, warum, aber ich mag eine Frau nicht dirigieren sehen. Im Grunde ist es wohl eher so, daß eine Schauspielerin, die auf der Bühne ihre Gefühle darstellt, immer noch Frau bleibt; und auch ihre Persönlichkeit, die sie in den verschiedensten Facetten zeigt, ist typisch weiblich. Während eine Frau am Dirigentenpult in die Haut eines Chefs schlüpfen und ihre Weiblichkeit vergessen muß. Und das ist's, was mich stört.

CS: Haben Sie, Slawa, schon einmal unter einer Dirigentin gespielt?

MR: Ja, schon mehrmals.

CS: Und wie war Ihr Eindruck?

MR: Wenn Sie mich fragen: Ich will nicht mehr unter einer Dirigentin spielen! Ich habe dabei ein so komisches Gefühl. Wenn ich spiele, halte ich naturgemäß die Augen gesenkt, und so fixierte mein linkes Auge mein Leben lang die linke Ecke des Dirigentenpodiums. Doch bewußt wurde mir das erst an jenem Tag, als eine Frau dirigierte. Da fiel mein Blick plötzlich auf einen hohen Absatz, und wie hypnotisiert hob ich die Augen. Ist das die Möglichkeit? Das sah ja so ganz anders aus als sonst! ... Dasselbe habe ich übrigens mit einem amerikanischen Dirigenten erlebt; er war auffallend klein und trug ebenfalls höhere Absätze, was mich auch gestört hat. Jetzt spiele ich seit zweiundvierzig Jahren Cellokonzerte, und seit zweiundvierzig Jahren sehe ich dabei Herrenschuhe und einen winzigen Zipfel Hosenbein. Es ist eine Katastrophe, wenn sich meinen Augen plötzlich ein ganz anderes Bild darbietet!

CS: Ist dabei nicht eher etwas Weiberfeindlichkeit im Spiel?

MR: Nein, nein, nein, und nochmals nein! Ich und ein Weiberfeind? Das soll wohl ein Witz sein!

CS: Sollten Sie eines Tages vor die Wahl gestellt werden: entweder Cello oder Taktstock, könnten Sie sich entscheiden?

MR: Nein, oder nur sehr schwer. Ich brauche beides. Beim Cello freut mich immer wieder der direkte Kontakt mit dem Instrument, und ich liebe seinen Klang. Doch kann ich nicht behaupten, noch immer versessen zu sein auf das Repertoire, das ich nun schon so lange spiele. Beim Dirigieren hingegen fasziniert mich gerade das Repertoire. Da habe ich noch ungeheure Möglichkeiten vor mir, Hunderte von großartigen Werken, die ich noch nie in Angriff genommen habe. Daher wäre es unfair, von mir eine Entscheidung zwischen Cello und Taktstock, zwischen einem Instrument und einer ungeheuren Werkfülle zu verlangen!

Tatjana – die Rolle ihres Lebens

CS: Galina, Sie hatten bereits Gelegenheit, uns den Beginn Ihrer Karriere zu schildern, dieses unstillbare Bedürfnis zu singen, das sich bereits in Ihrer Kindheit durchsetzte. Und Sie sprachen auch von Ihren Erfahrungen auf der Operettenbühne. Aber der echte Start in die Karriere geschah doch am Bolschoi. Ich könnte mir vorstellen, daß dieses Theater in Ihrer Jugend die Traumbühne war, die man unbedingt erobern mußte . . .

GW: Ich kann nicht behaupten, ich hätte die Absicht gehabt, mich beim Bolschoi zu bewerben. Daß ich dort engagiert wurde, ist einem reinen Zufall zu verdanken.

CS: Einem Zufall?

GW: Ja. Ich schlenderte durch die Straßen von Leningrad und sah plötzlich einen Anschlag. Zwei oder drei Künstler, Sänger und Pianisten, bereisten damals das Land, fuhren von Stadt zu Stadt und hörten sich junge Sänger an, die sie gegebenenfalls zur Teilnahme am Aufnahmewettbewerb, der in Moskau stattfand, aufforderten. Ich bummelte also über den Newskij-Prospekt, gelangte zum Haus der Schauspieler und entdeckte einen Anschlag, der sich an die «Eleven des Großen Theaters»* richtete. Was das Wort «Eleven» bedeutete, wußte ich nicht so recht, doch Passanten erklärten mir, hier würden junge Sänger für ein ein- oder

* Bolschoi bedeutet «Großes Theater»

zweijähriges Praktikum ausgesucht, die nach Ablauf dieser Frist entweder heimgeschickt oder dortbehalten würden. Ich sagte mir: «Das will ich mir doch einmal anhören.» Ich betrat also den Saal, setzte mich und sah ringsum die Studenten des Konservatoriums, junge Sänger, von denen einige zwar gute Stimmen, meines Erachtens aber noch wenig Erfahrung hatten. Sie beherrschten dieses Metier einfach noch nicht, welches mir persönlich bereits in Fleisch und Blut übergegangen war.

Den Abgesandten des Bolschoi genügte es schon, wenn jemand richtig sang; da zeigten sie gleich Interesse. Ich fand das Niveau recht durchschnittlich, und so beschloß ich, ebenfalls mein Glück zu versuchen. Zum Vorsingen war dies der letzte Tag, und bereits in der Nacht sollte die Jury abreisen. Ich war natürlich nicht vorgemerkt, bekam aber noch einen Termin um vier Uhr nachmittags. Ich lief zu meinem Gesangslehrer, um mich noch schnell einzusingen, verzichtete darauf, noch nach Hause zu gehen, sondern begab mich schnurstracks in den Saal, um die Nil-Arie aus *Aida* vorzutragen. Anschließend wurde mir gesagt: «Sie müssen nach Moskau kommen. Man wird Ihnen telegrafisch den Termin mitteilen.» Eine Woche später kam das Telegramm, ich stellte mich dem Moskauer Wettbewerb und war die einzige Sängerin der ganzen Sowjetunion, die angenommen wurde!

CS: Wie lief der Wettbewerb ab? Gab es Pflichtstücke?

GW: Nein, wir sangen, was wir wollten, sogar italienische oder deutsche Arien, aber in russischer Sprache – das war Pflicht. Kandidaten, die Arien ohne hohe Töne vortrugen, mußten noch etwas anderes singen. Da ich *Aida* gewählt hatte, wußte ich von vorneherein, daß man nichts weiter von mir verlangen würde, denn in *Aida* ist alles enthalten, tiefe und hohe Töne, alles, was man will!

CS: Gab es viele Bewerber?

GW: Im ersten Durchgang mehr als hundert, männliche und weibliche. Aber eine Abenteurerin wie mich – die gab es nur einmal! Ich hatte noch nie *Aida* auf der Bühne gehört und noch nie unter einem Dirigenten gesungen! Doch bei diesem Wettbewerb war für den zweiten Durchgang ein Orchester da, unter Leitung von Kondraschin. Er dirigierte mit den Augen, den Händen, mit allem, was ihm zur Verfügung stand. Als ich ihn dann auch noch Grimassen schneiden sah, schloß ich die Augen und dachte bei mir: «Hol mich ein, wo du kannst!»

Ich sang also diese Arie aus *Aida,* eine der schwierigsten des gesamten Repertoires; ich sang sie in beiden Durchgängen und wußte von Anfang an, daß ich es schaffen würde. Ich mußte siegen, um jeden Preis! Siegen oder sterben! Eine Stunde später verkündete man mir das Ergebnis.

CS: Und dann hatten Sie also Ihr erstes schriftlich verbürgtes Engagement ans Bolschoi-Theater in Händen?

GW: Nein, bei uns funktioniert das anders. Man unterzeichnet keinen Vertrag. Zuerst kommt das Allerwichtigste: Nachforschungen werden angestellt! Zwanzig Seiten Formulare sind auszufüllen, und das Ergebnis muß ohne Fehl und Makel sein. Ich mußte zwei oder drei Monate warten, bis sie meinen Lebenslauf nachgeprüft hatten: War ich auch noch nicht im Gefängnis gewesen? Nicht ins Ausland gereist? Verbüßte kein Mitglied meiner Familie eine Gefängnisstrafe? ... Sie dürfen nicht vergessen, daß Stalin 1952 noch am Leben war. Er krepierte 1953, ein paar Monate nach meinem Eintritt ins Bolschoi.

CS: Erinnern Sie sich noch an Ihren ersten Eindruck vom Bolschoi?

GW: Ich war ein junges Ding, als ich ans Bolschoi kam und entdeckte ein Theater voller gewichtiger Leute, ringsum Primadonnen mit ordengeschmückten Busen und protzigen Ringen an den Fingern. Ein traditionsbeladenes Haus! Alles war monumental und schwerfällig; selbst auf den Gängen pflegte man feierlich zu schreiten. Manchmal saß Stalin in einer Loge. Im wahrsten Sinne des Wortes ein Hoftheater.

Mit vollem Elan platzte ich da hinein und brachte zuerst einmal Bewegung ins Haus. Ich kam von der Operette und hatte eine ganz andere Auffassung vom Theater. Selbst die großen Opernrollen ging ich anders an, was im übrigen der Sensibilität eines Publikums, das sich schön langsam an Film und Fernsehen gewöhnt hatte und nicht mehr mit geschlossenen Augen in der Oper saß, durchaus entgegenkam.

CS: Wie war damals das Verhältnis zwischen Bolschoi und Staat? Gab es Politkommissare?

GW: Natürlich, und das hat sich auch nicht geändert. Jede Gruppe am Bolschoi – ob Chöre, Sänger oder Orchestermusiker – hat ihren aus den eigenen Reihen stammenden Parteisekretär. Diesem übergeordnet ist ein Generalsekretär, der für das ganze Haus zuständig ist.

CS: Der aber nicht unbedingt etwas von Musik versteht?

GW: Der notgedrungen nichts davon versteht. Er muß sich ja auch ausschließlich der Parteiarbeit widmen. Es gibt aber noch eine weitere Autoritätsperson, die das letzte Wort hat: der Personalchef, ein KGB-Kader, dem mehrere Personen unterstehen. Seine Aufgabe ist es, die jeweiligen Nachforschungen zu überprüfen, über das Benehmen jedes einzelnen Künstlers zu wachen. Ohne seine Zustimmung kommt niemand ans Theater. Kein Künstler kann ins Ausland reisen, wenn er Einspruch erhebt.

CS: Verlangt man von den Künstlern, in die Partei einzutreten? Hat man es von Ihnen verlangt?

GW: O ja!

CS: Und was haben Sie gemacht?

GW: Mir sind immer triftige Gründe eingefallen, um es abzulehnen. Ich sagte zum Beispiel, ich hätte keine Haushilfe, weinte dicke Tränen, um ihnen klarzumachen, ich müsse heim und mich um die Kinder kümmern und das Essen kochen. Woraufhin man mir beruhigend zuredete und mich in Frieden ließ. Ich bin die einzige von allen Bolschoi-Künstlern, die in dreiundzwanzig Jahren keinen einzigen politischen Lehrgang, der regelmäßig dienstags stattfand, besucht hat.

CS: Wie war damals das Arbeitsklima am Bolschoi? Gab es, wie an allen großen Theatern der Welt, auch Intrigen und Rivalitäten?

GW: Die abscheulichsten Intrigen, die man sich nur vorstellen kann, werden ausgerechnet an sowjetischen Theatern gesponnen. Hier im Westen sind Intrigen etwas Normales; sie gehören zum Wettlauf mit der Konkurrenz. Jede Sängerin baut an ihrer Karriere: heute *Traviata,* nächste Woche *Butterfly*. Einmal in London und ein andermal in Paris. Jeder Künstler hat unzählige Möglichkeiten. Aber bei uns in der Sowjetunion sind alle Spitzenkräfte am Bolschoi konzentriert. Als ich zum Beispiel dort eintrat, gab es für dasselbe Fach fünfzehn Soprane. Es gab sieben Tatjanas, obwohl *Eugen Onegin* nur einmal pro Monat auf dem Spielplan stand. Eine bekam die Rolle, und eine andere mußte sieben Monate warten. Das galt für das gesamte Repertoire, und so bedeutete es für die neu engagierten jungen Sänger ein gewaltiges Handicap, wenn da ein Star war, der ihnen alles wegschnappte. Einmal ins Bolschoi aufgenommen, gingen sie natürlich nicht mehr in die Provinz, und ins Ausland auszuweichen, war sowieso ausgeschlossen. Folglich wurden sie ungeduldig, aufgebracht und lauerten nur darauf, daß der Star einmal versagte. So war ich ungewollt jahrelang eine Art Mauer für alle jungen Sängerinnen.

Ich durfte singen, soviel ich wollte, aber ich beschränkte mich freiwillig auf drei Stücke pro Monat. Einen Monat war ich Aida und Tatjana, und alle anderen Sängerinnen saßen auf dem Wartebänkchen. Im darauffolgenden Monat war es ähnlich. Vielleicht durfte noch eine von ihnen neben mir mitmachen; dann waren wir zwei, aber alle anderen blieben wieder Mauerblümchen. Von Jugend an verurteilt zum Pensioniertendasein.

CS: Sind die Bolschoi-Künstler, aufgrund ihrer finanziellen Situation und der ihnen gewährten Vorteile, Privilegierte des Sowjetregimes?

GW: Natürlich, denn zum Bolschoi gehören, bedeutet den Gipfel dessen, wovon alle sowjetischen Sänger träumen, erreicht zu haben. Aber das gilt nicht nur für die Sänger, sondern auch für die Orchestermusiker, die ungefähr das gleiche Gehalt beziehen. Diese Regelung hat Stalin durchgesetzt, und das erklärt auch, wieso das Bolschoi-Orchester einmal wohl das erste Opernorchester der Welt war. Dieses Theater hat eine magische Anziehungskraft auf die Musikerelite des riesigen Landes. Wohin gehen denn die besten Absolventen des Moskauer oder Leningrader Konservatoriums nach Abschluß ihres Studiums? Ans Philharmonische Orchester Leningrad, ans Staatliche Philharmonische Symphonieorchester Moskau und ans Bolschoi.

Folglich ist die Auslese hier Qualitätsgarantie und Appell an die Begabtesten. Hinzu kommt, daß aufgrund der Abgeschlossenheit der Sowjetunion die besten russischen Dirigenten am Bolschoi dirigierten; das war zumindest so bis zum Tod von Melik-Paschajew im Jahre 1964; und das galt auch für Suk, einen Tschechen, für Passowski, Golowanow und Samossud, eine ganze Reihe bewundernswerter Dirigenten, die sich dem Theater gewidmet haben. Das Bolschoi-Orchester war somit, dank seiner künstlerischen Traditionen und Kapazitäten, ein Spitzenensemble. Doch heute ist das alles vorbei, weil diese großen Dirigenten verstorben sind. Chefdirigent am Bolschoi ist augenblicklich ein gewisser Simonow. Ich kenne ihn, denn er kam zu meiner Zeit. Das war auch einer dieser Mißgriffe unserer Furzewa, die sich am Bolschoi mit ihren Husarenstreichen wahrlich ein Denkmal gesetzt hat. Einzig und allein weil sein Familienname russisch und nicht jüdisch klingt, denn der Chefdirigent des Bolschoi muß einen russischen Namen tragen, auf gar keinen Fall einen jüdischen. Nebenbei bemerkt, er ist angeblich trotzdem Halbjude. Kurzum: Er hatte gerade erst sein Studium am

Leningrader Konservatorium beendet, als er ans Bolschoi engagiert wurde. Ich brachte es einfach nicht fertig, unter ihm zu singen. Einmal habe ich es versucht, aber ich konnte ihn nicht einmal anschauen. Im Vergleich zu den Chefdirigenten, die ich erlebt hatte, war er eine solche Niete, daß er mir unerträglich war. Vor mir sah ich die Orchestermusiker, die auch nicht zu ihm hinsahen, so entsetzt waren sie über ihn! Was für eine Null! Was wohl heute aus dem Orchester geworden ist? Ich wage es mir nicht vorzustellen. Aber Simonow war Parteigenosse, er war jung und trug einen russischen Namen. Somit hatte er das Recht, dieses Orchester zuschanden zu machen.

CS: Verdient ein Bolschoi-Künstler mehr als ein Arbeiter?

GW: Wie Sie wissen, ist man in der Sowjetunion stets bemüht, die Extreme einander so weit anzunähern, daß alle ungefähr dasselbe verdienen. Ein Arbeiter verdient nicht weniger als ein mittelmäßiger Solist am Bolschoi, aber ein Bolschoi-Künstler hat andere Vergünstigungen. Sein Gehalt ist nicht nur fast doppelt so hoch wie an einem Provinztheater, sondern er kann auch noch außerhalb des Theaters tätig sein, Konzerte geben. Doch vor allem arbeitet der Bolschoi-Künstler im Blickfeld der Regierung, dadurch knüpft er Beziehungen an und gelangt zu einer Wohnung. Das sind natürlich große Vorteile. Ihm werden Titel verliehen, die ihn aus der Masse herausheben; er wird «Künstler des Volkes der Sowjetunion». Ist diese Stufe erreicht, wird er von allen Seiten aufgefordert, Konzerte zu geben, und kann ins Ausland reisen.

CS: Bedeutet der Lenin-Preis, der einem Künstler verliehen wird, nur Ehre, oder ist damit auch eine Geldsumme verbunden?

GW: Das bedeutet Geld, und nach sowjetischem Maßstab sogar eine schöne Summe. Der Lenin-Preis kann bis zu siebentausend Rubel ausmachen.

CS: Als Star des Bolschoi erhielten Sie die Erlaubnis, im Ausland aufzutreten. Wann fuhren Sie zum erstenmal ins Ausland?

GW: Betrachtet man meinen Abstecher nach Prag als eine Auslandsreise, dann fuhr ich zum erstenmal 1955. Anschließend kamen Ost-Berlin und Finnland. Aber mein erstes «kapitalistisches Ausland» war England, im Jahre 1958. In London stand ich zum erstenmal auf einer westlichen Bühne, und zwar anläßlich einer «Woche sowjetischer Kunst», an der Slawa, Gilels und Kogan teilnahmen; ich sang Tatjanas Briefszene unter Kondraschin.

CS: Zum erstenmal in einem kapitalistischen Land – war das nicht ein gewisser Schock?

GW: Nein, nicht wirklich. Ich war ja zum Arbeiten da und nicht, um mich umzuschauen. Die sowjetischen Künstler kommen im allgemeinen erst am Tag vor der Aufführung an, sind voll auf ihre Aufgabe konzentriert und reisen gleich nach Schluß der Aufführung wieder ab.

In den Vereinigten Staaten gastierte ich zum erstenmal zu Beginn des Jahres 1960. Das Moskauer Orchester unter Kondraschin war mit mir als Solistin auf Tournee. Nach Paris kam ich erstmalig 1958, im Anschluß an meine London-Reise. Man hatte uns gebeten, einen Konzertabend in der Botschaft zu geben. Zu Konzerten kam ich noch mehrmals nach Frankreich, und 1962 sang ich in der Pariser Oper *Aida*, die ich übrigens auch in Covent Garden und an der Metropolitan Opera gesungen habe.

CS: Nicht aber an der Scala?

GW: Nein, an der Scala sang ich *Turandot* und im Rahmen der Bolschoi-Tournee Prokofieffs Opern *Krieg und Frieden* und *Semjon Kotko*. Doch am häufigsten sang ich mit der Bolschoi-Truppe im Ausland natürlich *Eugen Onegin* und *Pique Dame*.

CS: Wie lebt eine sowjetische Künstlerin auf Tournee?

GW: Das ist eine sehr heikle Angelegenheit. Ich war niemals in Rußland auf Tournee, und außer Moskau und Leningrad könnte ich eigentlich keine Orte nennen, in denen ich gesungen hätte. Im Ausland habe ich immer Konzertabende gegeben, wenn ich nicht mit dem Bolschoi unterwegs war, denn es ist eine sehr riskante und undankbare Aufgabe, als Gast jedesmal in eine neue, schon fertige Produktion einzusteigen und gleichsam Zufallsbekanntschaften mit anderen Solisten zu schließen. Da spielen so viele äußere Faktoren eine Rolle, wohingegen ich im Konzert alleinverantwortlich bin für alles, was ich tue.

Das Fehlen einer ständigen Truppe ist ein großes Problem in westlichen Ländern. Da reisen vier Solisten an, ohne einander zu kennen, und müssen nun miteinander spielen! Als ich an der Metropolitan Opera zum erstenmal die *Aida* sang, hatten wir zwar Proben, aber die Künstler wechselten im Verlauf der sechs Vorstellungen. Als ich eines Tages die Bühne betrat, erkannte ich plötzlich Amneris nicht wieder. Ich starrte sie an, und es war tatsächlich eine andere Sängerin. Eine ganze Szene habe ich mit ihr zu singen, aber man hatte sie einfach ausgetauscht, ohne mich zu verständigen! Wie kann so etwas passieren? Nach so einem Affront habe ich nicht einmal mehr Lust, meine Gage abzuholen!

CS: Der Regisseur vermutlich auch nicht. Aber ich habe ohnehin den Eindruck, daß das Los der Regisseure Sie wenig kümmert.

GW: Für die Gegenwart haben Sie recht, aber das kommt daher, daß ich jahrelang mit einem so erstklassigen Regisseur wie Boris Pokrowski gearbeitet und seinesgleichen nicht wieder gefunden habe. Ihm stand natürlich eine ständige Truppe zur Verfügung, und das ist sehr wichtig, denn ein Regisseur entfaltet seine Kreativität ja nicht im Abstrakten, er hat einen bestimmten Künstler vor Augen. Hier weiß der Regisseur von vorneherein, daß auf die erste Besetzung eine zweite und dritte folgen wird. Folglich unterteilt er die Bühne gleich in eine Reihe von Planquadraten, in die er jeden beliebigen Künstler stellen kann, ohne auf dessen Persönlichkeit Rücksicht zu nehmen.

Ganz zu schweigen von den Neuerungsfanatikern unter den Regisseuren! Ich meine, wenn Gounod seinen *Faust* in einem Jutezelt und zwischen Metallverstrebungen hätte agieren sehen wollen, dann hätte er eine andere Musik geschrieben. Es bringt nichts, an genialen Werken herumzudeuteln. Man sollte sich lieber überlegen, woran der Künstler dachte, als er sie komponierte. Und diesen Rahmen zu respektieren, ist wohl das mindeste, was man an Anstand verlangen kann.

CS: Was tun Sie, wenn Sie mit dem Regisseur nicht einer Meinung sind?

GW: Was ich für richtig halte; ich werde doch nicht meine Zeit vergeuden und mit ihm herumdiskutieren.

CS: Wenn er aber diskutieren will?

GW: Soll er ruhig, von mir bekommt er keine Antwort!

CS: Soll das heißen, daß Sie einen Regisseur letztlich für überflüssig halten?

GW: Nein. Er kann sogar sehr nützlich sein, wenn es ihm gelingt, mich zu überzeugen, daß seine Vorschläge besser sind als das, was ich mache. Dann unterwerfe ich mich mit Vergnügen, denn ich suche nach neuen Ideen, lechze danach, brauche sie. Aber sinnlose Änderungen wie eher von rechts anstatt von links auf die Bühne zu kommen ... Wozu das?

Eines sei aber auch zur Entlastung westlicher Regisseure gesagt: Man verlangt von ihnen, in vierzehn Tagen eine Oper bühnenreif zu erarbeiten, wie es an der Pariser Oper mit *Eugen Onegin* vorkam, einem dort unbekannten Werk, das auch das Orchester noch niemals gespielt hatte ... Wie sollen sie das machen? Da bleibt ihnen keine andere Wahl, als mechanisch Schauspieler auf einer Bühne zu verteilen.

CS: Stümperhafte Vorstellungen ... Ist das Ihr Hauptvorwurf an die Adresse westlicher Theaterhäuser?

GW: Nein, ich werfe ihnen gar nichts vor, ich bedaure sie! Sie haben gar nicht die Möglichkeit, etwas zu erarbeiten, und das beruht, wie mir allgemein beteuert wird, auf Geldmangel.

Am Bolschoi indessen hat man die Möglichkeit, alle nur erdenklichen Möglichkeiten. Die Sänger können praktisch nicht davonlaufen und verdienen auch kein Vermögen, aber Proben haben sie viele. Sechs Monate lang können sie eine Oper proben. Im Westen beziehen die Künstler sehr hohe Gagen, und daraus schließen die Operndirektoren, sie würden es ablehnen, Geld gegen Proben einzutauschen.

CS: Sind Ihrer Meinung nach die Theatergagen im Westen überhöht?

GW: Nein, nein, denn ich bekomme sie ja auch und nehme sie mit Vergnügen. Aber ich hätte gern sowohl das Geld als auch die notwendige Anzahl Proben. Für eine *Falstaff*-Neuinszenierung am Bolschoi hatten wir zweihundertsechzig Regieproben. Natürlich kann man sich fragen, ob eine so langwierige Arbeit sinnvoll ist und ob sie nicht eher von unzureichendem professionellem Niveau zeugt, denn auf die Dauer bringt man auch einen Elefanten zum Tanzen! Nachteilig an diesem System ist, daß nur sehr selten Neueinstudierungen gemacht werden und somit aus jeder ein Staatsakt wird. Sofern im Westen eine Aufführung ausgepfiffen oder vom Publikum boykottiert wird, setzt man sie einfach vom Spielplan ab. Man nimmt den Geldverlust hin, und die Angelegenheit ist erledigt. Eine Bolschoi-Aufführung läuft weiter, egal, was geschieht; wie könnte sie denn auch mißlingen, da doch die Politkommissare jedes Detail überwacht haben, und dies um so sorgfältiger, als es sich um eine Neueinstudierung handelt?

CS: Sie haben am Bolschoi häufig bei Erstaufführungen mitgewirkt ...

GW: Meine erste «Erstaufführung» war *Fidelio*, und sie war gleichzeitig die erste Oper, die ich – in russischer Sprache natürlich – am Bolschoi sang. Dieses Werk Beethovens war tatsächlich noch nie am Bolschoi – und ich glaube sogar, noch nie in der Sowjetunion – aufgeführt worden. Von dieser Rolle hatte ich keine Ahnung; ich hatte die Oper nie gesehen, nicht einmal je gehört. Für eine junge Sängerin war es wirklich eine ungeheuer schwierige Rolle wegen der extrem hohen Stimmlage. Das war sehr gefährlich für eine noch untrainierte Stimme. Vielleicht gerade weil ich das Werk nicht kannte und von den Qualen, die eine Sängerin durchmachen kann, noch nichts wußte, stürzte ich mich mit fliegenden Fahnen in dieses Unternehmen. Und während ich mir die Leonore erarbeitete, wurde mir klar, wie man singen muß, um die Stimme nicht zu verderben, und wie man seine Kräfte maßvoll einsetzen kann. Ich lernte, wie man singt, ohne zu schreien. Hätte ich meine Stimme überfordert, wäre ich schon bei der ersten Aufführung ausgeschieden!

CS: Wird einem das auch am Konservatorium beigebracht, oder muß man es aus eigener Erfahrung lernen?

GW: Nein, diese Erfahrung muß man selber machen. Wie soll man in einer Schule lernen, was erst die Bühne einen lehrt? Als ich am Bolschoi anfing, brachte ich ja schon meine reiche Theatererfahrung von der Operette mit; ich konnte singen und mich dabei bewegen, starb nicht mehr vor Lampenfieber und war alles in allem schon eine Berufsschauspielerin. Und gerade das hat sowohl die Dirigenten als auch die Regisseure sofort neugierig gemacht. Mir war vergönnt, auf der Opernbühne unter Melik-Paschajew zu debütieren und elf Jahre lang mit ihm zu arbeiten: Es begann mit *Fidelio* und endete mit *Traviata*. Gleich bei meinem Eintritt ins Bolschoi erkor er mich zu seiner Lieblingssängerin. Diese Jahre der Zusammenarbeit mit Melik-Paschajew waren die schönsten meines Lebens!

Pokrowski war damals am Bolschoi die Nummer eins unter den Regisseuren. Er ist lange dort geblieben und hat Enormes geleistet. Seine große Begabung lag darin, den

Künstler anzuhalten, seine Rolle so zu erarbeiten, bis die Figur geschaffen war. In jedem entdeckte er schauspielerische Begabungen, von denen der Betreffende oft nichts ahnte. Nie mehr habe ich einen zweiten Regisseur dieses Niveaus getroffen, und ich muß wirklich sagen, daß ich in meinen Lehrjahren am Bolschoi von absolut einmaligen Bedingungen profitierte!

CS: Haben Sie noch präzise Erinnerungen an diesen ersten *Fidelio* am Bolschoi?

GW: Bei uns in der Sowjetunion wurde *Fidelio* natürlich als Revolutionsdrama aufgeführt. Der Text war dahingehend abgeändert worden, daß das Thema Freiheit und Glück der Menschen im Vordergrund stand und vom persönlichen Drama der beiden Protagonisten untermalt wurde. Das Resultat war ein bombastisches Schaustück, das Florestans Heroismus glorifizierte. Ich war darin eine sehr energische, sehr verliebte, sehr romantische junge Frau.

CS: Man hat Beethoven immer wieder vorgeworfen, mit *Fidelio* eine eher für den Konzertsaal als für die Bühne geeignete Musik komponiert zu haben.

GW: Das stimmt nicht. Meines Erachtens ist *Fidelio* von A bis Z eine O-p-e-r! Leonore ist eine großartige Rolle, und ich, gerade erst den Greueln des Krieges, diesem unendlichen Leid entkommen, war beseelt von dieser Figur. Jedes Hindernis würde ich erstürmen, ganze Regimenter müßten mir folgen!

CS: War das Publikum davon angetan?

GW: Wer ist schon das Bolschoi-Publikum? Für das breite Publikum war das gar nicht gedacht. *Fidelio* wurde zum erstenmal aufgeführt, und da kamen die Leute vom Fach, die Beethovens Oper kennenlernen wollten. Für das Durchschnitts-, das Alltags-, das Allerweltspublikum war diese Aufführung gar nicht vorgesehen, wie ja schon der Begriff «Publikum» am Bolschoi eine einschränkende Bedeutung hat. Die Plätze sind immer alle ausverkauft, und dennoch stehen die Leute Schlange, um noch eine Karte zu erwischen; aber der durchschnittliche Moskowiter gelangt selten ins Bolschoi. Selbst wenn es ihm einmal im Leben gelingt, wird er ein zweites Mal wahrscheinlich nicht mehr kommen. Denn das Bolschoi-Publikum setzt sich überwiegend aus Leuten zusammen, die auf der Durchreise, auf Dienstreise, sind. Das erklärt auch das ausnehmend niedrige Niveau. Man geht eben hin, bewundert die Ausstattung, verläßt das Haus und kommt nie wieder. Wenn jeder Sowjetrusse einmal in seinem Leben ins Bolschoi kommt, genügt das, um das Haus jeden Abend zu füllen. Es ist dem Theater natürlich eher abträglich, daß es – unabhängig von der Aufführung und von der Besetzung – immer voll ist. Außerdem ist das Repertoire so zusammengestellt, daß es jedem gefällt, vom Arbeiter bis zum Akademiemitglied mit Freikarte. Was für ein Unsinn!

CS: Das erklärt vermutlich auch das auffallend konventionelle Gepräge der Bolschoi-Produktionen, wie man sie im Ausland sehen konnte ...

GW: Was Sie gesehen haben, ist in der Tat der typische Bolschoi-Stil. *Fürst Igor* und *Chowanschtschina* werden schon seit vierzig Jahren in den gleichen Kostümen und derselben Ausstattung gespielt!

CS: Und trotz allem ist das Bolschoi der Inbegriff sowjetischen Musiktheaters?

GW: Ja, die Spitze. «Künstler am Bolschoi» ist wirklich ein hochrangiger Titel. Es gibt noch etwa vierzig Theater, aber das sind recht mittelmäßige Bühnen, mit Ausnahme der Leningrader Oper. Und der Theater von Wilna, Tallinn und Riga: das Baltikum war ja frei bis zum Kriege und hat sich seine kulturelle Tradition bewahrt. Dort werden sogar Wagner und Mozart aufgeführt.

CS: Nicht am Bolschoi?

GW: Ich persönlich habe zwar *Lohengrin* und *Tannhäuser* gesungen, aber nur in der Konzertfassung. Zu meiner Zeit wurde Wagner am Bolschoi nicht gespielt. Ich habe noch eine vage Erinnerung an einen *Fliegenden Holländer* in den sechziger Jahren, der aber nach zweijähriger Spielzeit abgesetzt wurde. Mozart erging es nicht besser; nur *Figaros Hochzeit*, mit mir als Cherubin, wurde aufgeführt.

CS: Ist das Ihre einzige Mozartrolle?

GW: Ja, leider. Schon all diese Jahre hier im Westen bedaure ich zutiefst, nicht schon zwanzig Jahre früher von drüben fortgegangen zu sein. Wie viele Rollen sind mir entgangen ... Wie viele verpaßte Gelegenheiten wegen des beschränkten Bolschoi-Repertoires! Zwanzig Jahre lang dieselbe Rolle singen müssen – das ist zum Verrücktwerden!

CS: Hat das die Direktion von Ihnen verlangt? Waren Sie nicht frei in der Wahl Ihrer Rollen und Ihrer Partner?

GW: Alles ist relativ. Am Bolschoi sind die Manövriermöglichkeiten abhängig vom Ruf des jeweiligen Künstlers. Ich persönlich habe mir meine Partner immer ausgesucht. Die Direktion hatte es akzeptiert. Wenn es Probleme gab, wenn ich eine Weisung von oben wirklich nicht ablehnen konnte, lief ich zum Arzt, machte den Mund auf und sagte: «Die Stimme ist weg.» Dann bekam ich ein ärztliches Attest. Das machen alle großen Sänger am Bolschoi. Der Arzt durchschaut zwar das Manöver, würde eine Ablehnung aber nie verantworten wollen. Denn wäre mir während der Aufführung wirklich eine Panne passiert, hätte ich immer sagen können: «Ich habe diesen Arzt konsultiert, und er hat gesagt, ich hätte nichts.» Daher tut er besser daran, das Attest sofort auszustellen, anstatt das Risiko einzugehen, für immer seinen Posten zu verlieren.

CS: Als Sie neu ans Bolschoi kamen, wurden Sie da zuerst in kleineren Rollen eingesetzt?

GW: Nein. Am Bolschoi werden die jungen Sänger für eine einjährige Probezeit eingestellt, und während dieser Lehrzeit gibt man ihnen eine große Rolle. Dabei beobachten die Dirigenten und Regisseure die Anfänger, um später zu entscheiden, ob sie in die Truppe aufgenommen oder abgewiesen werden. Ich hatte das Glück, mit zwei großen Rollen am Bolschoi zu debütieren: mit der Leonore aus *Fidelio*, wie ich schon erzählte, und mit der Tatjana aus *Eugen Onegin*. *Eugen Onegin* hat mich mein ganzes Leben begleitet, nicht erst seit Beginn meiner Karriere, sondern schon seit meiner Kindheit. Und die Tatjana war auch meine letzte Bühnenrolle im Oktober 1982 an der Pariser Oper.

CS: Welchen spezifischen Stellenwert hat Ihrer Ansicht nach die Tatjana im Opernrepertoire?

GW: Vorausschicken möchte ich, daß sie eine typisch russische Figur ist. Alle Frauen bei uns sind solche Tatjanas oder Lisas aus *Pique Dame*. Es sind Puschkin-Figuren. Die Kinder lesen Puschkin in der Schule und wissen alle, wer Tatjana ist. Später begegnen alle Russen dieser Tatjana auf einer Theater- oder Opernbühne. Tatjana ist Teil ihrer Kultur, selbst wenn sie die Musik nicht kennen. Und für sie verkörpert Tatjana das Ewigweibliche, die Reinheit, die Ehrlichkeit. In keiner anderen Rolle sind diese drei Eigenschaften so harmonisch zusammengefügt.

Für eine Sängerin ist die Tatjana eine Rolle von ganz besonderem Reiz. Hier genügt es keinesfalls, nur hübsch zu singen und seine Verführungskünste auszuspielen. Die Interpretin muß in eine andere Haut schlüpfen, sich die Figur zu eigen machen und sie von innen heraus nachempfinden. Eine Tatjana muß das Opfer hinnehmen, als sei dieses Opfer genauso natürlich wie die Liebe. Denn eine Tatjana liebt fürs Leben und erduldet, ohne zu erstaunen, das unvermeidliche Leid. Viele russische Frauen ähneln Tatjana. Und Tatjana ist eine russische Frau, keine Dame der besseren Gesellschaft und auch kein Bauernmädchen, sondern die russische Frau schlechthin.

CS: Das heißt, Sie selbst sind solch eine Tatjana?

GW: In der Tat, ich schlüpfe nicht nur in die Figur, sondern ich habe sie im Blut. Ich habe geträumt wie Tatjana, ich habe mich verliebt wie sie, und wie bei ihr war auch meine erste Liebe unglücklich. Damals war ich zehn ... Eine Künstlerin, die Tatjanas Interpretin sein will, darf nichts erfinden. Sie muß sich nur von Puschkins Versen durchdringen lassen, aufmerksam der Musik lauschen und ... singen.

CS: Und wie charakterisieren Sie Lisa, die andere Heldin Tschaikowskys?

GW: Lisa ist ebensosehr Russin, aber sie ist eine gequälte Natur. Sie hat einen offeneren gesellschaftlichen Horizont. Tatjana ist ein Mädchen vom Land und Lisa die Erbin aus herrschaftlichem Petersburger Hause. Das wird in ihrer Liebesszene mit Hermann deutlich: Sie ist anders als Tatjana, freier, willensstärker. Sie entscheidet selber über ihr Schicksal.

CS: Leider hat Mussorgsky, als er seine Opern schrieb, nicht an Ihre Stimme gedacht ...

GW: Nein, Gott sei's geklagt! Trotzdem habe ich seine Marina aus *Boris Godunow*, eine Mezzo-Rolle, gesungen. Aber nicht auf der Bühne, sondern für eine Schallplattenaufnahme unter Karajan. Die Marfa aus *Chowanschtschina* ist eine Rolle, von der ich immer geträumt habe, aber auch sie ist für Mezzosopran geschrieben.

CS: Das muß sicher frustrierend sein, nicht die Stimmlage einer Rolle zu besitzen, die man liebend gern spielen würde?

GW: Natürlich, aber da muß man Selbstbeherrschung üben. Am Bolschoi durfte ich singen, was ich wollte. Ich glaube, man hätte mich sogar eine Männerrolle singen lassen, wenn ich es gewünscht hätte! Aber mit seiner Stimme muß man sehr behutsam umgehen, man darf nicht das Register wechseln, wenn es nicht unbedingt nötig ist. Es gibt Mezzosoprane, vor allem in Italien, die Sopranrollen singen, und auch der umgekehrte Fall kommt vor; aber das ist natürlich sehr gefährlich.

CS: Lassen sich Ihrer Ansicht nach unsere heutigen Sängerinnen allzu leicht zu derartigen Unvorsichtigkeiten hinreißen?

GW: Sie singen zuviel, das ist alles. Ich habe es nie auf Gagen angelegt, nicht einmal zu Beginn meiner Karriere. Ich hatte ein schwieriges Programm zu erarbeiten und sang vier- oder fünfmal pro Monat. Zum Beispiel einmal *Aida*, einmal *Traviata* und einmal *Pique Dame* und noch ein paar Konzertabende, aber niemals mehr.

CS: Ein Konzert ist ja sicher einfacher als eine Oper?

GW: Keineswegs. Da bin ich absolut nicht Ihrer Meinung. Einen ganzen Abend lang ganz allein singen, bedeutet eine Riesenverantwortung. Da können Sie sich nicht hinter einem Partner verstecken oder bei einer verpatzten Note dem Publikum den Rücken kehren und zu den Kulissen hin singen!

CS: Im Laufe einer Karriere wandelt sich die Stimme einer Sängerin, und dann ändert sie ihr Repertoire ...

GW: Diese Frage habe ich mir nie gestellt. Wenn ich die Rolle wechsle, wähle ich von mir aus ein anderes Timbre. Als Margarete habe ich selbstverständlich heller und strahlender gesungen, und in den Anfangsszenen mußte meine Stimme weniger dramatisch klingen als in den Schlußszenen. Zu Rollen, die ich hätte aufgeben müssen, kann ich wirklich nichts sagen. Indessen gebe ich zu, daß *Medea* und auch *Norma* mein Traum gewesen wären, aber diese Stücke sind im Bolschoi-Theater nicht vorgesehen. Seltsames habe ich mit *Tosca* erlebt. Ich habe mich erst recht spät, gegen 1969, mit Puccinis Oper befaßt. Immer wieder wurde ich gefragt, warum ich nicht *Tosca* sänge. Warum? Weil ich keine Lust dazu hatte, weil mir diese Musik nicht sonderlich zusagte. Eines Tages trat Pokrowski an mich heran und fragte: «Antworten Sie mir ehrlich: Wären Sie bereit, die *Tosca* zu singen? Ich würde die Oper gerne aufführen, aber nur, wenn Sie sie singen. Und wenn Sie mir jetzt zusagen, dürfen Sie Ihre Meinung nicht mehr ändern!» Ich antwortete: «Ehrlich gesagt, *Tosca* ist in meinen Augen keine sonderlich interessante Oper.» Er sah mich an und erwiderte: «Idiotin!» Ja, er war mein Herr und Meister und konnte es sich erlauben, mir die Leviten zu lesen. «Sie sind die geborene Tosca!»

CS: Hatte er recht?

GW: Heute glaube ich, er hatte recht. Damals antwortete ich ihm: «Ich bin zwar anderer Ansicht, aber wenn Sie es sagen, mache ich mit!» Er inszenierte die Oper. Und eine Zeitlang war die Tosca eine meiner Lieblingsrollen.

CS: Und dann kam eines Tages der Umschwung. Sie, das Idol des Bolschoi, standen plötzlich auf dem Index. Wie begann eigentlich dieser Leidensweg? Durften Sie nicht mehr singen?

GW: Doch, ich durfte immer noch singen, soviel ich wollte. Ich hatte einen zu spektakulären Platz inne, als daß man sich zu einer solchen Maßnahme entschlossen hätte. Man schloß mich nur aus dem Leben aus! Mein Name wurde nicht mehr genannt, weder im Fernsehen noch am Radio, noch in der Presse; ich existierte nicht mehr, ich war der Rufer in der Wüste. Ich mochte schreien, soviel ich wollte, aber es kam kein Echo mehr.

CS: War die Öffentlichkeit sich dessen bewußt?

GW: Nein. Die Menschen in der Sowjetunion sind so daran gewöhnt, daß jemand schlecht behandelt, verhaftet oder getötet wird, daß sie schon ganz gleichgültig geworden sind. Als wir uns entschieden hatten, das Land zu verlassen, hörten wir von mehreren Bolschoi-Kollegen, die ehrlich irritiert waren: «Aber warum geht ihr weg? Ihr seid nicht verhaftet worden, man hat euch nicht eingesperrt . . .» Es gibt Leute, die so denken in der Sowjetunion. Sie begreifen nicht, daß man sich gekränkt fühlen kann, daß man empört ist. Sogar diejenigen, die selbst Ähnliches erlitten haben, zeigen nicht immer Verständnis.

CS: Ich vermute, daß man Ihnen zunächst einmal die Auslandstourneen gestrichen hat?

GW: Sehen Sie, ich selbst habe ihnen gesagt: «Ich sang,

soviel ich wollte»; sogar ich habe das gesagt, so normal erscheint es einem sowjetischen Künstler, daß man ihn am Reisen hindert!

CS: Zehn Jahre später haben Sie eine weitere Entscheidung getroffen, diese aber aus eigenem Entschluß, ohne jeglichen Druck von außen. Sie haben beschlossen, auf keiner Opernbühne mehr zu singen. Bedauern Sie diesen Schritt letztlich nicht doch ein wenig?

GW: Nein, ich bin glücklich. Ich habe mich wirklich von einer Belastung befreit und empfinde auch keine Spur von Bedauern. In meinem Leben hat sich ohnehin nichts geändert, ich arbeite nach wie vor, singe, was mir Spaß macht, und werde so lange singen, wie meine Kräfte es mir erlauben. Ich fühle mich voll und ganz glücklich. Es ist merkwürdig, aber ich hätte mir nie gedacht, daß der Abgang von der Opernbühne mich so glücklich machen könnte.

Ich will versuchen, es zu erklären: Endlich habe ich mich von diesem Gefühl äußerster Spannung befreit, das ich jedesmal empfand, wenn ich die Opernbühne betrat und wußte, daß ich dort nicht allein agierte, daß ich von anderen abhing, daß meine Partner sich auf mich verließen, daß keine Ersatzsänger vorhanden waren und so weiter ... Wenn ich heute einen Konzertabend gebe, habe ich es nur mit mir allein zu tun, da bin ich frei. Bei der Oper heißt's, hinaus auf die Bühne – selbst wenn man sich sterbenselend fühlt – und eine Serie von acht Vorstellungen durchhalten. Hier im Westen für russische Opern Ersatzsänger herbeizuzaubern, ist ja nicht gerade leicht!

CS: Dieser Richtungswechsel bedeutet für Sie also in erster Linie zusätzliche Freiheit ...

GW: Absolut. Diese Freiheit ist für mich etwas sehr Wesentliches. Ich bin von Natur aus ein Individualist. Selbst am Bolschoi, wo ich zu dieser riesigen Truppe gehörte, war ich eigentlich immer allein. Ich kam zu den Proben, sang die Vorstellung und ging sofort nach Haus.

CS: Das Gegenteil von Slawa ...

GW: Ja, er hat ein anderes Naturell. Er braucht Gesellschaft und Partner. Er liebt es, zu einer Gruppe zu gehören, und das ist auch einer der Gründe, warum ihm so viel an der Arbeit mit dem Washingtoner Orchester liegt.

Das alles hält uns im Gleichgewicht. Ich frage mich, wohin es geführt hätte, wäre mein Mann solch ein Individualist wie ich. Und hätte Slawa eine Frau geheiratet, die wie er immer Gesellschaft um sich braucht, wären beide wahnsinnig geworden!

CS: Versuchen Sie manchmal, auf seinen Lebensstil einzuwirken?

GW: Das ist völlig sinnlos. Als wir uns kennenlernten, hatte ich große Mühe, seine Art zu leben einfach hinzunehmen. Seine «Betriebsamkeit», dieses ewige Kontakte-knüpfen-Wollen, machten mich rasend; ich litt darunter und versuchte, dem entgegenzuwirken. Später begriff ich, daß er diesen Wirbel brauchte. Er fühlt sich verloren, wenn er allein ist. Manchmal kommt er heim und verkündet: «Mein Gott, wie herrlich, zu zweit zu sein! Warum leben wir nicht immer so?» Ja, das sagt er wirklich. Und er denkt es auch. Aber für wie lange?

Daher habe ich beschlossen, mich nicht einzumischen. Würde er versuchen, meine Lebensweise zu beeinflussen, wäre das genauso sinnlos! Von Zeit zu Zeit bricht allerdings ein Donnerwetter los ... Slawa funktioniert wie eine Batterie, die sich leert und ständig wieder aufgeladen werden muß. Aber er praktiziert die Selbstlademethode. Ich weiß, daß er sich unendlich viel abverlangt. Manchmal tut er mir leid. Ich mache mir Sorgen, wenn ich ihn so wild arbeiten sehe, und doch weiß ich, daß dagegen kein Kraut gewachsen ist. Er kommt von den Proben heim und taumelt zu seinem Bett. Zwei Stunden später steht er auf und läuft wieder auf vollen Touren!

CS: Die Batterie wird bald eine Verschnaufpause bekommen: Slawa hat beschlossen, in absehbarer Zeit ein Urlaubs- und Studienjahr einzulegen.

GW: Das ist richtig, und seit er uns diesen Plan eröffnet hat, packt die ganze Familie schon beim bloßen Gedanken daran blankes Entsetzen. Was wird ihm bloß einfallen, um diese «Ruhepause» zu nutzen? Wird er unsere ganze Wohnung auseinandernehmen und wieder zusammensetzen oder den Wald rings um unseren Besitz in Amerika roden? Wir alle stellen uns diese bange Frage und bemühen uns schon jetzt, Kräfte zu sammeln. Einen Slawa, der ein ganzes Jahr nicht arbeitet, kann man sich beim besten Willen nicht vorstellen. Oder unser Haus wird ein Irrenhaus werden!

CS: Könnte das Pausenjahr nicht auch für Slawa und Sie eine Gelegenheit sein, nach all den schmerzlichen Erschütterungen, die Sie in den letzten Jahren erleben mußten, Bilanz zu ziehen? Wie kann man weiterleben als Dissident?

GW: Wir sind weder Dissidenten noch Emigranten! Ich verfechte nur nach wie vor meine Überzeugung und erkläre die Art und Weise, wie man uns behandelt hat, für unzulässig.

Ich bin nicht «emigriert». Emigranten beschließen, ihre Heimat zu verlassen, und wissen, daß sie nicht zurückkehren werden. Eine solche Entscheidung habe ich niemals getroffen. Als wir seinerzeit mit der Bewilligung einer Zweijahrestournee ausreisten, dachte ich mir zwar, es könnten auch fünf daraus werden, doch dann würde bestimmt eine Änderung eintreten, die ganze Geschichte in Vergessenheit geraten, und wir würden nach Hause zurückkehren. Mittlerweile hat man uns unserer Staatsbürgerschaft beraubt, und damit ist die Tür zugeschlagen. Solange dieses Regime am Ruder ist, werden wir nicht mehr nach Rußland zurückkehren. Ich werde diesen Tag nicht mehr erleben. Wenn so mächtige Leute wie die Führer der KPdSU die Herrschaft in Händen halten, wenn es ihnen gelungen ist, ein ganzes Volk zu versklaven, wenn sie alle Vorteile und Privilegien ihres Amtes so skrupellos ausnutzen, dann geben sie freiwillig nichts wieder her, keinen Fingerbreit ihrer Macht werden sie abtreten, davon bin ich felsenfest überzeugt. Eine langsame Umwandlung des Sowjetregimes ist zwar ein schöner Traum, doch ich weiß, daß dieses Regime sich nicht ändern wird, es sei denn, es gäbe einen Krieg – doch wenn es zu einem Krieg kommt, finden wir uns alle dort oben wieder!

CS: Indessen geht Ihr Leben in Paris, London, New York weiter ...

GW: Ja, das Leben geht weiter. Und ich habe auch nicht das geringste Gefühl von Leere oder Abgrund. Wer sind denn diese verächtlichen Kreaturen, die sich angemaßt haben, mir zu verbieten, auf meiner Heimaterde zu leben? Meine Staatsbürgerschaft haben sie mir entzogen? Aber bin ich denn eine Leibeigene, die man auf den Sklavenmarkt werfen kann? Diese Leute kenne ich nicht mehr! Selbst wenn man mir meinen Paß nicht abgenommen hätte, würde ich unter diesem Regime nicht mehr leben wollen, denn zum erstenmal in meinem Dasein führe ich heute ein normales Leben, bin ich keine Marionette mehr. Und wer könnte mir schon mein russisches Blut rauben?

CS: Gilt morgens beim Aufwachen Ihr erster Gedanke, halb Sehnsucht, halb Zorn, nicht Ihrer russischen Heimat?

GW: Ich persönlich denke nie daran. Aber Slawa träumt oft von Moskau. Wenn wir, was manchmal vorkommt, in getrennten Zimmern schlafen, höre ich immer wieder, wie er, das Kopfkissen unter dem Arm, heranschleicht und in mein Bett schlüpft. Dann weiß ich schon, was los ist, und frage: «Warst du schon wieder in Moskau?» – «Ja, ich war in Moskau.» Und voller Entsetzen sucht er Zuflucht bei mir!

Claude Samuel

Der 1931 geborene, in Paris bei Daniel-Lesur an der Scuola Cantorum ausgebildete CLAUDE SAMUEL ist einer der bekanntesten und aktivsten französischen Musikkritiker und Publizisten. Als Kritiker schreibt er heute für die Wochenzeitschrift «Le Point» und ist verantwortlich für die Sparte Musik beim «Matin de Paris». Großen Widerhall fanden seine zahlreichen Radiosendungen für France-Culture und France-Musique, bei denen es in Interviews und Gesprächen am runden Tisch vor allem um Fragen des heutigen Musiklebens ging.

Als Mitglied wichtiger Gremien und Förderer des zeitgenössischen Musikschaffens war und ist Claude Samuel maßgebend an der Organisation bedeutender Festivals (Royan, La Rochelle), internationaler Musikwettbewerbe (Concours Olivier Messiaen, Concours Rostropovitch) und moderner Konzertzyklen (Cycle Xenakis, Cycle Messiaen, Cycle Bartók, Forum des percussions au Centre Georges Pompidou) beteiligt. Darüber hinaus hat er es sich zur Aufgabe gemacht, dem europäischen Publikum auch die großen östlichen Musiktraditionen näherzubringen.

Claude Samuel, der gegenwärtig an einer Clara-Schumann-Biographie arbeitet, ist Verfasser biographischer Werke über Prokofieff, Messiaen, Ligeti.

Mit seinen Fragen an das Ehepaar Rostropowitsch bestimmte Claude Samuel Thema und Richtung der einzelnen Gespräche, die in russischer Sprache geführt und von der mit den Künstlern befreundeten und in der Simultaninterpretation erfahrenen Nina Apreleff übersetzt wurden.

Anmerkungen

1 Der Kreisler-Walzer *Liebesleid* gehört in die *Drei Alt-Wiener Tanzweisen.*

2 Maurice Le Roux, *Moussorgski, «Boris Godunov»,* Paris 1980.

3 Über die erste Begegnung Rostropowitschs mit Olivier Messiaens *Quatuor pour la fin du temps* (für Violine, Klarinette, Violoncello und Klavier) berichtet Claude Samuel wie folgt:

«Eines Tages ließ er mich wissen, er würde gern Olivier Messiaens Musik kennenlernen. Ich ließ ihm eine Aufnahme des *Quatuor pour la fin du temps* zukommen, die er sich, wie man mir erzählte, eine ganze Nacht lang anhörte. Dann wurde ich beauftragt, den Autor des *Quatuor* zu bewegen, in kürzester Frist ein Cellokonzert zu schreiben. Es fiel nicht ganz so aus, wie Slawa es sich erhofft hatte. Er spielte aus ganzer Seele, aber mit einem offenkundigen Gefühl von Frustration ein konzertantes Werk, in dem ihm nur eine der sieben Solostimmen zustand.»

4 Die 1961 von Schostakowitsch komponierte *14. Symphonie* ist ein Werk für Sopran, Baß, Streichorchester und Schlagzeug.

5 Prokofieff, *Auf Friedenswacht*, Oratorium, op. 124 (1950).

6 IRCAM = Institut de Recherche et de Coordination Acoustique – Musique. Beschäftigt sich mit Experimenten und wissenschaftlichen Untersuchungen, «um Technik und Notation entstehender Werke durchführungsgerecht zu halten. Trägt zu höchster Präzision und qualitativ hochstehender Realisierung der musikalischen Projekte bei.» (Offizielle Definition im Boulez-Programmheft)

7 Tichon Nikolajewitsch Chrennikow, sowjetischer Komponist, geb. 1913, Abgeordneter des Obersten Sowjets und Erster Sekretär des Komponistenverbands der UdSSR.

8 Luigi Nono, italienischer Komponist, geb. 1924, mit dem Kommunismus sympathisierend.

9 Andrej Alexandrowitsch Schdanow, 1896–1948, Kulturfunktionär unter Stalin; versuchte in den vierziger Jahren, Kunst und Wissenschaft auf das Prinzip der Parteilichkeit festzulegen. Verantwortlich für die «Schdanow-Ära» nach dem Zweiten Weltkrieg.

10 Der Kolonnensaal befindet sich im ehemaligen «Haus des Adels», jetzt Sitz der Gewerkschaften, links neben dem Bolschoi-Theater.

11 In diesem offenen Brief vom 31. Oktober 1970, den vier sowjetische Zeitungen ablehnten und von dem eine Abschrift unmittelbar darauf – auf geheimnisvollem Wege – westlichen Zeitungen zuging, hatte Rostropowitsch geschrieben: «Warum haben bei uns in den Bereichen Literatur und Kunst so häufig Leute Entscheidungsbefugnis, denen jegliche Kompetenz für diese Bereiche fehlt? ... Jedes menschliche Wesen muß das Recht haben, eigenständig zu denken und seine Meinung furchtlos zum Ausdruck zu bringen.»

12 Dimitri Kabalewski, geb. 1904, Professor für Komposition am Moskauer Konservatorium.

13 Der *Hummelflug* ist von Rimsky-Korssakow und steht im *Märchen vom Zaren Saltan* (1900).

14 Rostropowitsch spielt das 1711 gebaute Stradivari-Cello aus dem Besitz von Jean-Louis Duport, das er 1974 erworben hat. Die Brüder Duport waren bekannte Cellisten im 18. Jahrhundert. Jean-Pierre, geb. 1741, wurde Cellist in der Hofkapelle Friedrichs des Großen; Jean-Louis, geb. 1749, reiste in ganz Europa und ging dann ebenfalls nach Berlin.

15 Etienne Vatelot, geb. 1925, französischer Geigenbauer.

16 Georgij Swiridow, geb. 1915, *Pathetisches Oratorium* für Soli, Chor und Orchester (1959).

17 Robert Craft, geb. 1923, amerikanischer Dirigent und enger Freund Strawinskys seit den fünfziger Jahren bis zu dessen Tod.

18 «Mißtönende Klänge» zu erzeugen, so lautete der offizielle Vorwurf gegen Schostakowitsch.

19 Jannis Xenakis, geb. 1922 in Rumänien, komponierte 1966 *Nomos alpha* für Violoncello solo, ein Werk, dessen «Schrillen und sirrendes Knistern» laut Claude Samuel auf das Publikum der Musikfestspiele von Royan «wie elektrisierend gewirkt hatte».

20 Olivier Messiaen, *Transfiguration de Notre Seigneur Jésus-Christ*, Oratorium für 100 Sänger in 10 Gruppen.

AUSWAHL-DISKOGRAPHIE

der wichtigsten zur Zeit erhältlichen
Rostropowitsch- und Wischnewskaja-Aufnahmen

Mstislaw Rostropowitsch als Cellist

BEETHOVEN

Sämtliche Cellosonaten
Swjatoslaw Richter, Klavier
2 CD PH 412.256-2
2 LP PH 412.256-1
2 MC PH 412.256-4

Konzert für Violine, V'cello, Klavier und Orchester C-dur op. 56
(Tripelkonzert)
David Oistrach, Violine, Swjatoslaw Richter, Klavier
Berliner Philharmoniker. Herbert von Karajan
LP EMI 065-1020421
MC EMI 245-02042

BLOCH

Schelomo Hebräische Rhapsodie für V'cello und großes Orchester
+ Schumann Cellokonzert a-moll
Orchestre National de France. Leonard Bernstein
LP EMI 063-02 841

BOCCHERINI

Konzert für V'cello und Orchester Nr. 2 D-dur G 478
+ Vivaldi Cellokonzerte C-dur und G-dur
+ Tartini Cellokonzert A-dur
Collegium Musicum, Zürich. Paul Sacher
LP DG 2530 974
MC DG 3300 974

BRAHMS

Cellosonaten Nr. 1 e-moll op. 38 und Nr. 2 F-dur op. 99
Rudolf Serkin, Klavier
CD DG 410 510-2
LP DG 2532 073
MC DG 3302 073

Konzert für Violine, V'cello und Orchester a-moll op. 102
(Doppelkonzert)
David Oistrach, Violine
Cleveland Orchestra. George Szell
LP EMI 065-102 009-1

Itzhak Perlman, Violine
Concertgebouw Orchester, Amsterdam. Bernard Haitink
LP EMI 065-103 691-1
MC EMI 265-03691

Kammermusik (Klavierquintette, Klarinettenquintett, Streichquintette, Streichsextette, Sonate F.A.E.: 3. Satz, Sonate op. 120, Violinsonaten, V'cellosonaten, Streichquartette, Trio op. 114, Trio op. 40, Klaviertrios: Nrn. 1–3)
Amadeus-Quartett, Quartetto Italiano, LaSalle Quartet
15 LP DG 2740 277
2 MC DG 3378 122

BRITTEN

Sonate für V'cello und Klavier op. 65 in C
Benjamin Britten, Klavier
LP Dec 6.35 625 DX

Suiten für V'cello Nrn. 1–2
LP Dec 6.35 625 DX

CHOPIN

Sonate für V'cello und Klavier g-moll op. 65
Polonaise für V'cello und Klavier C-dur op. 3
Martha Argerich, Klavier
LP DG 2531 201
MC DG 3301 201

DVOŘÁK

Konzert für V'cello und Orchester h-moll B 191 op. 104
Berliner Philharmoniker. Herbert von Karajan
CD DG 413 819-2
LP DG 139 044
MC DG 923 098

London Philharmonic Orchestra. Carlo Maria Giulini
+ Saint-Saëns Konzert für V'cello und Orchester Nr. 1 a-moll op. 33
LP EMI 065-102 964-1

Royal Philharmonic Orchestra. Sir Adrian Boult
LP EMI 037-01 924

Großes Rundfunk-Sinfonie-Orchester der UdSSR. Boris Kaikin
LP Ar XA 87696 K

DUTILLEUX

Cellokonzert «Tout un monde lointain»
+ Lutoslawski Cellokonzert
Orchestre de Paris. Serge Baudo
LP EMI 065-02 687

GLASUNOW

Chant du Ménestrel für V'cello und Orchester op. 71
+ Schostakowitsch V'cellokonzert Nr. 2 op. 126
Boston Symphony Orchestra. Seiji Ozawa
LP DG 2530 653

LUTOSLAWSKI

Konzert für V'cello und Orchester
+ Dutilleux Cellokonzert «Tout un monde lointain»
Orchestre de Paris. Witold Lutoslawski
LP EMI 065-02 687

PROKOFIEFF

Sinfonisches Konzert für V'cello und Orchester e-moll op. 125
Moskauer Philharmonie. Kurt Sanderling
LP Ar XA 8796 1K

SAINT-SAËNS

Konzert für V'cello und Orchester Nr. 1 a-moll op. 33
+ Dvořák Cellokonzert h-moll op. 104
London Philharmonic Orchestra. Carlo Maria Giulini
LP EMI 065-102 964-1

London Philharmonic Orchestra. Sir Malcolm Sargent
LP EMI 037-01 924

SCHOSTAKOWITSCH

Konzert für V'cello und Orchester Nr. 1 Es-dur op. 107
Philadelphia Orchestra. Eugene Ormandy
LP CBS 60 284

Konzert für V'cello und Orchester Nr. 2 op. 126
Boston Symphony Orchestra. Seiji Ozawa
LP DG 2530 653

SCHUBERT

Streichquintett C-dur D 956
Melos-Quartett, Stuttgart
LP DG 2530 980
MC DG 3300 980

Oktett D 803 / Forellenquintett / Quintett D 956: Nrn. 12 und 14
Wiener Kammerensemble; Melos-Quartett, Stuttgart
4 LP DG 2740 269

SCHUMANN

Cellokonzert a-moll op. 129
+ Bloch Schelomo
Orchestre National de France. Leonard Bernstein
LP EMI 063-02 841

Cellokonzert a-moll op. 129 / Klavierkonzert a-moll op. 54
Leningrader Philharmonie. Gennadij Roschdestwenskij
National Symphony Orchestra, Washington. Mstislaw Rostropowitsch
LP DG 2531 357
MC DG 3301 357

Adagio und Allegro As-dur op. 70
Martha Argerich, Klavier
LP DG 2531 201
MC DG 3301 201

STRAUSS

Don Quixote op. 35
Berliner Philharmoniker. Herbert von Karajan
LP EMI 065-102 641-1

TARTINI

Konzert für V'cello und Streicher A-dur
+ Vivaldi Cellokonzerte C-dur und G-dur
+ Boccherini Cellokonzert D-dur
Collegium Musicum, Zürich. Paul Sacher
LP DG 2530 974
MC DG 3300 974

TSCHAIKOWSKY

Variationen op. 33 über ein Rokoko-Thema für V'cello und Orchester
+ Dvořák V'cellokonzert
Berliner Philharmoniker. Herbert von Karajan
LP DG 139 044
MC DG 923 098
Walkman Classics DG 413 161-4

VIVALDI

Konzert für V'cello, Streicher und Bläser c. F 3 Nr. 8 C-dur PV 31 und Nr. 12 G-dur PV 120
+ Tartini Cellokonzert A-dur
+ Boccherini Cellokonzert D-dur
Collegium Musicum, Zürich. Paul Sacher
LP DG 2530 974
MC DG 3300 974

Mstislaw Rostropowitsch spielt

Schumann / Tschaikowsky: V'cellokonzert / Variationen op. 33
Leningrader Philharmonie. Gennadij Roschdestwenskij
LP DG 2535 112
MC DG 3335 112
SERIE RESONANCE

Tschaikowsky: Klavierkonzert Nr. 1 / Violinkonzert / Variationen op. 33
Wiener Symphoniker, Berliner Philharmoniker. Herbert von Karajan
2 LP DG 2726 506
MC DG 3372 506
SERIE PRAESENT

Boccherini: V'cellokonzert (Nr. 2), Dvořák: V'cellokonzert B 191, Schumann: V'cellokonzert, Tschaikowsky: Variationen op. 33, Vivaldi: V'cellokonzert Nr. 12
Berliner Philharmoniker, Herbert von Karajan. Leningrader Philharmoniker, Gennadij Roschdestwenskij. Collegium Musicum Zürich, Paul Sacher
2 LP DG 2726 519
SERIE PRAESENT

Boccherini: V'cellokonzert (Nr. 2), Tartini: V'cellokonzert, Vivaldi: V'cellokonzerte (Nrn. 8 und 12)
Collegium Musicum, Zürich. Paul Sacher
LP DG 2543 517
MC DG 3343 517
SERIE SIGNATURE

Mstislaw Rostropowitsch als Cellist und Dirigent

BORODIN

Eine Steppenskizze aus Mittelasien
+ Rimsky-Korssakow Capriccio espagnol
+ Mussorgsky Eine Nacht auf dem kahlen Berge
+ Glinka Walzer-Fantasie & Ruslan und Ludmilla-Ouvertüre
Orchestre de Paris
LP EMI 065-02 949

GLINKA

Walzerfantasie & Ruslan und Ludmilla-Ouvertüre
+ Borodin Eine Steppenskizze aus Mittelasien
+ Rimsky-Korssakow Capriccio espagnol
+ Mussorgsky Eine Nacht auf dem kahlen Berge
Orchestre de Paris
LP EMI 065-02 949

HAYDN

Konzert für V'cello und Streicher Nr. 1 C-dur und Nr. 2 D-dur
Academy of St. Martin-in-the-Fields
LP EMI 065-02 767
MC EMI 245-02 767

MUSSORGSKY

Eine Nacht auf dem kahlen Berge
+ Rimsky-Korssakow Capriccio espagnol
+ Borodin Eine Steppenskizze aus Mittelasien
+ Glinka Walzer-Fantasie & Ruslan und Ludmilla-Ouvertüre
Orchestre de Paris
LP EMI 065-02 949

RIMSKY-KORSSAKOW

Scheherazade op. 35 Sinfon. Dichtung nach 1001 Nacht
Orchestre de Paris
LP EMI 065-02 527

Capriccio espagnol
+ Mussorgsky Eine Nacht auf dem kahlen Berge
+ Borodin Eine Steppenskizze aus Mittelasien
+ Glinka Walzer-Fantasie & Ruslan und Ludmilla-Ouvertüre
Orchestre de Paris
LP EMI 065-02 949

TSCHAIKOWSKY

Andante cantabile für Cello und Streichorchester B-dur
(arr. nach dem Streichquartett Nr. 1 op. 11)
Berliner Philharmoniker
LP DG 2531 112
MC DG 3301 112

Mstislaw Rostropowitsch als Dirigent

CHOPIN

Konzert für Klavier und Orchester Nr. 2 f-moll op. 21
Martha Argerich, Klavier
National Symphony Orchestra, Washington
LP DG 2531 042
MC DG 3301 042
4 LP DG 2740 270

PROKOFIEFF

Romeo und Julia Suiten 1 und 2 op. 64
National Symphony Orchestra, Washington
CD DG 410 519-2
LP DG 2532 087
MC DG 3302 087

SCHOSTAKOWITSCH

Sinfonie Nr. 5 d-moll op. 47
CD DG 410 509-2
LP DG 2532 076
MC DG 3302 076

SCHUMANN

Konzert für Klavier und Orchester a-moll op. 54
Martha Argerich, Klavier
National Symphony Orchestra, Washington
LP DG 2531 042
MC DG 3301 042
LP DG 2531 357

TSCHAIKOWSKY

Capriccio italien op. 45
Berliner Philharmoniker
LP DG 2531 112
MC DG 3301 112

Dornröschen Suite op. 66a (Auroras Hochzeit)
Berliner Philharmoniker
LP DG 2531 111
MC DG 3301 11
Auszug: LP DG 410 846-1
MC DG 410 846-4
SERIE SIGNATURE
Walkman Classics MC DG 413 430-4

Der Nußknacker Suiten Nrn. 1–8 op. 71a
Berliner Philharmoniker
LP DG 2531 112
MC DG 3301 112
Auszug: LP DG 410 846-1
MC DG 410 846-4
SERIE SIGNATURE

Schwanensee Ballettsuite
Berliner Philharmoniker
LP DG 2531 111
MC DG 3301 111
Auszug: LP DG 410 846-1
MC DG 410 846-4
SERIE SIGNATURE

Mstislaw Rostropowitsch und Galina Wischnewskaja

MUSSORGSKY

Lieder und Tänze des Todes Nrn. 1–4
+ Tschaikowsky, Rimsky-Korssakow Opernlieder
London Philharmonic Orchestra
LP EMI 065-02942

SCHOSTAKOWITSCH

Sinfonie Nr. 14 op. 135 für Sopran, Baß und Kammerorchester
Reschetin, Baß
Moskauer Philharmonie
LP Ar SP 87 623 K

TSCHAIKOWSKY

Pique Dame
Orchestre de l'ORTF, Paris
4 LP DG 2740 176

Galina Wischnewskaja als Sängerin

BRITTEN

War Requiem op. 66
London Symphony Orchestra, Melos Ensemble, London. Benjamin Britten
LP Dec 6.35 157 EK

MUSSORGSKY

Boris Godunow Oper in 4 Akten
Wiener Philharmoniker. Herbert von Karajan
LP TIS SET 514/17 HF

PROKOFIEFF

Krieg und Frieden op. 91 Oper in 13 Bildern
Chor und Orchester des Bolschoi-Theaters, Moskau. Alexander Melik-Paschajew
LP Ar XH 88 758R

RIMSKY-KORSSAKOW

Die Zarenbraut Oper in 4 Akten
Orchester und Chor des Bolschoi-Theaters, Moskau. Fuat Mansurow
LP Ar XI 87443R

Personenregister